对话文本

中学语文教材名篇解读50例

郭跃辉 ◎ 著

广东高等教育出版社
Guangdong Higher Education Press
·广州·

图书在版编目（CIP）数据

对话文本：中学语文教材名篇解读50例/郭跃辉著. —广州：广东高等教育出版社，2023.4

ISBN 978－7－5361－7413－9

Ⅰ. ①对… Ⅱ. ①郭… Ⅲ. ①阅读课－教学研究－中学 Ⅳ. ①G633.332

中国版本图书馆CIP数据核字（2022）第241676号

DUIHUA WENBEN
ZHONGXUE YUWEN JIAOCAI MINGPIAN JIEDU 50 LI

出版发行	广东高等教育出版社 地址：广州市天河区林和西横路 邮政编码：510500　电话：（020）87554153 http://www.gdgjs.com.cn
印　　刷	广州市友盛彩印有限公司
开　　本	787毫米×1 092毫米　1/16
印　　张	18.75
字　　数	317千
版　　次	2023年4月第1版
印　　次	2023年4月第1次印刷
定　　价	50.00元

写作，只是证明我曾经来过（代序）

活着，需不需要证据来证明？这是一个抽象的哲学问题。刘亮程在散文《今生今世的证据》中，不断寻找故乡的遗迹证明自己曾经在此生活过，不断寻找生命的遗迹证明自己曾经存在过，他动情地写道："如果没有那些旧房子和路，没有扬起又落下的尘土，没有与我一同长大仍旧活在村里的人、牲畜，没有还在吹刮着的那一场一场的风，谁会证实以往的生活——即使有它们，一个人内心的生存谁又能见证？"这的确是一个让人产生虚无感的问题：即使有证据，证明的也是物理层面的存在，人的内心存在究竟用什么去证明？

我的父亲，不到50岁就离开了人世。他重病期间，我一直有一个天真的想法：是否可以请父亲口述自己的一生，我将其形成文字，证明他曾经在世上存活过，以及他所创造的无人替代的价值。可惜，我的想法还未付诸实践，父亲就撒手尘寰。此后的几年，奶奶、姥姥、爷爷也相继离世，几代人之后，我的家族将不会有人知道他们的存在，他们的生命又如何去证明？每当想起这些重大的人生问题，我就感觉到，写作之于我不仅仅是一种兴趣，更不仅仅是一种需要，而是一种证据，证明我曾经存在过。

2018年1月1日，那天我制定了一年的个人专业发展规划，并于当天晚上写成了一篇文章《2018，我的专业发展规划》，开篇便写道："过了35岁，时时有一种生命的急促感，内心总有一种冲动，迫使我去做一些有意义的事情，甚至总想给这个世界留下点什么，作为曾经存在过的证据。而我所能想到的，所能做的，依然是发挥自己的专业优势。”这种生命的急促感，现在越来越强烈了。走在小区里，看到步履蹒跚的老人，我都会抑制不住地想：总有一天，我也会到那个年纪，也会一天天走向生命的尽头，那个时候我能拿出什么东西来，哪怕不跟后人分享，而是扪心问一下自己一生究竟做过什么事情，留下过什么有意义的痕迹？这种可怕的想法时时支配着我，每每想偷懒的时候又重新振作，即使在难以坚持的时候，也艰难地打开电脑，记录自己的思考，记录自己的生命历程。

我的写作，在作家看来根本谈不上“创作”，我也不用“创作”这种创造性劳动去定义我的写作行为。我知道，自己写出来的文字，谈不上经世致用，更谈不上泽被后世，幼稚的文字只是一种记录，记录生命中曾经出现的人，曾经发生过的事，记录自己曾经有过的思考，曾经读过的书，以及曾经创造出的微不足道的价值。我也知道，我写下的文字，谈不上优美，也没什么感情，与“审美”更是相距万里。所以它们根本称不上作品，用“文章”一词来概括都显得名不副实，因为“文章”在古代可是高大上的存在，所谓“经国之大业，不朽之盛事”，所谓“为五行之秀，实天地之心”。因此，我的文字，只是给我自己看的，我才是自己文字唯一忠实的读者。当然，如果他人读了之后觉得有意义，那就是这些文字产生的“伴随价值”了。如果有，我当然更加欣慰。

因此，对于写作，我自豪的并不是写下了多少篇多少字，也不是写下的东西产生了多少实际价值。唯一让我心安的一件事是：我已经坚持了10年。

2009年入职，在叶澜教授的“写三年教案成不了名师，写三年反思则有可能成为名师”的感召下，我开始记录自己的生命历程。作为教师，我的生命自然与教育息息相关。于是记录教育历程中的故事与思考，也就相当于记录了大部分生命。担任班主任后，我又在李镇西老师《心灵写诗》的启发下，开始写班主任日志。最初还有着十分强烈的功利目的，那就是快速提升自己的教学水平，快速改善班级的整体面貌。现在看来，那些碎片化的文字中不乏爱心，当然也不乏违背教育规律的做法，甚至还遗憾地展示了自己人性中十分丑陋的一面。每每读到这些文字，我也会因为部分同学遭受到我的不公正待遇而感到十分羞愧。那些文字中流露出的对学生的真实关怀，会让我额手称庆，庆幸当时的心灵选择；那些文字中包含的偏见、执拗甚至偏执，则让我时时警醒，警醒自己对待学生要公平。于是，功利的、无功利的、有爱的、偏执的，各种内容充满着那个时候的“日志”，也让我的生命异常多姿，异常充实。

有时候，我头脑中会出现这样的场景：当我老了，头发都白了，眼睛也花了，生命中的空虚、恐惧、无聊等相继袭来，无数个彻夜难眠的夜晚，我还能够艰难地阅读年轻时候写下的文字，在泪光中回忆起那些曾经有过的生命片段，那些人，那些事，以及所有的过往，于是在无限欣慰又无限遗憾中，微笑着走完自己的一生。如果没有这些文字呢？我记得曾经给学生放过一个《天堂的忏悔》的短视频，视频里有几段旁白，让人耸然："假设一下，2012 果真是世界的末日。我们离开了这个世界，站在天堂的门口，而守门的天使不让我们进去。你觉得你有资格到天堂么？……你千辛万苦地来到这个世界上，面对只有一次的生命，你却沉浸在别人所给的答案，而不肯思考你自己的问题。这样继续下去的人最终得到什么呢？百年之后，你会变成族谱上的一个名字，桌前的一个牌位，后代供奉着你，你却没给他们留下一个值得称颂的故事。"我觉得，自己的故事是否值得称颂并不重要，重要的是自己能否用文字记录下那些专属于自己的故事。

有时候我也在想，人这一辈子，怎么都是活着，干吗像赶场一样，让自己的生命充满了劳累，何不少写一些文字，或隔一年再写？但是，这种想法很快被否定了。文字不可能记录完整的生命历程，它所能记录的只是片段，甚至只是片段上的点点斑斑。我所要做的，只是让这些点点斑斑更密一些。如果有一年，一个字也没有记录，那么生命的屏幕上岂不会留下大片的空白？那还是写吧，空白的生命，即使不需要证明，也会失去自身的尊严。

是为序。

目　录

母文本系统还原与文本解读 …… 1

巧用古籍版本差异赏析诗歌语言 …… 2

基于“实证精神”的文学类文本解读策略探究 …… 8

小说的叙述逻辑

——《装在套子里的人》的“删节”研究 …… 14

记忆机制与回忆视角

——《记梁任公先生的一次演讲》的“语病”与“失真”辨析 …… 20

时间中的小城与自我：《说书人》主旨的另一种解读 …… 26

再论“撒盐”与“柳絮”：我们需要怎样的文学比喻？ …… 33

言语形式与文本解读 …… 39

抓住言语形式，解读教材文本 …… 40

揭秘“言语形式”，解读抒情散文

——以《故都的秋》为例 …… 45

基于言语形式的《壶口瀑布》解读 …… 50

言语形式的“反复”与《一棵小桃树》的解读 …… 56

在言语形式的“突出”中感受《在长江源头各拉丹冬》的审美世界 …… 63
“雷锋精神”的文学化演绎
——重读《驿路梨花》 …… 69
实用文本的“文学化演绎”策略
——《一滴水经过丽江》再解读 …… 75
从“生命的静流”到“生命的飞奔”
——穆旦《我看》再解读 …… 81
文本体式与文本解读 …… 87
基于文体特征的初中语文统编教材解读策略 …… 88
戏剧语言的“孕育性”
——从《雷雨》中“接过支票，把它撕了”说开去 …… 94
体式与策略：《长安晚秋》再解读 …… 99
文体的“无功利的合功利性”
——从《山中与裴秀才迪书》说开去 …… 105
文体规范：坚守还是冲破？
——从《奥斯维辛没有什么新闻》的教学说开去 …… 110
熔小说、诗歌、散文于一炉
——吴伯箫《灯笼》读解 …… 116
文学理论与文本解读 …… 121
“具体化”理论视角下的初中文言文解读路径探究 …… 122
《项脊轩志》的“断片美学”特征 …… 129
挖掘文本的“深层结构”，构建解读的“深度模式”
——以《鸿门宴》的人物分析为例 …… 132
姜夔词清冷意象探胜
——以《扬州慢》为例 …… 137
诗性思维与哲学思维的互动与融通：刘亮程散文《今生今世的证据》
读解 …… 141

壶口浓缩了一个怎样的世界?
——《壶口瀑布》读解 …… 147
叙述学与文本解读 …… 153
“不可靠叙述”与叙事类文本解读 …… 154
作者视角下《伟大的悲剧》再解读 …… 160
感知者与隐含作者的错位与重合:《最后一课》再解读 …… 167
《智取生辰纲》的叙事艺术再探究 …… 173
儿童叙述视角下的成人感知
——从《孔乙己》和《我的叔叔于勒》的解读说起 …… 179
文本细节与文本解读 …… 185
从“俟我于城隅”说开去
——《诗经·静女》备课启示 …… 186
破败与修复
——“阁”与“轩”的指称与《项脊轩志》的情感倾向探究 …… 190
从“坐在台阶上”说起
——李森祥小说《台阶》的另一种解读 …… 195
“怎么了呢,父亲老了”是画蛇添足吗?
——小说《台阶》的一处细节解读 …… 200
例析《智取生辰纲》的“细针婉线之妙” …… 205
《卖油翁》的“笑而遣之”再解读 …… 210
《溜索》“炼字”艺术探究
——以“小”字为例 …… 216
人物形象与文本解读 …… 221
印证式解读文学作品的误区及纠偏 …… 222
古典叙事诗中人物形象价值的重新审视 …… 227
一个被忽视的人物
——略论《林教头风雪山神庙》中的“管营” …… 232

抓住文本“裂痕”，再辨人物形象
——以《孔雀东南飞》中“刘兄”形象为例 …………………… 236
《藤野先生》的“三重错位”观照 ………………………………… 242
文本解读的教学维度 ………………………………………………… 247
文本解读：核心素养与关键能力 …………………………………… 248
“文化传承与理解”离不开对具体文本的解读与把握 ………… 253
在“结论”与“文本”之间建立有效关联 ………………………… 258
利用教材注释，巧设讨论支点
——以《〈诗经〉两首·氓》为例 ……………………………… 264
在多重对话中解读《孤独之旅》中的“孤独” ………………… 268
用“精读”缩短学生与文本的“接受距离”
——以《邓稼先》解读与教学为例 …………………………… 275
基于思辨阅读的《无言之美》解读策略 …………………………… 282
后　记 ………………………………………………………………… 288

母文本系统还原与文本解读

巧用古籍版本差异赏析诗歌语言

所谓的“古籍版本”指的是古籍在传抄、刻印过程中出现舛误或差异从而形成不同的本子。古籍版本的差异也会影响到中学语文教材的编写。教材依据的版本不同，它所引用的古诗词或者古文也会有相异之处。于是会出现这样的情况：同一篇文章，选入不同的教材版本，会产生差异。在应试体制下，这会带来很多不便。例如高考试题中的“古诗文默写”，同一张高考卷，却会出现不同的答案。当然，这些技术性的操作问题容易解决。关键问题在于，教师应该如何面对这些差异，能不能借助一定的教学手段，将这些版本差异有效地化入课堂教学，从而使学生更透彻地欣赏诗歌语言。

版本差异是具有合理性的。因为作者的原稿湮没不可考，现代人只能根据后人刻印的版本去理解古籍，很多情况下，这些差异并不意味着错误，不同版本存在着差异是正常的。具体到诗歌文本，笔者认为，教师可以巧借这种版本差异引导和启发学生去鉴赏诗歌语言。中学生欣赏古诗词，除了受到审美熏陶和培养人格外，最主要的还是鉴赏诗歌语言。古代的诗歌十分凝练，每个字每个词都蕴含着丰富的信息量和审美内涵，这就要求我们从具体的字词入手，去领略古诗词的美。

敏感的教师都会注意到，不同的版本正好给学生提供一个思考和讨论的契机。教师可在这些地方设置开放性的问题，引起学生的思考，或许没有最终的统一的答案，但是这个思考和鉴赏的过程是有价值的。

一、教材版本差异举隅之一："恨不"还是"何不"？

节妇吟

张籍

君知妾有夫，赠妾双明珠。
感君缠绵意，系在红罗襦。
妾家高楼连苑起，良人执戟明光里。
知君用心如日月，事夫誓拟同生死。
还君明珠双泪垂，何不相逢未嫁时。

"何不"，《张司业诗集》《乐府诗集》《唐诗纪事》等作"何不"。王世贞《艺苑卮言》作"恨不"："'还君明珠双泪垂，恨不相逢未嫁时'，可谓能怨矣。宋人乃以系双罗襦少之。若尔，则所谓'舒而帨帨兮，毋使龙也吠'，可称难犯之节乎哉?""恨不相逢未嫁时"现在已经是一句熟语了。

设计问题： 仔细阅读全诗，揣摩"何不"和"恨不"有没有细微的区别?

学生回答一："恨不"的意思是"遗憾没有"，"何不"意为"为什么没有"，两者都包含遗憾的意思。但是"何不"比"恨不"感情要更加强烈。作者表面写一位节妇拒绝第二者的求爱，其实是在写自已拒绝李师道的邀请，用"何不"更能显示作者对李师道"盛情难却但又不得不却"的意思。(评：从对字词的理解上升到对全篇感情基调的理解，有道理。)

学生回答二：大多数版本都是"何不"，只有王世贞的一则诗话材料作"恨不"，教材上选用"何不"是没有问题的。但是现在生活中很流行"恨不相逢未嫁时"，说明"恨"直接翻译为"遗憾"，这体现了乐府诗的直白特点。(评：从诗歌不同种类的体裁出发，联系当前生活论述两者的区别，有说服力。)

二、教材版本差异举隅之二："崩云"还是"穿空"？"樯橹"还是"强虏"

念奴娇·赤壁怀古

苏轼

大江东去，浪淘尽，千古风流人物。故垒西边，人道是，三国周郎赤壁。乱石穿空，惊涛拍岸，卷起千堆雪。江山如画，一时多少豪杰。

遥想公瑾当年，小乔初嫁了，雄姿英发。羽扇纶巾，谈笑间，强虏灰飞烟灭。故国神游，多情应笑我，早生华发。人生如梦，一樽还酹江月。

穿空，元延祐刊《东坡乐府》二卷、朱祖谋编辑的《东坡乐府》三卷、龙榆生《东坡乐府笺》作"崩云"。其他版本均作"穿空"。

朱彝尊编选的《词综》根据洪迈的《容斋随笔》认为："本是'浪声沉'作'浪淘尽'，与调未协；'孙吴'作'周郎'，犯下'公瑾'；'崩云'作'穿空'，'掠岸'作'拍岸'，又'多情应是、笑我生华发'作'多情应笑我，早生华发'，益非；而'小乔初嫁'宜绝句，以'了'字属下句乃合。"

旧题诸葛亮《黄陵庙记》云："趋蜀道，履黄牛。因睹江山之胜，乱石排空，惊涛拍岸。"

设计问题： 根据词意，"崩云"和"穿空"哪个词用得更好？

学生回答一："崩云"好。首先是洪迈的《容斋随笔》作"崩云"，洪迈是南宋人，距离苏轼的时代相对较近，应该可信。其次，"崩云"意为"像云一样裂开"，更能表现赤壁乱石的气势。（评：回答有条理，知人论世，以意逆志，孟子的理论得到了很好的体现。）

学生回答二："穿空"好。从上述诸葛亮的引文可以看出，"穿空"是从"排空"化用而成的。从炼字上讲，"穿"意为直插云霄，有一种凌厉的气势。"崩云"有点突兀，乱石和云联系，有点不可思议。（评：能够抓住动词进行赏析，"穿"字确实用得很传神。）

学生回答三："崩云"好。"崩云"不仅有视觉描写，也有听觉描写，有声有色。"穿空"显得呆板，没有生命力。（评：能够从景物描写的感觉角度理解，在对比中得出中肯的结论。）

"强虏"，明茅维编定《东坡先生全集》、明焦竑所编《苏长公二妙集》作"樯橹"。宋人黄升《唐宋诸贤绝妙词选》则作"狂虏"。

宋人王楙《野客丛书》卷二十四"东坡水调"记载："淮东将领王智夫言，尝见东坡亲染所制《水调词》，其间谓'羽扇纶巾谈笑处，樯橹灰飞烟灭'，知后人讹为强虏。仆考《周瑜传》，黄盖烧曹公船时，风猛，悉延烧岸上营落，烟焰涨天，知樯橹为信然。"

设计问题：结合文意，谈谈"樯橹"和"强虏"的优劣。

学生回答一：应该是"樯橹"，我们的教材用得不好。"樯橹"本义指船的桅杆和舢板，在这里采用了借代的修辞手法，用船的一部分代指与曹操连在一起的船。从诗意上讲，"樯橹"比"强虏"更含蓄，后者指的是"强大的敌人"，过于直露。（评：从词义和修辞手法入手探讨字的意思，这种方法值得学习。）

学生回答二：应该是"樯橹"。"樯橹"是物，带有直观的画面感，读到这个词，眼前似乎也出现了曹操的船在大火中灰飞烟灭的场景。"强虏"是人，物可以灰飞烟灭，要是人也灰飞烟灭，似乎过于残忍，没有诗意了。（评：能够把字词放入原文中展开想象，很好。字不离篇，字的意思一定要结合全篇才能理解。）

三、教材版本差异举隅之三："美景"还是"好景"？

雨霖铃

柳永

寒蝉凄切，对长亭晚，骤雨初歇。都门帐饮无绪，留恋处，兰舟催发。执手相看泪眼，竟无语凝噎。念去去千里烟波，暮霭沉沉楚天阔。

多情自古伤离别，更那堪冷落清秋节。今宵酒醒何处？杨柳岸晓风残月。此去经年，应是良辰美景虚设。便纵有千种风情，更与何人说！

广东教育出版社《语文必修3》选入这首词时，作"应是良辰美景虚设"，注释显示这首词出自《全宋词》。宋代黄升编选的《唐宋诸贤绝妙词选》，宋代何士信编选的《草堂诗余》，清代朱彝尊、汪森编选的《词综》，清代《御选历代诗余》，中华书局版薛瑞生先生的《乐章集校注》均写作"应是良辰好景虚设"，那究竟是"美景"还是"好景"，哪个更有道理？

“美景”与“良辰”搭配之例：

谢灵运《拟魏太子〈邺中集〉诗》序：“天下良辰、美景、赏心、乐事，四者难并。”

白居易《醉吟先生传》：“每良辰美景，或雪朝月夕，好事者相过，必为之先拂酒，次开箧。”

杨万里《病中七夕》：“良辰美景底须来，苦恼如山正满怀。”

汤显祖《牡丹亭》：“良辰美景奈何天，赏心乐事谁家院。”

“好景”与“良辰”搭配之例：

晏殊《凤衔杯》：“谁信道、两情难寄。可惜良辰好景、欢娱地。只凭空憔悴。”

晏几道《于飞乐》：“意中人，从别后，萦系情怀。良辰好景，相思字、唤不归来。”

李东阳《次陈德卿顾士廉乔希大韵三首》：“良辰好景多相似，只对愁人便不同。”

柳永词中的“美景”与“好景”：

《殢人娇》：“良辰美景，恨浮名牵系。无分得、与你恣情浓睡。”（注：明代毛晋刻《宋六十名家词》“美”作“好”。）

《望海潮》：“千骑拥高牙，乘醉听箫鼓，吟赏烟霞。异日图将好景，归去凤池夸。”

教师将这些材料提供给学生之后，可以设置问题：《雨霖铃》中，应该“美景”还是“好景”？

学生回答一：应该是“好景”。柳永和晏殊、晏几道都是写词高手，他们生活的年代大致相同，“好景”应是当时写词的常用语。柳永本人的《望海潮》也用了“好景”，选“好景”的版本显然多于“美景”。（评：该生从该词创作的时代入手，注意和同时代的作家相比较，并且和柳永本人的词相互参照，言之有理。）

学生回答二：应该是“美景”，将“良辰”“美景”搭配使用远远早于“良辰”“好景”搭配，柳永此处应该是用到了谢灵运的典故。（评：该生从用典入手考查词语出现的年代先后，也有道理。）

学生回答三：应该是“好景”。“好”的本义是“女子美貌”，引申为“一般的美”，用“好”字更有韵味，“美景”过于直接，损害了诗意。（评：

该生从词的本意和引申义入手，比较“好”和“美”的韵味，认为诗歌讲究含蓄，因此要用“好”字。）

小结：版本差异不仅表现在古代诗歌文本中，现代文或译介小说也存在着版本差异问题。只要我们能够抓住版本之间的字词差别，恰当地设置思考题和讨论题，就一定能够激发学生对于文本的兴趣，从而提高学生的语言鉴赏水平。

（本文发表于《语文月刊》2012 年第 2 期）

基于"实证精神"的文学类文本解读策略探究

相比实用类文本，文学类文本的解读往往忽视文本的事实与逻辑，甚至会认为实证与文学类文本关系不大。实际上，不论是哪类文本，实证都是解读的基础。一般来说，实证包含着两个重要成分，一是"实"，即对文本事实进行认定；二是"证"，即对文本事实和逻辑进行分析、推理与证明。余党绪老师谈到"思辨性阅读"时曾说："思辨性阅读，必须穿过语言的雾霾，厘清文本的事实，理清文本的逻辑，这就需要实证与分析的功夫。实证与分析看起来是两个范畴，实际上是一个问题的两个方面。对事实的认定，必须借助逻辑分析的力量；而逻辑的思辨，又必须建立在事实的辨别之上。"① 不论是思辨性阅读还是其他解读方式，都需要以文本的基本事实与逻辑为基础，这也是对文本进行价值评判与艺术鉴赏的基础。

一、散文文本的"背景实证"

从创作背景的角度阐释作品的意义，历史由来已久。在语文教学领域，讲课之前先介绍作者和写作背景似乎成为一种通例。当这一教学环节成为"集体无意识"后，我们更需要思考写作背景在文本解读中的学理意义，重

① 余党绪：《思辨性阅读——走向真知的必由之路》，《语文教学通讯·高中》2018年第9期，第22页。

新认定“写作背景”在中学语文课堂教学中的教学价值。

在笔者看来，教师只有将写作背景与“这一篇”文本进行一一对应，引导学生借助具体的写作背景对文本进行解读，才能充分挖掘“背景”在文本解读与语文教学中的作用。时代背景和作者的生平经历，只能作为一种重要参考，而无法进入对“这一篇”文本的解读中。正如葛兆光教授在《汉字的魔方》中说：“诗歌是一个‘特殊语言构成的传情达意的艺术品’，……它在写作时就包容了极其复杂的心理活动，这种心理当然受到历史环境、个人经历的种种影响，政治形势、学术思潮、地理民俗、民族心态、经济环境，换句话说整个文化都会在诗人心里留下痕迹，但是，这一切都必须经由一连串的‘移位’才能渗入创作，并受到具体创作时极微妙的心境变形，往往迂回曲折，才能在文本中留下极其含糊的‘印迹’。”① 作为教师，在解读文本时，就需要仔细甄别“宏观背景”与“写作背景”的关系，做到“精准知人”与“微观论世”。

例如郁达夫的《故都的秋》，教师一般在注意到作品的创作时间，即1934年8月后，便结合当时的社会背景以及郁达夫在时代中的个人遭际，通过“外部研究”逆推作者在文章中抒发的情感。例如，有研究者从郁达夫的家庭、婚姻、经历、性格等角度综合分析，认为“从性格看，他的身世命运在很大程度上决定了忧伤孤独的性格，影响着他的创作倾向”②。进而认为作者在《故都的秋》里抒发了某种悲凉之感。加上文本中的“北国的秋，却特别地来得清，来得静，来得悲凉”，便更加印证了散文的“悲凉基调”说。杨铸教授在《也说〈故都的秋〉》一文中也说：“如若以为，以‘清’和‘静’言秋乃普遍共识，而‘悲凉’乃是郁达夫的独到发现，则无论于文学史实，还是于《故都的秋》一文，似皆难吻合。”③ 杨老师说的“文学史实”指的是《故都的秋》这篇文章的写作背景。据《达夫日记集》1934年“八月十六日（旧七夕）”：“晨起上厕所，从槐树阴中看见了半角云天，竟悠然感到了秋意，确是北平的新秋。”接着，他又记录：“接《人间世》社快信，王余杞来信，都系为催稿的事情，王并且还约定于明日来坐索。”这里说的催稿正是《人间世》的编辑王余杞来催要《故都的秋》的稿件。

① 葛兆光：《汉字的魔方》，上海：复旦大学出版社，2016，第23页。

② 高冰峰：《〈故都的秋〉与郁达夫的性格情趣》，《语文教学与研究（综合天地）》2007年第9期，第104页。

③ 杨铸：《也说〈故都的秋〉》，《中学语文教学》2009年第8期，第22页。

于是第二天即八月十七日（七月初八）的日记里，郁达夫又记录："晨起，为王余杞写了二千字，题名《故都的秋》。"①

从这些信息可以看出：第一，《故都的秋》写于作者在 1934 年 7 月从杭州经青岛回到北平时，具体时间是 1934 年 8 月 17 日早晨。因《故都的秋》全文 1 800 多字，日记里说写了"二千字"，当是作者估算全文字数，这从一个侧面证明散文是一气呵成的。第二，此处点出"故都的秋"并非深秋，而是新秋，即刚刚过完夏天迎来秋天的季节。日记中的"悠然"一词也暗示作者的心情并非沉重悲凉，而是带有一种悠闲之意。第三，《人间世》杂志是林语堂 1934 年创办的三大小品文幽默杂志之一（另外两种是《论语》和《宇宙风》），刊物以发表小品文为主，提倡幽默、闲适和独抒性灵的创作。他对《人间世》的定位是其提倡小品："不能兴邦，亦不能亡国，只想办一好好的杂志而已，最多也只是提倡一种散文笔调而已。"② 这也说明，发表于《人间世》的《故都的秋》不可能是抒发沉重的时代之感、书写悲凉的个人身世的作品。

当然，判定这篇文章的情感基调，还要从言语形式的角度入手进行分析。但这至少说明，仅以"1934 年 8 月"的时代背景推测散文的情感基调是没有依据的。

二、诗歌文本的"史实实证"

如果说"背景实证"侧重于文本外在的创作背景的话，那么"史实实证"则侧重于文本内容的历史事实。对作品思想内容的认定、对作品人物形象的分析等，都要建立在"文本事实"的基础上，对事实的认定则需要进行推理与分析。例如辛弃疾《永遇乐·京口北固亭怀古》中的"元嘉草草"，一般被认为是对宰相韩侂胄轻敌冒进的警告。陆精康老师在《辛弃疾警告韩侂胄说难以成立》一文中用丰厚的史实与精准的考证，反驳了传统的说法③；再比如，《陈情表》中的"少仕伪朝"一般被认为是李密自诬以求自保。江

---

① 郁达夫：《郁达夫日记集》，杭州：浙江文艺出版社，1986，第 319 页。

② 钱理群，温儒敏，吴福辉：《中国现代文学三十年（修订本）》，北京：北京大学出版社，1998，第 339 页。

③ 陆精康：《考信录——文言诗文备课札记》，上海：上海教育出版社，2014，第 120 页。

苏省昆山市第一中学的李彬老师在《“伪朝”与“圣朝”之辨——重读〈陈情表〉》一文中分析了蜀汉本土知识分子在历史转折时期的心态，梳理了李密与蜀汉、西晋政权的关系，认为“少仕伪朝”并非托词，而是向晋武帝和晋王朝陈述自己的忠诚与感恩①。这说明，对于文本事实的解读，需要经过考证与分析，才能够得出令人信服的结论。

有一道诗歌鉴赏的高考题，选择的是辛弃疾的一首词《鹧鸪天·送廓之秋试》：“白苎新袍入嫩凉。春蚕食虽响回廊，禹门已准桃花浪，月殿先收桂子香。鹏北海，凤朝阳。又携书剑路茫茫。明年此日青云去，却笑人间举子忙。”其中一道题目是：“请举一例分析本词虚实相生的艺术手法。”参考答案是：“‘白苎新袍入嫩凉’‘春蚕食叶响回廊’是实写，点明时令和环境；‘明年此日青云去，却笑人间举子忙’是虚写，想象金榜题名后轻松愉悦的心情。”

词中的“春蚕食叶响回廊”究竟是实写还是虚写呢？查邓广铭先生《稼轩词编年笺注》，得知“春蚕食叶响回廊”一句是用典，活用了欧阳修在《礼部贡院阅进士就试》中“无哗战士衔枚勇，下笔春蚕食叶声”的诗句。欧阳修知贡举当在嘉祐二年（1057）二月，此时的他已届知天命之年，做了礼部贡举的主考官，以翰林学士身份主持进士考试。贡举，其实就是科举考试，在宋代由礼部负责。《礼部贡院阅进士就试》一诗就写于欧阳修主持礼部贡举考试期间。“无哗战士衔枚勇”，古代行军时口中衔着枚，以防出声，这句是正面描写考场上的安静氛围。“下笔春蚕食叶声”，以动衬静，用考生下笔书写的声音反衬考场之安静。本词题目为“送廓之秋试”，“廓之”即范廓之，也是编次《稼轩词甲集》之范开，稼轩之门人，《稼轩词序》的作者。本诗是送范廓之参加秋试所作，表达了作者对廓之高中的祝愿。第一句写范廓之身着新衣准备去参加秋试，第三句是作者祝福范廓之能够“鲤鱼跃龙门”，能够“蟾宫折桂”。那么第二句“春蚕食叶响回廊”只能是作者想象范廓之在考场上奋笔疾书的场景。因此，这句词应是“虚写”，答案是有瑕疵的。

三、小说文本的“逻辑实证”

在文本中，事实与逻辑是密不可分的。文本事实一定是符合理性逻辑的

---

① 李彬：《“伪朝”与“圣朝”之辨——重读〈陈情表〉》，《中学语文教学》2018年第4期，第53页。

事实，对事实的认定离不开逻辑层面的分析。离开文本的内在逻辑，不论是概括分析作者笔下的人物还是概括作者的思想情感，都会出现一些偏差。价值判断需要建立在事实与逻辑基础之上，结论的得出自然也需要自圆其说的论据作为支撑。

对于鲁迅小说《社戏》中的六一公公的形象，一线教师有不同的认知。有教师认为六一公公是一个精明、世故的小生意人，理由如下：①六一公公的“请客？——这是应该的”一句中的问号，暗示了其为人圆滑的特点。②如果要表现六一公公的淳朴形象，按照小说的叙述逻辑，他应该说：“来！来来！小鬼们，我的船上还有剩余的罗汉豆，大家来尝尝！”③孩子是六一公公的一大客源。六一公公的这份“和气”仅仅是为了多卖豆子，并不是真心喜爱孩子们。④“我”随母亲来平桥村“消夏”也不是一天两天了，而送豆的时间却是“今天”，因为“今天”“我”正中下怀地夸赞了六一公公的豆好[①]。这些理由，其实是不符合文本内在逻辑的，因此建立在这些理由之上的六一公公“精明、世故的小生意人”的形象就值得怀疑了。

首先，按照故事的逻辑，六一公公发现自己的罗汉豆在昨天夜里被人偷吃了，而且猜到了偷豆的人是双喜那班孩子，于是第二天卖豆回来，看到双喜他们在钓虾，便责备他们偷了豆，但是偷豆并不是重点，重点是“踏坏了不少”。双喜的回答是“我们请客”，这里面就有一个“悖论”：请客本是大人的活动和说法，双喜居然说自己“请客”，那就不符合常理了。但是，当六一公公看到“我”之后，才明白了双喜所说的“请客”对象与真正含义。于是一个问号再加一个破折号，就真实地展现了六一公公彼时的心理活动。如果改为“请客！那是应该的！”尽管能够表现六一公公的热情好客，但缺少了一个真实的心理接受过程。其次，六一公公的船肚子里剩下的罗汉豆，并非煮熟的豆子，而是生的。既然是生的，他就不可能热情地招呼孩子们上船吃豆。当他听到“我”说豆“很好”时，发表了议论和感慨之后，便“打着楫子过去了”。其实，六一公公并非吝啬，而是要在家里把豆煮熟之后再送到祖母家里，这不正是一种淳朴吗？再次，如果还原当时的情境，我们就能发现，六一公公定是早上出门去卖罗汉豆，将近中午才回来，这就说明他卖豆的地方肯定不是本村。再说，本村人种罗汉豆的肯定不少，既然如此又有什么必要从六一公公那里买豆呢？六一公公责备的“你们这班小鬼”定

① 王兴伟：《六一公公淳朴吗？——〈社戏〉人物谈》，《中学语文教学参考·初中》2018年第5期，第73－74页。

然包含阿发，那么“孩子是六一公公的一大客源”的推论就有问题了，因为阿发家自己也种豆，六一公公何必要去讨好阿发呢？

此外，从时间上看，小说明确写道：“母亲也已分担了些家务，所以夏期便不能多日的归省了，只得在扫墓完毕之后，抽空去住几天。”这说明“我”和母亲在平桥村住的时间并不长。至于究竟是哪天来到平桥村的，文中没有明说，但根据一些细节可以推测。小说题目是“社戏”，作者先写“我”成年后在剧场看中国戏的经历，然后过渡到童年时在赵庄看戏，并且说这是“我在那里所第一盼望的”。紧接着，作者便说：“就在我十一二岁时候的这一年，这日期也看着等到了。不料这一年真可惜，在早上就叫不到船。”这句话中的“这日期”显然是到平桥村消夏和到赵庄看戏的日子，自然也是到平桥村的第一天，“在早上叫不到船”的自然也是“今天”了。六一公公“今天”早上出门卖罗汉豆，中午回来遇到“我”，便说“送些给我们的姑奶奶尝尝”，这也足见六一公公的淳朴与热情。

总之，不论是背景实证、史实实证还是逻辑实证，都将文本解读的理路引向了事实推论与逻辑证明，这是文学类文本解读不可忽视的重要维度。

（本文发表于《语文教学研究》2020 年第 5 期）

小说的叙述逻辑

——《装在套子里的人》的“删节”研究

一、故事套层与小说内涵

教材文本《装在套子里的人》主要是中学教师布尔金给兽医伊凡·内奇讲述的关于希腊文教师别里科夫的故事，这个故事在小说原文中，虽然具有相对独立性，有独立的人物形象与相对完整的故事情节，但实际上是作为“故事中的故事”出现的。或者说，小说原本是一个故事套层：外层是兽医伊凡·内奇与中学教师布尔金因打猎误了时辰，借宿在某村庄的堆房里的二人的一番对话；内层则是布尔金讲述的别里科夫的故事。这一点本来是小说的叙述技巧，不过在选入教材时随着部分文本的删减而消失了。

当我们将目光聚焦在故事的外层时，我们发现别里科夫故事的讲述者布尔金实际上是一个普通的庸常人物，而伊凡·内奇则是一个希望改变现实的人，他这回出猎就是“为了透一透新鲜空气”。当他们谈到村长的妻子玛芙拉“一辈子从没走出过她家乡的村子”时，布尔金觉得“这有什么可奇怪的”，于是便讲述了别里科夫的故事。这个故事的特别之处在于，它不仅塑造了别里科夫的典型形象，同时也揭示了生活在别里科夫们的阴影下，芸芸众生的思想状态与生活方式。他们对别里科夫不满，但却又忍受着别里科夫的恶劣影响，忍气吞声，不敢有丝毫的反抗：“他们不敢大声说话，不敢写信，不敢交朋友，不敢看书，不敢周济穷人，不敢教人念书写字……”即使是在别里科夫下葬之后，“我们从墓园回来的时候，露出忧郁谦虚的脸相；谁也不肯露出快活的感情——像那样的感情，我们很久很久以前做小孩子的时候，遇到大人不在家，我们到花园里去跑一两个钟头，享受完全的自由的时候，都经历过。”“布尔金们”向往自由，但又不肯或者说没有勇气冲破桎梏，打破庸常与压迫。当布尔金讲述完之后，我们发现这个故事并未引起布尔金的心里震动，“过了大约十分钟，布尔金睡着了”。

与此同时，我们发现这个故事对伊凡·内奇产生了剧烈的心理反应，故事讲述之前他“脸朝外，吸着烟斗”，而当故事讲完之后，他“不住地翻身，叹气；后来他起来，又走出去，坐在门边，面朝外，点上烟斗”，这个动作的对比也可以看出，别里科夫的故事引发了伊凡·内奇的思考。在布尔金讲述故事的过程中，伊凡·内奇的反应被删去了。整个故事进程中，伊凡·内奇共参与了三次。其中有一次是当布尔金说全城的人变得什么都怕，伊凡·内奇说：“是啊，有思想的正派人，既读过屠格涅夫，又读谢德林，还读勃克尔等等，可是他们却屈服，容忍这种事……问题就在这儿了。”当故事讲完之后，伊凡·内奇听到布尔金说“可是这种装在套子里的人，却还有许许多多，将来也还不知道会有多少呢”之后，紧接着说：“问题就在这儿。”当布尔金感叹“多好的月色”之后，作者有一段优美的景物描写，而此时伊凡·内奇又说：“问题就在这儿了。”

连续三个“问题就在这儿了”，一来说明伊凡·内奇认为别里科夫的出现实际上与周围人对他的容忍不无关系，二来也暗示出他的想法与布尔金完全不同。伊凡·内奇是一个深沉的思考者，他不断地追寻造成这种现象的原因是什么，而布尔金仅仅是故事的讲述者，一个深受其害却又逆来顺受的麻木者。或者说，伊凡·内奇是一个启蒙者，布尔金是启蒙的对象。他认为布尔金的故事本身就是一个套子，他自己却希望讲述一个很有教益的故事。遗憾的是，布尔金并不想改变现实，因此也不愿意听他讲故事。当伊凡·内奇经过思考，得出了一个结论：

> 你看着人们做假，听着人们说假话，人们却因为你容忍他们的虚伪而骂你傻瓜。你忍受侮辱和委屈，不敢公开说你跟正直和自由的人站在一边，你自己也做假，还微微地笑，你这样做无非是为了混一口饭吃，得到一个温暖的角落，做个一钱不值的小官儿罢了。不成，不能再照这样生活下去了！①

① 契诃夫：《契诃夫短篇小说选》，北京：人民文学出版社，2002年版。文中其他引述小说的部分，均出自此书，不再一一注出。

这种振聋发聩的话语，实际上也代表着作者的心声。在伊凡·内奇看来，正是人们内心深处的懦弱造成了“别里科夫们”的存在，这也是人性求安全、求稳定的弱点所在。因此，小说的主旨意蕴不仅在于批判“别里科夫们”以及他们映照的整个社会现实，还在于反思“布尔金们”身上的人性弱点，更在于充满希望地期盼新生活的到来。从小说套层的意义上讲，不仅“别里科夫们”是“套中人”，布尔金又何尝不是？别里科夫的故事相对于整个小说的叙述来讲，不也是“套中事”吗？每个人都会不自觉地成为“套中人”，打碎“套子”仅仅是表面手段，只有改变人们的思想意识与行为方式，才能真正冲破无处不在的“套子”。

二、“删节”与不可靠的叙述者

英国小说理论家韦恩·布斯在《小说修辞学》中率先提出了“不可靠的叙述”的问题。他区分了两种类型的不可靠叙述。一种涉及故事事实，另一种涉及价值判断。前者主要指叙述者在叙述事件时前后不一致或与事实不相符，后者主要指进行价值判断时出现偏差①。实际上，所谓的“不可靠叙述”指的是由于叙述者的视角、立场以及其他方面的原因导致的故事与价值观等方面的偏差。

教材文本《装在套子里的人》作为一个独立的故事，其叙述者是“我”，即布尔金，但“我”并不是小说原文中的叙述者。从叙述视角上讲，教材文本的叙述者“我”既是第一人称主人公叙述中的回顾性视角，同时也是第一人称叙述中见证人的旁观视角。由于“我”与别里科夫住在同一所房子里，对别里科夫的生活比较了解，因此既是事件的参与者，同时也是见证者。教材中在讲到“别里科夫跟我同住在一所房子里”之后，省略了原文中的几句话：

> 同住在一层楼上，他的房门对着我的房门。我们常常见面，我知道他在家里怎样生活。也还是那一套：睡衣啦、睡帽啦、百叶窗啦、门扣啦，各式各样的禁条和忌律，还有：“啊，千万别闹出什么乱子来啊！”……

也就是说，仅仅同住在一所房子里，并不能确保“我”叙述的可靠性，但加上“他的房门对着我的房门”这个关键信息，“我”对整个故事的叙述

① 申丹：《西方叙事学：经典与后经典》，北京：北京大学出版社，2010，第82页。

便有了依据，正因为他们常常见面，“我知道他在家里怎样生活”。因此，“我”的叙述是相对可靠的。但是，也有一些叙述的可靠性值得怀疑，例如：“他一上床睡觉，就拉过被子来蒙上脑袋；房里又热又闷，风推着关紧的门，炉子里嗡嗡地叫，厨房里传来叹息声——不祥的叹息声……他躺在被子底下战战兢兢。”试想，一个极度封闭的人又如何能够允许他人如此近距离观察自己，甚至“体察”自己的心理活动，而且连通宵做噩梦这样极度隐秘的事情，“我”也知道。这就说明了“我”在对别里科夫生活的讲述时，不自觉地有一些推测甚至想象的成分，虽然这种推测与故事的逻辑是一致的。

从价值判断上讲，通过整个讲述，我们发现“我”即布尔金是从猎奇、讽刺、嘲笑等情感角度对别里科夫进行观照的。于是，在“我”的叙述中，别里科夫不啻于一个漫画般人物，其生活行为、言语表情都极度夸张。于是，别里科夫成为一个性格单一的“单面人物”，其本身性格中的其他成分被忽视了。或者说，“我”不自觉地把自己摆到了居高临下的位置上，与别里科夫的生活有意拉开了距离，虽然读者对此或许会表示价值认同，但毕竟不能代表作家本人的价值判断。如前文所述，“我”在故事原文中不仅是“内层故事”的叙述者，同时也是整篇小说中的人物，伊凡·内奇以作家的口吻，对“我”的行为进行了委婉的批评。申丹教授说：“不可靠叙述是一种重要的叙事策略，对表达主题意义、产生审美效果有着不可低估的作用。”[①] 在作家看来，不论是别里科夫还是布尔金，都是身在套子里而不自知的人物，或者说，布尔金也是潜在的别里科夫，甚至在一定条件下，布尔金和别里科夫的角色是可以相互转化的。既然是“同道中人”，布尔金对别里科夫的叙述自然带有“不可靠”的特征，至少读者会对布尔金的叙述表示认同，而实际上，布尔金的思想、观念、行为依然值得反思甚至批判。

三、“删节”与小说细节方面的逻辑

从教材文本的个别细节上看，由于原文选入教材时的删减，导致了在细节上有前后不照应之处，有信息不全之处，也有逻辑不通之处。

首先，当别里科夫躺在卧室的帐子里时，“厨房里传来叹息声——不祥的叹息声”，一般人会认为这是别里科夫疑神疑鬼的幻觉。实际上，小说原

① 申丹：《叙事、文体与潜文本——重读英美经典短篇小说》，北京：北京大学出版社，2009，第 77 页。

文里确实存在着一个厨子："他不用女仆，因为怕人家说他坏话，于是雇了个六十岁的老头子做厨子，名叫阿法纳西，这人傻头傻脑，爱喝酒，从前做过勤务兵，好歹也会烧一点菜。这个阿法纳西经常站在门口，两条胳膊交叉在胸前，老是长叹一声，嘟哝那么一句话：'眼下啊，像他们那样的人可真是多得不行！'"这段话被删去了，不过这也可以看出别里科夫听到的叹息声并非是幻觉，而是阿法纳西的"长叹"，但"不祥的叹息声"却是别里科夫的心理反应，之所以"不详"，是因为他"深怕阿法纳西来杀他"。这个细节也可以看出别里科夫性格中的极端封闭的一面。

其次，当别里科夫与华连卡认识之后，教材省略了几段话，内容是校长太太极力撮合的过程，别里科夫对华连卡的好感甚至追求，这些细节意在描述别里科夫想要冲出"套子"，但最终失败，只能重新回到"套子"里的经历。其中华连卡的弟弟柯瓦连科是一个关键人物。作者说："华连卡的弟弟从认识别里科夫的第一天起，就讨厌他。"这句话相当突兀。仔细阅读小说中被删掉的部分，我们可以发现，柯瓦连科对别里科夫的讨厌，固然有鄙薄其为人的一面，同时也有与姐姐华连卡关系不好的一面。小说写道："她在她弟弟那儿生活得不大快活；他们只会成天吵架和相骂。"当校长太太暗示华连卡要嫁给别里科夫时，柯瓦连科的反应是："这不干我的事；只要她乐意，就是跟大蟒结婚也由她。我才不干涉别人的事呢。"当然，这些部分的存在与否并不能真正影响故事的进程。

再次，当别里科夫被柯瓦连科推下楼梯时，其狼狈相正好被华连卡看见了，于是：

> 她瞧着他那滑稽的脸相，他那揉皱的大衣，他那雨鞋，不明白是怎么回事，以为他是一不小心摔下来的，就忍不住纵声大笑，笑声在整个房子里回响着：
>
> "哈哈哈！"

读者或许会很奇怪，华连卡的表情与笑声为何会如此夸张，以至于结束了预想中的婚事以及别里科夫的人间生活。其实，作者在华连卡刚出场时对此就有所交代：

> 一句话，她不是姑娘，而是蜜食水果，活泼极了，谈笑风生；老是唱小俄罗斯的歌，老是笑。她动不动就发出响亮的笑声："哈哈哈！"
>
> 他沉静地坐着，华连卡对他唱《风在吹》，或者用她那黑眼睛呆呆地瞧着他，再不就忽然扬声大笑："哈哈哈！"

也就是说，“哈哈哈”的笑声是华连卡的“标志动作”，她看到滚下楼梯的别里科夫时，并非恶意取笑，而是习惯性的动作，而正是这种习惯性的笑声，断送了别里科夫的生活。

总之，教材删节是一个值得研究的方向，同时也是教学的启思点与启智点。而小说的删节研究，更是解读小说叙述视角、叙述逻辑、主题意蕴的关键点。

（本文发表于《语文月刊》2017 年第 7 期）

记忆机制与回忆视角
——《记梁任公先生的一次演讲》的“语病”与“失真”辨析

一

梁实秋的《记梁任公先生的一次演讲》第一段有一个句子：“大约在民国十年左右，清华学校请他作第一次的演讲，题目是《中国韵文里表现的情感》。”部分教师认为这是一个病句，特别是“大约民国十年左右”，是典型的“语义重复”。例如，陈荣华老师在《〈记梁任公先生的一次演讲〉语病例说》中认为：“句中‘大约’是一个表示估计意义的副词，‘左右’虽是个方位词，但用在数字后边表示概数，也是有估计义，同一个句子一个数字一前一后都用表估计意义的词语，显然犯了语义重复的毛病。”① 潘志华老师的《〈记梁任公先生的一次演讲〉中值得商榷的三个句子》也认为“大约”和“左右”不能同时使用：“在日常生活中，‘大约’和‘左右’同时使用是个比较常见的现象。其实，很多人原来也知道这样做不正确，但时间久

① 陈荣华：《〈记梁任公先生的一次演讲〉语病例说》，《文学教育》2014 年第 7 期，第 117 页。

了，习惯了，反而对正确的用法产生困惑了。”①

从语法角度看，这确实是一个病句，与现代汉语的表达习惯不太符合。但笔者认为，我们在分析句子时，不能仅仅着眼于语法规则的角度，也要善于将句子置入到语篇整体中进行理解。甚至我们要想到：教材编写者对于如此明显的“语病”为什么不加以纠正？就像鲁迅先生在《孔乙己》的结尾说：“大约孔乙己的确死了。”相信不会有教师仅仅告诉学生“这是一个病句”，而是会引导学生分析，作者为什么会这样表述？具体到这个句子，我们应该回到文章的创作时间上来。本文的创作时间不太确定，但梁启超的演讲是在 1921 年，这一点可以确定。根据“我在听先生这篇讲演后二十余年，偶然获得机缘在茅津渡候船渡河”可知，梁实秋写作本文的时间至少是 1941 年以后。根据文章的结尾“于是我想起了从前的一段经历，笔而记之”可知，作者写作本文的时间还要在茅津渡等候渡船之后一段时间，具体数字不太好确定。这就产生了一个疑问：梁启超的演讲时间是确定的，作者为什么还要用“大约在民国十年左右”这样的表述？

这要从人的记忆机制说起。梁实秋“现在”想起了“从前”的一段经历，然后写成本文。在“现在”与“从前”之间，间隔时间 20 年之上。过去的经历在一个人的脑海中，不可能是全貌，对于重要的时间节点也不可能记得十分清楚。林崇德教授主编的《心理学大辞典》讲到“记忆”时有如下表述：“回忆是指当过去经验过的事物不在面前时完成的再现过程。再认是当过去经历的事物重新出现时完成的再现过程。许多不能回忆的东西可通过再认过程再现出来。既不能回忆，又不能再认的现象是遗忘。”② 德国心理学家艾宾浩斯通过对大脑记忆的研究，总结出了遗忘规律，即遗忘曲线。遗忘是记忆的机制之一，我们有理由相信，梁实秋确实记得梁启超有一次演讲，但也确实不记得具体的时间，这是符合创作心理规律的。

无独有偶，在谈到茅津渡等候渡船的场景时，作者的表述再一次出现了模糊。教材原文是：“我在听先生这篇讲演后二十余年，偶然获得机缘在茅津渡候船渡河”，但是根据中国广播电视出版社 1989 年出版的《梁实秋散

① 潘志华：《〈记梁任公先生的一次演讲〉中值得商榷的三个句子》，《语文月刊》2013 年第 4 期，第 66 页。

② 林崇德：《心理学大辞典》，上海：上海教育出版社，2004，第 549 页。

文》（第一卷），原文的表述是："我在听先生这篇讲演后约二十余年。"[①]"二十余年"前的"约"字，在本文选入教材时被删去了。其实，与梁启超演讲的时间节点一样，这也是一个十分重要的节点，但作者的记忆再一次出现遗忘与模糊，于是只能采用这种"模糊表述"。令人不解的是，教材编写者为什么保留了"大约民国十年左右"中的"大约"而把"我在听先生这篇讲演后约二十余年"中的"约"字删去？难道前一个句子不是语法错误而后一个句子是语病？

记忆其实就是交织着"记"与"忘"的复杂过程，对于一些场景，梁实秋的印象深刻，那就不需要"模糊表述"了。例如文章的第三段："我记得清清楚楚，在一个风和日丽的下午，高等科楼上大教堂里坐满了听众……"这个片段在作者的记忆中是非常清晰的，作者特意交代："我记得清清楚楚"，既然记忆清晰，自然也就不会出现"语法错误"了。

二

但即使是印象深刻的片段，也会有与实际情形不符之处。作者说："我记得他开头讲一首古诗，《箜篌引》。"这个记忆恐怕就有失真之处。查梁启超的演讲原稿《中国韵文里头所表现的情感》（1922 年），梁启超并非"开头讲一首古诗"，而是先讲了《诗经》中的古诗以及荆轲在易水送别时所唱的"风萧萧兮易水寒"，之后才是古诗《箜篌引》[②]。原稿中的《箜篌引》第三句是"堕河而死"，而在梁实秋的印象中却是"渡河而死"。梁实秋对这个演讲片段记忆深刻，他说：

> 这四句十六字，经他一朗诵，再经他一解释，活画出一出悲剧，其中有起承转合，有情节，有背景，有人物，有情感。

这一点与演讲原稿《中国韵文里头所表现的情感》也不太一致，演讲稿里是："古乐府里头有一首《箜篌引》，不知何人所作：据说是有一个狂夫，当冬天早上在河边'被发乱流而渡'，他的妻子从后面赶上来要拦他，拦不住，溺死了。他妻子作了一首'引'"，这一点也不难理解。因为梁启超整

① 梁实秋：《梁实秋散文》（第一卷），北京：中国广播电视出版社，1989，第 318 页。

② 梁启超：《饮冰室合集》（第四册），北京：中华书局，1989，第 73 页。

理演讲稿的时间是 1922 年，是在演讲时的第二年，而且演讲稿也并非是“演讲实录”。但根据鲁静、史睿编辑的《清华旧影》中马逢华先生的《教授写真》，我们找到了闻一多对梁启超演讲的回忆：

“梁任公先把那首古诗写在黑板上，然后摇头摆脑地朗诵一句：‘公、无、渡、河’，接着大声喝彩，叫一声‘好’！然后再重复地念：‘公、无、渡、河’，‘好！’‘好，实在是好！’梁任公这样自我陶醉地一唱三叹，一声高似一声，并无半句解释。”然后黑板一擦就算讲完。闻一多讲述时，情不自禁地跟着把脑袋转来转去，讲得满脸通红，声音激昂。末了把声音压低，两手一摊，正告弟子：“大师讲学，就是这样！”①

在闻一多的记忆里，梁启超对这首诗并没有解释，只是抑扬顿挫地朗诵了一遍，评价却只有一个简单的“好”字。这与梁实秋的“经他一朗诵”一致，但是与“再经他一解释”不相符，而“其中有起承转合，有情节，有背景，有人物，有情感”更是加入了梁实秋本人对这首诗的主观理解，不是梁启超演讲的真实内容。不过在闻一多的记忆里，《箜篌引》的第三句也是“渡河而死”，这与梁实秋一致。原因可能是“堕”与“渡”读音接近，演讲者读的是“堕”，但是听众却认为是“渡”。

这些“失真”之处，也可以从“回忆机制”中找到合理的解释。吴晓东教授在《从卡夫卡到昆德拉》一书中讲到普鲁斯特的《追忆似水年华》时曾提到“无意的记忆”这一概念：“真实的回忆是纯粹原生态、自然态的，是一种记忆的弥漫，有偶发性特征，时间上也很难区分出先后次序。我们很少有人会命令自己先回忆什么，再回忆什么，最后回忆什么。往昔的记忆在我们的回忆过程中呈现出的往往是一种混沌状态，甚至是共时状态。”②事实也是如此，梁实秋对梁启超演讲的记忆，也属于“无意的记忆”，其中出现的细节的模糊、次序的错乱等等，都是可以理解的。

三

《记梁任公先生的一次演讲》这篇文章里还有一个细节，即梁实秋对梁

① 鲁静、史睿：《清华旧影》，上海：东方出版社，1998，第 201 页。

② 吴晓东：《从卡夫卡到昆德拉》，北京：生活·读书·新知三联书店，2003，第 54 页。

启超广东官话的印象，他说：

他的广东官话是很够标准的，距离国语甚远，但是他的声音沉着而有力，有时又是洪亮而激亢，所以我们还是能听懂他的每一字，我们甚至想如果他说标准国语其效果可能反要差一些。

但是根据其他人的回忆与记载，梁启超的广东官话并不标准，听众在听讲座时会出现理解障碍。夏晓红教授的《追忆梁启超》一书中收录了梁启超其他弟子的相关回忆。首先是梁容若的回忆：

他懒于写板书，他的广东官话对于我们很生疏，所讲的问题，事前又没有预备知识，所以两小时讲演的内容，听懂的实际不到六成。当晚在日记里写“见面不如闻名，听讲不如读书”，因而联想任公先生南北奔驰，到处登坛讲学，究竟是否收到比著书更大的效果，怕要大成问题。①

其次是杨鸿烈的回忆：

事实上，全国大多数听众都以不能完全明了他的西南官话为憾。尤其在华北方面，如一生最崇敬他的前北京高等师范学校教务主任兼史学教授王桐龄氏，凡有梁氏的讲演，几乎风雨无阻，每次必到，但总是乘兴而往，怏怏而归。问其所以，总是自认对于讲词的某段某节，竟完全听不明白，其他人士，十有五六，亦均抱同感。②

对于前文讲到的“失真”之处，以及此处梁实秋的这种主观印象，马臻先生从“散文虚构”的角度进行了解释：“事实上，所有的文学作品都离不开想象和虚构，散文也概莫能外。散文中的想象与虚构，表现的是生活的真实、精神的真实，是一种更高程度的真实。”③ 如果将《记梁任公先生的一次演讲》这篇文章作为一个“既定的成品”，从手法的角度进行分析，虚构手法确实是本文的写作特色之一。但如果我们还原作者的创作过程，结论可能就会不一致。原因很简单，作者在写作时，不可能用“虚构”的手法来回忆并写成这篇文章，而只是年代久远，作者的记忆模糊甚至产生了偏差导致的。

---

① 夏晓红：《追忆梁启超》，北京：中国广播影视出版社，1997，第340页。

② 夏晓红：《追忆梁启超》，北京：中国广播影视出版社，1997，第287页。

③ 马臻：《散文也可以虚构？——〈记梁任公先生的一次演讲〉教学解读》，《名作欣赏：鉴赏版旬刊》2016年第6期，第100页。

至于梁实秋印象中的梁启超的官话“沉着而有力”“洪亮而激亢”，也并非有意虚构，而是“回忆视角”所致。他对梁启超官话的印象，实际上包含着作者对梁启超某种特殊的敬爱之情。也就是说，梁启超的官话可能并不好懂，但出于对老师的一片深情，梁实秋心目中梁启超的官话却很标准。回忆往往是美好的，回忆也是一种叙述方式，选择了一种叙述方式就意味着选择一种回忆的方式与历程，意味着可以省略一些东西，同时也意味着可以换一种角度来重新审视那些曾经发生的真实。吴晓东教授说：“回忆不仅是单纯地把往事再现出来，回忆也是重建，它本身就是一种图式活动，通过演绎和推理完成对过去事件的重建。……而在本质上，可以说，并没有一个完好如初的过去，一个纯然的过去等待我们去寻找，去唤醒，去复现。我们的回忆本身，就有重建过去的性质。从根本上说，回忆总是立足于现在的需要才产生的。”① 这当然不是说梁启超其他弟子对老师没有崇敬之情，而是说明梁实秋在回忆那次演讲、写作这篇文章时，由于“回忆视角”产生了主观印象与情感的变化。

有论者指出：“本文这里的‘记’其实是一种‘回忆’，‘回忆’意味着人的一种责任、努力和情感，他要力图让潜意识中某些保留着的东西闪现出来，这些保留在潜意识之中的东西都是无意识的记忆。但这些无意识的记忆才是真正有意味的印象保持，它是自发性的，非功利的。它不是意识的选择，而是事情本身在人的意识中沉潜进去的，并在某个时候，受某种诱因的刺激闪现在思维中。”② 本文也是如此，真实的讲演细节或许不重要了，重要的是在梁实秋至少 20 多年后的记忆里，还珍藏着如此重要而鲜活的细节，不论是真实还是虚构，它总是能够唤起人的某种情感。对于作者而言，这一点尤为重要。

（本文发表于《读写月报·语文教育版》2018 年第 7 期）

---

① 吴晓东：《从卡夫卡到昆德拉》，北京：生活·读书·新知三联书店，2003，第 64 页。

② 周宗富：《人物性格与情感体验意义之比较——〈记梁任公先生的一次演讲〉的教学定位》，《语文教学通讯》2011 年第 10 期。

时间中的小城与自我：《说书人》主旨的另一种解读

对于师陀小说《说书人》的主旨，一线教师存在着不同的解读。这篇文章收录于苏教版高中语文必修二“珍爱生命”的单元，并和欧·亨利的《最后的常春藤叶》作为“陨落与升华”主题的篇目。《教学参考书》则选入了吴周文老师的《道德家与被遗弃的苦命人——师陀的〈说书人〉解读》，文章对说书人形象的分析以及对小说主旨的解读，成为课堂教学的主要内容。应该说，文章的基本观点还是符合师陀的创作意图的，但并未深入解读小说的深层意蕴。

一、民间艺术没落的悼歌

对于吴周文老师文章的观点，杨大忠老师在《一曲沉痛的民间艺术没落的悼歌——对〈说书人〉主题的再解读》一文中进行了有针对性的反驳。笔者非常认同杨老师的推断与分析，特别是对吴文“一般社会对于苦人的凉薄”的反驳，可谓是一针见血。不过杨老师认为《说书人》的主旨应该概括为：

《说书人》通过一个不知名姓但给民众带来悠长回味的精神享受的民间艺人潦倒终身直至落魄而死的悲惨遭遇，对以说书人为代表的民间艺术的衰落表现出深沉的遗憾与叹惋。作者一再通过渲染说书艺术的巨大魅力来显示民间艺术存在的合理性，但在社会大潮的冲击下，本应具有旺盛生命力的民间艺术却无可挽回地趋向没落；说书人最终因贫困而死，不仅侧面揭示了民间艺术衰落的重要原因，而且暗示了民间艺术走向穷途末路的趋势恐怕难以避免。这种趋势应当引起我们的警惕。①

杨老师还推测苏教版教材编者的意图：

通过描述以说书人为代表的民间艺术的“陨落”的现实，意在警醒人们对此引起足够的重视，力求采取措施保护民间艺术，以使民间艺术得以恢复直至“升华”。我想，这应当也是编者的良苦用心吧。②

杨文的分析虽然令人耳目一新，但结合原文仔细阅读分析，还是可以发现不少漏洞。

第一，将“说书人”等同于“说书艺人”，并称其说书为“说书艺术”，进而上升到民间艺人、民间艺术的高度，在小说的《说书人》的原文中没有依据，这纯粹是杨文依据常理进行的推断。师陀在原文中的称呼就是“说书人”，还有几处称为“说书的”，认为说书是一种“职业”，而且当时民众还认为说书是一种“贱业”，即地位不高的职业。

第二，师陀讲述说书人的故事，是有一定原型的。他曾回忆儿时听说书的经历：“别的同学回家，我则直奔城隍庙，去听说书。……当时的说书人很可怜……他自己的道具是一块‘醒木’，一把破折扇，另外为着向听众收钱，他必须备个小笸箩；为着表示文雅，还得穿上长衫。我听的头一位说书人是文盲。当时的说书人绝大多数是文盲。”③ 儿时的经历与《说书人》的场景极为相似，但作者还透露了另一个重要信息，即说书人其实是文盲，他穿长衫的目的是为了“表示文雅”。这一点与“贱业”是有照应之处的，同时也说明称其为“民间艺人”是不太准确的。

第三，杨文将说书视为“民间艺术”的主要依据是说书给听众带来的极大而丰富的精神享受，“通过渲染说书艺术的巨大魅力来显示民间艺术存在的合理性”，前提正确，结论也符合社会习惯，但论证的逻辑值得怀疑。作

---

① 杨大忠：《一曲沉痛的民间艺术没落的悼歌》，《中学语文教学》2017 年第 9 期，第 51 页。

② 杨大忠：《一曲沉痛的民间艺术没落的悼歌》，《中学语文教学》2017 年第 9 期，第 52 页。

③ 师陀：《杂记我的童年》，见刘增杰主编《师陀全集卷五》，郑州：河南大学出版社，2004，第 343 页。

者在文中反复渲染说书带给听众的效果，并且用浓浓的抒情描述这种效果，并非抱有某种实用的目的，而是为了彰显说书人存在的价值。而且，本文的叙述者是“不可靠的叙述者”。现实中，说书人是因为生计艰难而病死，而叙述者却说：“你可曾想到你感动过多少人……”显然是把个人的想法和说书人生前的实际影响力做了偷换①。因此，文中描写说书的“艺术魅力”的部分，不能作为民间艺术存在的合理性的证明，只能是“我”个人的某种体验。

第四，“社会大潮的冲击”在文中体现得不是很明显，仅仅通过“城隍庙”改为“俱乐部”这一事实，就认定说书人受到了“现代娱乐方式的冲击”，证据不过硬。而说书人日子过得艰难，作者认为这是“极自然的结果”。年老的听客去世了，年少的听客离开了小城到外乡去了，说书人的身体也越来越不支了。而认为“年轻人离开小城到外乡去”是“社会大潮的冲击”，也站不住脚。

第五，“说书人最终因贫困而死”也不符合事实，准确的说法应该是“贫病”。因为“我”第一次听说书人说书，就发现他“时常咳嗽”，后来又“咳嗽，并且唾血”，当最后一次“我”来到小城，没有发现说书人时，卖汤的人说“正害病”，然后“第二天说书人死了”，从这些细节可以看出，病痛是导致说书人死亡的主要原因。当然，民间艺术也不会随着说书人的死去而消失。

第六，教材编者的意图其实很明显，所谓“陨落与升华”指的是“生命的陨落与价值的升华”，这也是《最后的常春藤叶》中的老贝尔曼和说书人的共同点。至于编者有没有“警醒人们对此引起足够的重视，力求采取措施保护民间艺术”的意图，目前没有充足的证据。虽然杨文中的“陨落”与“升华”加了引号，意在表明其含义与教材的不同，但也不能否认“陨落与升华”的对象是生命。

因此，笔者认为将《说书人》的主题理解为“一曲沉痛的民间艺术没落的悼歌”，只具有片面的合理性，并不能全面而准确地概括这篇小说的主题。

---

① 丁晓萍、王伊薇：《说书人之声：论〈果园城记〉的叙事方法与叙事意图》，《中国现代文学研究丛刊》2014年第7期，第17页。

二、“说书人”是小说《说书人》的主人公吗

《说书人》的主人公是谁？一般的说法自然是作者笔下的说书人了，这是由小说的题目决定的。苏教版教材的课后第3题“说说‘说书人’是一个怎样的人物形象，作者是如何刻画这一形象的”，题目是直接说明主人公的问题，很明确地将说书人的形象作为本课的教学内容之一。

其实，将说书人作为教材文本《说书人》的主人公，并无不妥。实际上，将说书人认定为“旧社会孤苦伶仃的底层小人物”，是符合师陀的创作本意的。《说书人》出自小说集《果园城记》，该小说集出版于1946年，写作的时间长达8年，共收录小说18篇，其中就包括了《说书人》。《果园城记》的作者“带着浓厚的怀旧情绪，以他所特有的既凄凉又温暖的回忆手法，写一个小城的历史和各种小人物的命运”①，其中有铁匠、锡匠、邮差先生、说书人、卖灯油者、江湖客、车夫等，还有不得志的知识分子、游走于爱情边缘的女性等。讲述小人物的命运，也是师陀多篇小说的共同特征。

但从师陀小说创作系列来看，除了小说中的人物，作者还着意将“小城”本身作为主人公。他在《果园城记·序》中谈到叙述者马叔敖时说：“这小书的主人公是一个我想象中的小城，不是那位马叔敖先生——或是说那位‘我’，我不知道他的身分、性格、作为，一句话，我不知道他是谁，他要到何处去。”② 夏志清在评论《果园城记》时也说：“书中真正的主角是城镇本身。改革者、共产党人及国民党官员来的来了，去的去了，可是城镇本身却我行我素，继续着它懒惰、懦弱和残酷的行径。”③ 不过在《说书人》中，师陀在讲述说书人的故事时，还讲述了小城的变化，这种变化不仅是自然环境与风物的变化，更是小城中人及其心态的变化。可以说，师陀讲述的是小城本身的故事。当我们把目光集中在“小城”与“说书人”之间的关系上时，就可以发现二者之间微妙的互动关系。在此，小城不仅仅是说书人居住的自然环境，更是作者笔下活生生的生命存在物。正如作者所说：“我

① 钱理群、温儒敏、吴福辉：《中国现代文学三十年》，北京：北京大学出版社，1998，第438页。

② 师陀：《果园城记·序》，见刘增杰主编《师陀全集卷一》，郑州：河南大学出版社，2004，第451页。

③ 夏志清：《中国现代小说史》，上海：复旦大学出版社，2005，第377页。

有意把这小城写成中国一切小城的代表，它在我心目中有生命、有性格、有思想、有见解、有情感、有寿命，像一个活的人。”① 很多时候，阅读《说书人》，似乎不是作者在向我们讲关于说书人的故事，更是小城在诉说着自身的存在与历史。

更值得注意的是，小说将较多的笔墨用到了“我”身上，特别是“我”的心理活动。“我”作为一个过去曾经生活在小城、后来离开小城但又不断地回城的游子，实际上是在寻找某种精神的寄托。当他把寄托放在曾经的小城上时，发现那里早已“物是人非”。就像是鲁迅的小说《故乡》《在酒楼上》《祝福》中离开故乡又返回故乡的“我”，不断地找寻又不断地失落。从这个意义上讲，作者难道不是在讲述“我”的故事，在袒露“我”的心迹，在诉说“我”的感慨？本雅明在《讲故事的人》中说：“小说富于意义，并不是因为它时常稍带教诲，向我们描绘了某人的命运，而是因为此人的命运借助烈焰而燃尽，给予我们从自身命运中无法获得的温暖。吸引读者去读小说的是这么一个愿望：以读到的某人的死来暖和自己寒颤的生命。”并认为“在讲故事人的形象中，正直的人遇见他自己”②。这一点也可从“我”送别说书人的场景中得到证明。正如有论者认为：“对说书人之死的感慨，也是作者通过虚构的故事所表达的真实生命体验。可以说整个小说创作的八年，与抗战相始终，是师陀借助说书人角色‘遇见自己’的一种方式。战争背景带来的生命孤独、脆弱的体验，是作者的写作意图所在。”③ 这也暗示出，“我”其实也应该是小说的主人公。

三、时间中的小城与自我：《说书人》的主题

师陀说：“我认为一个人如果从事文学工作，他的任务不在能否增长完成一种流派或方法，一种极平常的我相信是任何人都明白的道理，而是利用各种方法完成自己，或者说达成写作目的。”④ 文学创作的目的在于“完成

① 刘增杰：《师陀全集卷一》，郑州：河南大学出版社，2004，第453页。

② 汉娜·阿伦特：《启迪：本雅明文选》，张旭东译，北京：生活·读书·新知三联书店，2009，第77页。

③ 丁晓萍、王伊薇：《说书人之声：论〈果园城记〉的叙事方法与叙事意图》，《中国现代文学研究丛刊》2014年第7期，第18页。

④ 师陀：《我的风格》，见刘增杰主编：《师陀全集卷五》，郑州：河南大学出版社，2004，第338页。

自己”，这其实也是《说书人》隐含的主题。不过，这种自我的凸显是在时间的对比中完成的，准确地说，就是在“过去”与“现在”的交互中完成的。

一个游子，在“现在”的时间节点回到了“过去”的小城，经历了发生在说书人身上的一些重大变故。这种“过去”与“现在”的差异，首先体现在说书人的说书所带来的体验中，作者写道：

> 在我们这些愚昧的心目中，一切曾使我们欢喜和曾使我们苦痛的全过去了，全随了岁月暗淡了，终至于消灭了；只有那些被吹嘘和根本不曾存在过的人物，直到现在，等到我们稍微安闲下来，他们便在我们昏暗的记忆中出现——在我们的记忆中，他们永远顶生动顶有光辉。

这段话写的是听众“我”的心理感受，但却充满了岁月的流逝与现在的境况，记忆是一个关键词。也就是说，说书人之于“我”，首先意味着一段过去的岁月，其次是“过去”的苦痛在“现在”的说书过程中暂时消失了，我们只有从过去的存在中确证自身的存在，同时说书人渺小的生命获得了价值与意义。

类似的表述还有以下两处：

> 时光于是悄悄的过去，即使是在这小城里，世人最不注意的角上，它也不曾停留。
>
> 我感到一阵失望，城隍庙原先我们看来多么热闹，现在又如何荒凉；它的大殿原先在我们心目中是多么雄伟，现在又如何卑陋；先前我们以为神圣的现在又如何可怜了啊！

时光的流逝是小说的主题之一，流逝带来的就是“过去”与“现在”的对比，这一点从作者对城隍庙的感觉变化找到依据。在热闹与荒凉、雄伟与卑陋、神圣和可怜之间，说书人的存在意义得以凸显，“我”的存在也渐渐浮出水面。“时间将种种过去定格，给现世之人以无限的感慨，这也是其功能之一”[1]，这也道出了《说书人》的主题。

在小说的结尾，作者又抑制不住内心的激动之情，直接表露自己内心的伤感：

---

① 于萌：《论师陀小说集〈果园城记〉中的“时间”》，《安徽文学》2005年第11期，第6页。

这是怎么回事？十字坡现在在哪里？小商河在哪里？截教的瘟黄阵和隋炀帝赏过的琼花又在哪里？凡是回忆中我们以为好的，全是容易过去的，一逝不再来的，这些事先前在我们感觉上全离我们多么近，现在又多么远，多么渺茫，多么空虚！

这些句子显然不是确证民间艺术的消逝带来的悲哀，而是对“过去”的不舍，在“多么近”与“多么远，多么渺茫，多么空虚”之间，存在着荒凉的小城，存在着一个不断寻找归宿却又寻不到归宿的游子，一个认识到自我存在的荒诞、虚幻与软弱无力的“我”，也存在着一个曾经有价值有意义却终消逝于荒冢中的说书人的生命。

时间也是师陀小说的主人公之一，他的很多篇小说都是在“过去”与“现在”的对比中展开叙事的。例如在《一吻》中，作者写道：“人无尽无休的吵着，嚷着，哭着，笑着，满腹机械的计划着，等到他们忽然睁开眼睛，发觉面临着那个铁面无私的时间，他们多么渺小，可怜，他们自己多么无力呀。”① 正像有论者指出的：“‘时间’改变着一切，时间是这座小城的真正主宰，师陀借人物的思考传达自己对时间的感慨。”② 此言得之！

总之，当我们把解读的视点聚焦于“我”与“小城”的关系上时，就会读出“时间”的意义，读出“流逝”带给人的无助感，说书人正是“我”与“小城”这条链接上的人物。认识时间流逝中的自我、他人与小城，才是《说书人》的主题所在。

（本文发表于《读写月报·语文教育版》2018 年第 12 期）

---

① 师陀：《一吻》，见刘增杰主编《师陀全集卷一》，郑州：河南大学出版社，2004 年版，第 553 页。

② 刘进才：《〈果园城记〉的时间意识与悲悼情调》，《文艺报》2017 年 3 月 24 日第 8 期，第 2 页。

再论“撒盐”与“柳絮”：我们需要怎样的文学比喻？

一、“言语”还是“文学”

《咏雪》出自《世说新语》中的“言语”，题目是教材编者所加。《世说新语》前四篇的篇名“德行”“言语”“政事”“文学”出自《论语》，惯称“孔门四科”。其中“言语”指的是善于辞令，特别是外交辞令；“文学”指的是博学文章，与现在所说的“文学”自然是两回事。《咏雪》纳入到《言语篇》而不是《文学篇》《巧艺篇》，说明原作者是想突出谢家儿女特别是谢道韫在“言语辞令”方面的优势。中山纪念中学的袁海锋老师在《“撒盐”与“柳絮”：文学需要怎样一场雪——兼谈〈咏雪〉深度赏析对语文教学的现实意义》一文中从“文学创作”的角度比较分析“撒盐”与“柳絮”两个喻体的优劣，其依据是“文学的终极追求是呈现忠于个体情感的艺术真实，而不是存身于个体耳畔目前的客观真实，恰切真实地传达写作主体的内在情感才是它的核心”①。从文学创作的角度理解原文，符合“讲论文义”的语境。如果从“言语”的视角看，关注点就会发生一些变化。

《世说新语·言语》中的108个故事片段，共同特点是都有一句精彩的

① 袁海锋：《“撒盐”与“柳絮”：文学需要怎样一场雪——兼谈〈咏雪〉深度赏析对语文教学的现实意义》，《语文教学通讯》（B刊），2018年第10期，第66页。

话，例如“想君小时，必当了了”“战战惶惶，汗出如浆”“大人岂见覆巢之下，复有完卵乎?”这些话语本身自然有其精妙之处，但细读这108个故事片段，就会发现某一精彩的句子要么单独存在，要么存在对话的语境中，后者居多。而对话的语境又分为“问答式”“论辩式”“反问式”等不同类型。例如：

孔融被收，中外惶怖。时融儿大者九岁，小者八岁，二儿故琢钉戏，了无遽容。融谓使者曰：“冀罪止于身，二儿可得全不?”儿徐进曰：“大人岂见覆巢之下复有完卵乎?”寻亦收至。

孔融儿子的“覆巢之下复有完卵乎”本身就是一个精彩的类比，但这句话的精彩只有在与孔融的对话语境中才能体现出来。孔融出于爱子之心，希望儿子能够免于灾祸，而儿子却保持着清醒的头脑，认为一家人都难以避免灾难。也就是说，言语本身背后，要么是反应的迅捷，要么是清醒的认知。《世说新语·言语》中体现人物反应迅捷的片段很多，反应迅捷说明人物很聪明，又可与《捷悟》篇对照阅读。

《咏雪》一段也应该从“言语反应”的角度去理解。当太傅欣然问“白雪纷纷何所似”时，侄儿的回答是“撒盐空中差可拟”，侄女的回答是“未若柳絮因风起”。首先，“未若柳絮因风起”是对“白雪纷纷何所似”的回答，这是一个典型的“问答情境”，谢道韫的答案本身非常精妙，这一点后文将详细解析。其次，“未若柳絮因风起”又与“撒盐空中差可拟”形成了“论辩情境”，一个“未若”不仅体现出谢道韫才思敏捷，谢朗话音刚落，她就想出了另一个答案，而且也体现出她天真活泼甚至争强好胜的性格。她不仅要回答伯父的问题，还要与兄弟的答案进行比较，并直接说“你的回答不及我精妙”。再次，将这三句连起来读，“白雪纷纷何所似?撒盐空中差可拟，未若柳絮因风起”，一问两答，尾字押韵，不论从意义上还是从韵律上都是一个整体。三人对话的形式，又类似于汉代的君臣联句或文人联句的“柏梁体”。而“公大笑乐”就不仅仅是因为侄女才思敏捷、比喻精巧，也不仅仅是家族文艺兴盛，还包含这种家庭成员的“联句”之乐。因此，单独将“柳絮”与“撒盐”进行对比，或者将“未若柳絮因风起”从整个言语情境中剥离出来，就不能把握《咏雪》这一“篇”的艺术性。

二、比喻：语境与言语机制

理解“柳絮”与“撒盐”之别，应该从比喻的外部语境与内在机制两个角度同时展开。所谓外部语境，指的是喻体与整个言语环境之间的契合关系，而内在机制则是指本体与喻体之间的“相似基础上的相异关系”。

《咏雪》第一句话就营造了一个“讲论文义”的高雅氛围。这就说明叔侄（女）在一起并非日常闲谈，而是谈论特定的文学话题。“俄而雪骤”则是一个文学的由头，太傅的“白雪纷纷何所似”自然也不是日常生活的问话，而是一个带有文学意味的问题。在这样一个整体语境下，胡儿谢朗的“撒盐空中差可拟”则是一个生活化的回答，盐自然是家居常见之物，用一个“不登大雅之堂”的喻体来回答，自然与清雅环境格格不入。谢道韫的“柳絮”并非家常之物，由于其空灵迷蒙的特征，还经常被文人当作诗文的重要意象。再加上魏晋时期士人喜欢谈玄论道，不论是品鉴人物还是谈诗论文，都喜欢用“风神”“神韵”“风韵”之类的术语，以表示与日常生活的刻意疏远。从这个意义上讲，谢朗的“撒盐”比喻就显得粗俗不堪了。余嘉锡在《世说新语笺疏》中评论说：“二句虽各有谓，而风调自以道韫为优。”[①] 说的也是这个道理。宋代张炎论词提倡“清空”，在《词源》里说：“词要清空，不要质实，清空则古雅峭拔，质实则凝涩晦昧。姜白石词如野云孤飞，去留无迹。……此清空质实之说。”[②] 用这个论断来分析“柳絮”与“撒盐”的比喻，那么前者自然是清空，后者显得质实。质实，正是与日常生活贴得太近。

如果换一个语境，太傅、谢朗和谢道韫三人连续赶了几天山路，每天以野果、山泉充饥解渴，突然天降大雪，太傅问“白雪纷纷何所似”，那么“撒盐空中差可拟”自然要比“未若柳絮因风起”更适合此时的语境了。二月河的历史小说《雍正皇帝》中曾有一个片段，正好与此相印证。康熙年间，黄河决堤，灾民流离失所，正逢大学，文人邬思道吟诗曰：“六出玉麟撒河山。”武师性音则说：“满天满地筛白面。”聪明伶俐但文化素养不高的仆人坎儿却说：“玉皇大帝贩私盐。”十三爷胤祥大赞道：“好！这才是咏雪！”论文才，自然是邬思道的诗句更雅致，但论此时此刻的语境，“玉皇大帝贩私盐”的比喻与之更契合。

结合外部语境，再从比喻内在机制上分析，我们就会发现将“雪”比作“柳絮”，更符合比喻的特征。一般认为，比喻讲究的就是喻体的“生动形象”，强调本体和喻体之间的“相似性”。实际上，优秀的比喻句是一个辩

① 余嘉锡：《世说新语笺疏》，北京：中华书局，1983，第131页。

② 夏承焘：《词源注》，北京：人民文学出版社，1963，第16页。

证的存在：本体与喻体要有相似性，没有相似性就不成为比喻；但精彩的比喻并非“越像越好”，而是要在相似性的基础上尽量拉开本体与喻体之间的距离。陈望道先生在《修辞学发凡》里说：“要用譬喻，约有两个重要点必须留神：第一，譬喻和被譬喻的两个事物必须有一点极其相类似；第二，譬喻和被譬喻的两个事物又必须在其整体上极其不相同。倘缺第一个要点，譬喻当然不能成立；若缺第二个要点，修辞学上也不能称为譬喻。”① 詹丹教授也曾说：“一个好的比喻，往往具备两个条件：首先是喻体的‘就地取材’，以喻体对读者的贴近，来传递形象而生动的感受；其次，是喻体过渡到本体在思维方面的‘长途贩运’，这样才能让独者获得一种思维跳跃、形象奇特的乐趣。也就是说，喻体与本体的差异越大，通过远兜远转的方式若能找出两者的联系点，就越能显示作者的艺术功力。”② 刘大为先生在《比喻、近喻与自喻：辞格的认知性研究》一书中用“语义跨度”来指称本体与喻体的关系，其观点更有启发性。

如果从这个意义上进行分析，我们就会发现：第一，“撒盐”不仅意味着眼前之雪与眼前之盐在空间距离上的接近，在逻辑上也有相似之处。“撒盐”要有一个动作的发出者，即“谁在撒盐”，这与谢朗内心的“谁在下雪”构成了相似性基础。而“柳絮”的比喻就不存在“谁在撒柳絮”这样的问题，柳絮“因风而起”，没有动作的发出者，自然也就没有人为的痕迹，其与“雪”的语义距离自然要大于“盐”。第二，下雪说明了季节是在冬季，柳絮则是春天独有的物象，“柳絮”的比喻也暗示着冬天过后不久春天就会到来，这种时间上的语义距离是“雪”和“盐”之间所不具备的。第三，“俄而雪骤”说明雪下得越来越大，用《水浒传》中的说法便是“那雪下得正紧”，应该说用“盐”来比喻“雪”，更能解释此时雪大的特征，盐有重量，跟雪一样都是自上而下降落，但比喻并非“越像越好”，而是讲究“相异性”。柳絮“因风起”，说明柳絮并非“从天而降”，而是“自地而生”，但同时漫天飞雪与春天漫天飞絮，又有一定的相异性。第四，谢道韫的“柳絮”比喻更带有女子的特征。刘辰翁说：“有女子风致，愈觉撒盐之俗。”③ 有论者指出：“以柳絮的随风飘动咏雪，轻灵飘逸，正是女儿之态，

① 陈望道：《修辞学发凡》，上海：复旦大学出版社，2008，第61页。

② 詹丹：《语文教学与文本解读》，上海：上海教育出版社，2015，第247页。

③ 刘强：《世说新语会评》，南京：凤凰出版社，2007，第75页。

女儿之诗，同时也与胡儿男子的咏雪形成了对比。”① 这也说明，在这个语境下，“柳絮”的比喻要优于“撒盐”。

当然也有人说两个比喻各有特点，不分轩轾。例如，南宋陈善在《扪虱新话》中说：“撒盐空中，此米雪也。柳絮因风起，此鹅毛雪也。然当时但以道韫之语为工。予谓诗云：‘相彼雨雪，先集维霰。’霰即今所谓米雪耳。乃知谢氏二句，当各有谓，固未可优劣论也。”不过从比喻的外部环境和内部机制两个角度分析，“柳絮”不仅符合整体语境，也与比喻的内在机制相符合。

三、“撒盐”还是“散盐”

初读《咏雪》，读到“撒盐空中差可拟”时便会哑然失笑，如果说“盐”的意象过于质实，那么这个“撒”字也过于幼稚，它的出现几乎预示了一场完全不在同一重量级上的比拼：一个是无知懵懂的小男孩，把下雪比作撒盐；一个是倚马可待的才女，天才地把漫天飞雪比作随风起舞的柳絮。《晋书》卷九十六曾记载谢道韫出嫁之后对丈夫王凝之表达不满：

初适凝之，还，甚不乐。安曰：“王郎，逸少子，不恶，汝何恨也？”答曰：“一门叔父则有阿大、中郎，群从兄弟复有封、胡、羯、末，不意天壤之中乃有王郎！”②

其中的“胡”指的正是谢朗，“封、胡、羯、末”指的就是“谢氏优彦秀者”，这也说明谢道韫对谢朗的评价还是挺高的。《晋书》卷七十九记载谢朗“善言玄理，文义艳发，名亚于玄”，这样一个在谢家子弟中出类拔萃的少年，居然会用“撒盐”比喻下雪，总令人不可思议。恰好《晋书》卷九十六也记载了“咏雪”的片段：

又尝内集，俄而雪骤下，安曰：“何所似也？”安兄子朗曰：“散盐空中差可拟。”道韫曰：“未若柳絮因风起。”安大悦。③

这个片段的字句与《世说新语》的记载大同小异。区别较大的是：《世

---

① 沈超：《论刘辰翁〈世说新语〉评点的人物塑造思想》，《怀化学院学报》2011年第11期，第38页。

②③ 许嘉璐：《二十四史全译 晋书（第四册）》，上海：汉语大词典出版社，2004，第2 158页。

说新语》记载的是“撒盐空中差可拟”，此处却是“散盐空中差可拟”。一字之差，或许是版本传抄之误，或许是《晋书》编纂者做了修改，这些已不可考。《世说新语》中的“太傅”“胡儿”“兄女”等称呼，在《晋书》中被称为“安”“安兄子朗”“道韫”，这也说明这些历史人物是以生活化的形象出现在《世说新语》中的。史书中的人物，缺少了一些活泼的生活气息，而谢安的问句“何所似也”与“散盐空中差可拟”“未若柳絮因风起”也缺少了某种诗意上的关联。但笔者认为，此处的“散盐”比“撒盐”更具文学意味。撒盐，说明人的动作是杂乱无章，乱撒一起；散盐，动作却带有规律性，例如“天女散花”，本身就可以形容大雪纷飞的样子。“散盐”和“撒盐”虽然喻体本身没有变，但至少“散盐”和“柳絮”之间的艺术差距比起“撒盐”来，要小很多。

［本文发表于《语文教学通讯》（B 刊）2019 年第 10 期］

言语形式与文本解读

抓住言语形式，解读教材文本

言语形式，是语言在语境因素下的具体运用形式。它与言语内容是相对应的概念，言语内容就是语言在语境中产生的意义。对于教材文本而言，言语内容就是语言在具体文本中表达的意义，而言语形式就是语言在具体文本中的表现形式。前者侧重于“文本表述的内容”，后者则是“如何表现文本的内容”。对于文本而言，决定言语内容的往往是某些关键的言语形式点，这些关键点也是作者的艺术匠心所在。抓住言语形式的关键点，可以深入有效地解读文本，取得“牵一发而动全身”的效果。具体说来，言语形式的关键点，指的是言语形式的矛盾点、重复点和炼字点。

一、言语形式的矛盾点

矛盾，在文学理论中也被称为悖论、诡论、吊诡，即文本与生活、文本与文本的矛盾之处，用美国“新批评”文论家布鲁克斯的话说就是：“表面上荒谬而实际上真实的陈述。”“荒谬”与“真实”构成悖论。孙绍振教授在阐述“矛盾还原法”时分析：“我的还原，只是为了把原生状态和形象之间的差异揭示出来，从而构成矛盾，然后加以分析，并不是为了去蔽，而是为了打破形象天衣无缝的统一，进入形象深层的、内在的矛盾。”

《诗经·静女》中有一句诗：“静女其姝，俟我于城隅。”这句话表面看没有什么奇特之处，但与实际生活联系起来，就会发现“矛盾”。“俟我于城隅”，即以男子的口吻讲有一位姑娘在城隅等“我”，那“我”是如何得知的？很显然，二人之前一定有过约定，而且是女子主动跟男子说：“某某时间我将在城隅等你。”这样，男子才会如期赴约，并且自豪而忐忑地说：“静女其姝，俟我于城隅。”“俟我于城隅”隐含着一种表述，即是女子主动约会男子的，如果是男子主动的话，那表述方面就应该是“我在城隅等姑娘”，也就是说，肯定是女子主动说“我在哪哪等你”，并且先于男子到达，这位憨厚的男孩子才会说“俟我于城隅”。这位漂亮活泼而又调皮大胆的女孩子，不仅主动约会男子，而且主动等待男子，更重要的是主动赠送男子礼物，这种行为也只有在礼教最薄弱的时代才会有，这也正是先民们真实的生活状态。

沈从文的小说《边城》中，故事开篇，并不是以主人公为线索，跟随主人公的行踪叙述事件，而是继续围绕茶峒的风俗人情展开。值得注意的是，作者叙述到此地的民风时，用到的最多的一个词就是“莫不”，例如：“一切莫不极有秩序，人民也莫不安分乐生”“端午日，当地妇女小孩子，莫不穿了新衣”“在城里住家的，莫不倒锁了门”“因为这一天军官税官以及当地有身分的人，莫不在税关前看热闹”。当然，还有一个值得注意的词就是“全”“一律”，这些词都是“全称副词”，表示“都”。于是一个问题出现了：作者在写这个地方的风俗时，为什么用到这么多的全称副词？难道这个地方的人都行动一致，心就那么齐？这显然是与实际生活不符。其实，作者通过这些略带夸张的全称副词，表现的是一种人们的生活心理与生活方式的相通性。正因为心意相通，才会互相理解，关系才会融洽。

王维的《山居秋暝》有一个核心的矛盾：空与不空。诗歌开篇就说“空山新雨后”，点出了“空”字，但是随着诗意的展开，我们发现王维隐居的山并非真正的“空山”，而是一个充满了生活情趣的所在。这里不仅有潺潺的清泉，还有处于日常生活状态下的普通人，她们要么去洗衣，要么去采莲，抑或是捕鱼，正是一派充满了浓郁的生活气息的图景。既然如此，作者为什么说是“空山”呢？其实，王维崇尚佛法，追求空明宁静，喜欢隐居在安静的环境中，但是他毕竟不是和尚，不是高僧，而是一个诗人。他不是用禅宗的眼光来观察这个世界的，而是用诗人的审美眼光来审视这个世界的。王维内心是有着深沉的“人间情怀”的，他绝对不是不食人间烟火的得道上人。因此，他的诗歌中充满着浓浓的生活气息，他的诗歌说到底也是人间百态的鸣奏曲。

矛盾的最终目的只有一个，就是矛盾的主体最终达到深层次的统一。发现文本的矛盾，并且对矛盾进行解剖，最终使得矛盾冲突变成和谐统一，这就是解读文本时发掘矛盾价值的途径。

二、言语形式的重复点

重复，就是作者有意识地反复使用某些词，起到抒发强烈感情、加强语势的作用。重复，并非语法上的赘余，而是有意识地对语言进行变形化处理。这些重复点，往往是理解作者内心世界的关键，是理解整个文本的关键。

巴金的《小狗包弟》，从言语形式上讲，本文出现了大量的“我”和“自己”，甚至在没必要出现“我”的地方，作者也用了“我”这个第一人称代词。例如：

> 我再往下想，不仅是小狗包弟，连我自己也在受解剖。不能保护一条小狗，我感到羞耻；为了想保全自己，我把包弟送到解剖桌上，我瞧不起自己，我不能原谅自己！我就这样可耻地开始了十年浩劫中逆来顺受的苦难生活。一方面责备自己，另一方面又想保全自己，不要让一家人跟自己一起堕入地狱。我自己终于也变成了包弟，没有死在解剖桌上，倒是我的幸运……

从想象包弟被解剖，联想到自己的灵魂也在被解剖，作者感到“羞耻”“瞧不起自己”，其实就隐含着一种痛彻心扉的忏悔。作者有时用“我”，有时用“自己”，有时连用为“我自己”，如此众多的表示第一人称的词，不仅说明了作者内心的复杂，想法众多，心情多样，急切地想要表达内心丰富的情感，乃至有一种“语无伦次”之感，同时，这众多的第一人称代词，有对自己的指责，有对自己的批评，也有自己的忏悔，这是一种直面人生的勇敢，也是一种人生的深刻自省。

无独有偶，陆蠡的《囚绿记》，这篇文章用到的“我”特别多，经统计，文章有84处出现了“我”字，特别是在第5段和第8段，“我”轰炸式的出现，肯定不是没有原因的。其实，将这两段中三分之一的“我”去掉，丝毫不影响文章的表达，甚至能让文章更为简明清晰。那作者为什么要这样做呢？例如第8段，教师可将不必要的“我”字都去掉，请学生比较分析二者的区别，然后去体会“我”从审美观照的“爱”向“自私占有”的爱的过渡与转变。去掉“我”之后，感情似乎没有这么强烈了。用了这么多“我”，好像很急切，急切地占有眼前的绿叶，而且感情很强烈，是一种强烈的主观意愿。这一小段话，用了以“我”为开头的句子，一连用了三个，而且短短几句话，出现了 7 个“我”，这就可以看出作者此时强烈的主观性，同时也照应了本段开头的“忽然有一种自私的念头触动了我”。

一般说来，感情冲动、强烈的时候，往往会重复使用某些词，这些词就是理解文本主旨的关键。当然，言语形式是表达一定的言语内容，如果对言语内容的表述没有起到一定的作用，这种重复就是语法错误了。

三、言语形式的炼字点

文章写作，特别是文学创作，是一个精神性的创造过程。这种创造性不仅体现在文本主题的深刻、形式的新颖，还体现在语言的运用上。古人就有“为人性僻耽佳句，语不惊人死不休”“吟安一个字，拈断数茎须”之说。类似的诗歌炼字的佳话，数不胜数。诗歌如此，其他文体的创作也是如此。

杜牧在《阿房宫赋》里有一句话：“二川溶溶，流入宫墙”，其中的“入”字常被人忽视。将这两句改为“二川溶溶，流入大海”，感觉没意思，因为与阿房宫没有直接的关系。改为“二川溶溶，流过宫墙”，感觉味道不足。流过，说明阿房宫是建造在渭河和樊川边上，没什么奇特的。但如果说“二川溶溶，流入宫墙”，两条大河，相距不可能很近，居然流入了阿房宫，那么阿房宫构建之奇、规模之宏，由此可见一般。“溶溶”，粤教版教材注释为“水流缓慢的样子”，人教版教材注释为“水势浩大的样子”，比较而言，后者的解释更有艺术性，更能衬托出阿房宫的特点。

柳永的《雨霖铃》中有句词：“骤雨初歇。”一个“初”字说明暴雨刚刚停止，天上不可能有夕阳，不可能有晚霞，而只能是阴冷，这样，在一个阴冷的黄昏，听着蝉凄切的哀鸣，这种环境，这种氛围，被作者渲染到极点。还有，主人公显然不想离别，想永远和恋人待在一起，但是总是要离别。正在这时，天下起了暴雨，主人公心情肯定很高兴，因为终于找到了一个放弃离别的客观理由了，所谓“人不留客天留客”：不是我不想走，而是雨太大了，自己无法离开。但是一个“歇”字打断了主人公的美梦。骤雨停止了，主人公再也没有滞留的理由了，那内心的痛楚与失落可想而知。

王昌龄的《从军行》有一句诗：“黄沙百战穿金甲。”一个“穿”字，堪称神来之笔。我们试想一下，如果边关将士生活在像春雨江南那样的环境中，金甲能“穿”吗？显然不能，这就说明了边关环境之恶劣，风沙之大；进一步想，即使风沙很大，那如果将士们整天待在屋子里不出来，那金甲能

“穿”吗？显然也不能，这说明将士们需要进行野外活动。再想一下，即使是野外活动，如果偶尔穿着盔甲出来走走，黄沙能把金甲磨穿吗？显然也不能，必须是经常在户外活动。再退一步想，即使是经常在户外活动，即使有风沙，那需要多大的风沙才能将金甲磨穿？这也暗示出风之大，沙之多。如果没有战争，金甲也不可能“穿”，这也说明了战争之频繁、战争之惨烈。

炼字，并非考试意义上的炼字，即按照一定的格式和程序进行的答题规范，而是要深入到文本内部，运用“换词法”，体会字的精妙之处。

当然，言语形式的矛盾点、重复点和炼字点，相对于博大精深的言语形式来讲，只能算是恒河沙之一粒。而只有在关注文本的言语内容的同时，也注意到言语形式的特殊之处，对文本的理解才能更加深入，对作者的艺术创造的功力，也多一份认可。

（本文发表于《语文知识》2016 年第 6 期）

揭秘“言语形式”，解读抒情散文
——以《故都的秋》为例

认为作者在《故都的秋》里抒发了某种悲凉之感的观点，在中学语文界是主流。这一点与人教版教材的“研讨与练习”有很大的关系。在课文后的练习题中，教材编写者设计了这样一道题目：“从哪些句段中，你感觉、体察到了作者所谓的‘悲凉’？你如何看待这种‘悲凉’？”其实这道题并非封闭式问题，而是带有探究的意味，但给人一种误解，无形之中引导教师确信郁达夫在文章中抒发的感情就是“悲凉”。对于“悲凉”的成因与表现，总结起来，主要有以下几种观点。

第一种，直接说。作者直接在文中说：“北国的秋，却特别地来得清，来得静，来得悲凉。”有教师认为“清”“静”“悲凉”就是“文眼”，据此设计教学思路，请学生在文中寻找能够体现“文眼”的词句，通过概括画面内容与品味语言，印证结论。

第二种，背景说。教师通过文后的写作时间“1934 年 8 月”，结合当时的社会环境以及郁达夫在时代中的个人遭际，通过“外部研究”，逆推作者在文章中抒发的情感。例如有研究者从郁达夫的家庭、婚姻、经历、性格等角度综合分析，认为“从性格看，他的身世命运在很大程度上决定了忧伤孤独的性格，影响着他的创作倾向”①。

① 高冰峰：《〈故都的秋〉与郁达夫的性格情趣》，《语文教学与研究（综合天地）》2007 年第 9 期。

第三种，文本说。教师通过分析文本中具体的景物描写，抓住个别意象及词语进行深度解读，认为作者抒发的感情是悲凉的。例如秋蝉、秋雨等意象，以及形容秋蝉的形容词“衰弱”等。

第四种，传统说。教师结合传统诗词中的“悲秋”传统，结合《故都的秋》进行阐发，认为本文有着中国传统文人的血脉，“在郁达夫的《故都的秋》中，传统的悲秋主题有了一点小小的变化，那就是秋天的悲凉、秋天带来的死亡本身就是美好的，世人沉浸在其中，并没有什么悲苦，而是一种人生的享受。”①

诸如此说，不胜枚举。当然，也有少数学者和教师认为，《故都的秋》表达的其实是一种悠闲的趣味，是一种闲情逸致，一种雅俗结合的审美心态，也是北平作为古都散发出来独特的文化趣味。值得注意的是，研究者论证本文的情感基调是“闲适”时，所采取的方法与思路与“悲凉说”的主张者是一致的，都是抓住文中直接表达的词句、郁达夫的性格特征、景物与意象以及传统视角展开论证的。笔者以为，如果我们换一种分析视角，从“言语形式”的角度去分析，或许可以得出更符合文本实际的结论。

一、言语形式揭秘之一：整散结合的句式

《故都的秋》在句式方面运用了整散结合的写法。例如在写到江南的秋时，作者写：“草木凋得慢，空气来得润，天的颜色显得淡。”句式整齐中有变化，句末都是仄声字，读起来朗朗上口。接着作者写：“秋的味，秋的色，秋的意境与姿态，总看不饱，尝不透，赏玩不到十足。”前面几个偏正短语，定语相同，都是“秋”，分述“味”“色”“意境与姿态”，句子会给人一种舒缓的诗意，如改成“秋的味、色、意境与姿态”，变成了概括性的表述，缺少了很多文学意味。同样，“看不饱，尝不透，赏玩不到十足”，三个短句也是整齐之中而有变化。

作者写到槐树的落蕊时，说：“像花而又不是花的那一种落蕊，早晨起来，会铺得满地。脚踏上去，声音也没有，气味也没有，只能感出一点点极微细极柔软的触觉。”反复品读“声音也没有，气味也没有”，两个“也”字并不表达并列的含义，完全是一种舒缓句意的功能，如改成“声音和气味

① 孙绍振：《名作细读：微观分析个案研究》，上海：上海教育出版社，2009，第69页。

都没有”，虽然句子的意思没有改变，但韵味没有了。同理，写灰土上留下来的一条条扫帚的细纹，看起来“既觉得细腻，又觉得清闲”，如果改成“觉得细腻、清闲”，表达效果上少了一些舒缓。写到秋雨时，作者说：“也似乎比南方的下得奇，下得有味，下得更像样。”三个动补短语，动词都一样，变化补语，使得句子有了整散变化的错落感，这种表述显然比“也似乎比南方的下得奇、有味、更像样”，后者虽然更简练，但没有一种舒缓感。

作者之所以运用大量的这种类似的句式，营造一种舒缓的阅读感，根本原因也在于作者想要表达的情感，不是急促的，不是悲凉的，而是悠闲的，闲适的。也就是说，句式与感情之间存在着某种对应的关系。

二、言语形式揭秘之二：语气词的表达功能

作者在写散文时，既有口语化的表述，也有典雅化的表述，特别是口语，或者表示口语的语气词，加在整篇文章，使得全文有了一种家常的、谈心的味道。

第一段，作者就说：“可是啊，北国的秋，却特别地来得清，来得静，来得悲凉。”作者不说“可是”，而说“可是啊”，“啊”就是明显的表示语气的词，仔细品读，“可是”显得生硬，“可是啊”显得从容缓慢，就像是作者直接与读者进行谈话，袒露自己的心迹，表达自己的内心世界一样。很明显，这个“可是啊”带给读者的感受不是急促，而是一种亲切，一种悠闲的韵味。第三段写“在北平即使不出门去吧，就是在皇城人海之中”，“即使不出门去吧”比起“即使不出门去”，多了一个“吧”字，便给人一种平易之感，我们也可以想象作者写作时的放松心态。

写到秋雨时，作者有点调皮地说：“还有秋雨哩。”一个“哩”不仅写出了谈话时的轻松自如，同时也带有一点幽默俏皮。而都市闲人说：“一层秋雨一层凉啦。”一个“啦”字也写出了都市闲人那份独特的悠闲。这些句末语气词，不仅仅起到了辅助语气的作用，同时也是情感的流露，流露出来的不是悲凉，而是一种老北京独有的悠闲感。正如钱理群先生在《品一品“故都”的“秋味”》一文中说：“他强调北京人说话的声调、‘平平仄仄’的音乐性，以及其间的韵味，（那‘念得很高，拖得很长’的一声‘了’字是何等的‘有味儿’）并由这说话的‘腔调儿’推知（感知）其情态心境的悠闲，又从那‘熟人’间‘微笑着互答着’的说话神态里体味北京人人际

关系的和谐、随意、谦恭。”[①] 也就是说，“哩”“啦”“了”这些句末语气词的存在，暗示出作者内心的闲趣。

三、言语形式揭秘之三：关联词的表达功能

为了表达这种闲适的舒缓感，作者在关联词的使用上，也颇具匠心。作者写北平的秋，是在和江南之秋的比较中凸显的。这种比较，由于有了别样的情愫，才赋予这种比较一种特殊的味道，这种味道最突出的表现就是关联词的使用。在第二段中，作者说：“江南，秋当然也是有的；但草木凋得慢，空气来得润，天的颜色显得淡，并且又时常多雨而少风。”一个“当然”“也是”“但”“并且”，还有后文的“只能”，这些关联词的作用显然不只是句意的转折，同时也是情感的转化。

写到秋蝉时，作者说“更是北国的特产”，在南方“非要上郊外或山上去听”，“更是”和“非要”，情感态度可见一斑。秋蝉的“衰弱的残声”，虽带有生命的没落感，但作者并未以悲凉的心境来观照，并没有着力渲染秋蝉的悲鸣，而是用一种闲散的写意的笔法，对秋蝉的残声进行审美观照。作者说秋蝉的残声“更是北国的特产”，又说“无论什么在什么地方，都听得见它们的啼唱”，还说嘶叫的秋蝉“简直像是家家户户都养在家里的家虫”，“更”“无论……都”“简直像是”等关联词的出现，意在着力渲染秋蝉的日常普遍性，这恰恰是一种心境的体现。

倒数第二段，作者又说：“南国之秋，当然是也有它的特异的地方的，比如廿四桥的明月，钱塘江的秋潮，普陀山的凉雾，荔枝湾的残荷等等，可是色彩不浓，回味不永。比起北国的秋来，正像是黄酒之与白干，稀饭之与馍馍，鲈鱼之与大蟹，黄犬之与骆驼。”这几句话最值得关注的不是事物与事物之间的比较，而是关联词的使用。“当然”“可是”“正像是”等词的使用，可以看出作者对北平之秋独有的印象与情怀，但作者对南国之秋并未进行强烈的否定。不是欲扬先抑，而是用一种温和的心态来看待二者之间的差别，这也跟作者在文中抒发的清静悠闲之感有关。

---

① 钱理群、孙绍振、王富仁：《解读语文》，福州：福建人民出版社，2010，第218页。

四、言语形式揭秘之四：多重定语的使用

作者在写文章时，自觉不自觉地使用了很多欧化句式，最主要的表现就是定语比较长。例如第一段中：

> 我的不远千里，要从杭州赶上青岛，更要从青岛赶上北平来的理由，也不过想饱尝一尝这“秋”，这故都的秋味。

现在表述这句话，会将“我的不远千里”中的“的”字去掉，变成一种表达顺畅的句式，即将“我”作为“不远千里，要从杭州赶上青岛，更要从青岛赶上北平来”这个分句的主语，而不是目前呈现出来的定语形式。加上这个“的”字，整个句子的节奏与韵律完全变了，内心的急切与句式的舒缓构成了巨大的张力。

再比如破屋品茗的段落：

> 早晨起来，泡一碗浓茶、向院子一坐，你也能看得到很高很高的碧绿的天色，听得到青天下驯鸽的飞声。从槐树叶底，朝东细数着一丝一丝漏下来的日光，或在破壁腰中，静对着像喇叭似的牵牛花（朝荣）的蓝朵，自然而然地也能够感觉到十分的秋意。说到了牵牛花，我以为以蓝色或白色者为佳，紫黑色次之，淡红色最下。最好，还要在牵牛花底，教长着几根疏疏落落的尖细且长的秋草，使作陪衬。

作者在描写外界景物时，不自觉地使用了较长的定语，多数句子的中心词是有两个定语修饰的。比如“很高很高的碧绿的天色”“一丝一丝漏下来的日光”“像喇叭似的牵牛花（朝荣）的蓝朵”“几根疏疏落落的尖细且长的秋草”，多重定语的使用，不仅加强了对中心语的修饰，同时也给读者一种舒缓的调子。如果是急促的分割的短句，那就不会有如此悠闲的心情了。

总之，从“言语形式”的角度，细细品味郁达夫在写作时的心态与心境，分析作者写作时的情感状态，我们会发现作者并未刻意渲染其悲凉之情，而是着意于悠闲的“味”，这种“味”既是“秋之味”，也是“故都之味”，更是“心之味”。从“言语形式”入手解读散文，品味散文，可以读出散文，特别是抒情、写景散文的独有的韵味。

（本文发表于《语文教学研究》2018 年第 6 期）

基于言语形式的《壶口瀑布》解读

梁衡的散文《壶口瀑布》所在的统编教材八年级下册第五单元皆为游记，“单元导语”提示要“揣摩和品味语言，欣赏、积累精彩语句”。本课的“预习提示”要求“细读课文，注意体会作者遣词造句的特点，欣赏精妙的语句”。课后的“积累拓展”第四题也要求“反复阅读课文第3、4段，品味其语言的妙处，并试着写一段赏析文字”。语言的赏析与品味，是本文的重要教学内容，言语形式特点则是把握语言的路径之一。品味语言从广义上讲，包括文法、章句、句法、词法等，而对篇章的理解必须要通过具体的字、词、句的解读来落实①。

一、把握“唯一的动词”

法国文学家福楼拜说：“我们不论要描写些什么事物：要把它表现出来，只有唯一的名词；要赋予它运动，只有唯一的动词；要赋予它性质，只有唯一的形容词。我们应该苦心探索，非找出这个唯一的名词、动词、形容词的相似词，千万不要以为满足更不可因为搜索困难随便用一个词来搪塞了事。”梁衡在《词汇的力量》一文中也说：“动词是描述动作的。事物总是动比静

① 蓝翠英：《散文教学中的语言品读策略浅探——以〈壶口瀑布〉为例》，《现代语文》2017年第11期，第100页。

更复杂。对应其状态的复杂，词汇自然也就更多，这就更要求我们去找福楼拜说的‘那个唯一的动词’和‘那个唯一的形容词’，也就是最准确、最生动、最有美感的词。”① 《壶口瀑布》在遣词方面最大的亮点无疑是动词的使用。

1. 其时，正是雨季，那沟已被灌得浪沫横溢，但上面的水还是一股劲地冲进去，冲进去……

2. 其势如千军万马，互相挤着、撞着，推推搡搡，前呼后拥，撞向石壁，排排黄浪霎时碎成堆堆白雪。

3. 只见那平坦如席的大水像是被一个无形的大洞吸着，顿然拢成一束，向龙槽里隆隆冲去，先跌在石上，翻个身再跌下去，三跌、四跌，一川大水硬是这样被跌得粉碎，碎成点，碎成雾。

4. 这些如钢似铁的顽物竟被水凿得窟窟窍窍，如蜂窝杂陈，更有一些地方被旋出一个个光溜溜的大坑，而整个龙槽就是这样被水齐齐地切下去，切出一道深沟。

5. 你看，日夜不止，这柔和的水硬将铁硬的石一寸寸地剁去。

所谓“唯一的动词”指的是动词的准确性，即它不能够替换为其他的动词。在梁衡看来：“大致说来动词在文中用得是否准确，要看四点：对象、主体、背景、效果。”② 所谓对象，指的是动词的宾语，而主体自然是动作的发出者，背景指的是现场整体的氛围与意境，效果则是作者的表现目的。具体说来，上述句子中的大部分动词的动作发出者是水，对象是壶口周围的石壁等，第 1 句的背景是雨季的壶口瀑布，其他则是枯水期，效果自然是表达壶口瀑布的磅礴气势。但仔细分析，还可以发现：

第一，部分动词是直接描绘河水的特征，例如“冲”“撞”“挤”“推”“拢”“跌”等，这些词展现的是河水本身的形态，没有明确的宾语。这些动词的特征在于“拟人化”，即将人本身的动作迁移到外界事物上，使客观事物具有了人的动作特点与力量。进一步讲，这些动词的特点是动作幅度、频率比较大，目的是展现河水或瀑布的雄伟气势。

第二，有的动词例如“凿”“旋”“切”“剁”等，则并非直接将人物特征迁移到水身上，而是赋予河水工具性的特征。凿，是人拿着类似于刨子、

---

① 梁衡：《词汇的力量》，《课程·教材·教法》2013 年第 6 期，第 4 页。

② 梁衡：《词汇的力量》，《课程·教材·教法》2013 年第 6 期，第 5 页。

凿子等铁制工具在凿洞；旋，不是普通的打转，而是使用了圆形的工具或凿出圆形的洞；切和剁则是使用刀斧一类的工具在切割外物。这些东西不仅是拟人化，同时还是工具化。既然是工具性，这些动词自然是“唯一”的。例如“凿”和“旋”的位置就不能互换，因为“旋”的结果一般是相对整齐的圆形，正好对应文中的“光溜溜的大坑”，“窟窟窍窍，如蜂窝杂陈”是一种不平整的特点，自然不能用“旋”。“切”和“剁”也是如此，前者是把事物相对整齐地分为几个部分，对应文中的“齐齐”二字，后者的力度要大于“切”，类似于“砍”，且对象是多为坚硬的事物，对应文中的“铁硬”和“一寸寸”。更值得注意的是，即使是人们日常的切和剁，也几乎不会去切剁石头。这也从侧面表现了黄河水的“柔中带刚”的特征。

第三，这些动词多是作者俯视的结果，不少动词如“吸”“拢”“跌”“凿”“旋”“切”“剁”都带有“自上而下”的特征，这也正好切合了壶口瀑布本身的特点。像庐山瀑布、黄果树瀑布当然也是“自上而下”，但人们多是抬头仰视瀑布。而壶口瀑布“不是从高处落下，让人们仰视垂空的水幕，而是由平地向更低的沟里跌去，人们只能俯视被急急吸去的水流”，因此在动词的使用上就会呈现不同的特征。再比如文中说：“我依在一块大石头上向上游看去，这龙槽顶着宽宽的河面，正好形成一个‘丁’字。”初读甚是奇怪，龙槽何以会“顶”着宽宽的河面呢？这一点也跟视点有关，因为作者是依在下游的一块大石头上向上游看去，自然会感觉龙槽是“顶”着河面了。

二、透视“句式特点”

句子是文章表达意思的基本单位，不同的意思需要用不同的句式来表达，同一种意思也可以通过不同的句式表达。实现语言的表达效果，除了遣词之外，就是造句，即对句子进行必要的调配与整理。《壶口瀑布》在句式方面的最大特点便是整句与散句的错落搭配。

所谓整句，就是一对或一组结构相似的句子，形式相对整齐，甚至在音韵方面也呈现出和谐的特点，与之相对的则是散句，即句式灵活、富于变化的句子。整句可以加强语势，散句则可以舒缓语气。实际上，整句是散句的有意变形，整散结合则是作者刻意追求某种表达效果的手段。例如：“我在雾中想寻找想象中的飞瀑，但水浸沟岸，雾罩乱石，除了扑面而来的水汽，震耳欲聋的涛声，什么也看不见，什么也听不见。”如果改为“水浸沟岸，除了扑面而来的水汽，什么也看不见；雾罩乱石，除了震耳欲聋的涛声，什么也听不见”，那么整散句的组合方式由“整＋整＋整＝散”变成了“散＋散＋散＝整”，那么就削弱了雨季壶口瀑布的气势以及作者当时的恐慌心理。而且，严格地讲，“水浸沟岸，雾罩乱石”和“扑面而来的水汽，震耳欲聋的涛声”并不能构成对应关系，因为“雾罩乱石”也是“水浸沟岸”的客观结果。如果将“水浸沟岸，雾罩乱石”的整句散布于两个散句中，那么这两句话之间就构成了“并列关系”，内在的逻辑联系就被割裂了。

文章第四段写到河水沿着龙槽边沿流下的情景时，用了一个精彩的整句：

尽管这样，壶口还是不能尽收这一川黄浪，于是又有一些各自夺路而走的，乘隙而进的，折返迂回的，它们在龙槽两边的滩壁上散开来，或钻石觅缝，汩汩如泉；或淌过石板，潺潺成溪；或被夹在石间，哀哀打旋。

因为作者的观察点是在龙槽边的一块大石头上，因此既可以远距离观察上游的河水特征，又可以近距离观察龙槽边沿的没有被壶口“接纳”的细流，前者展现的是河水流入壶口形成瀑布时的“壮美”图景，后者展现的是细流在龙槽边沿上的“优美”图景。散句可以展现力度与急促，整句则可以表示诗意与舒缓。这一点恰好与一般的整散结合的效果相反，这也恰好是壶口瀑布的特征，而且符合人们的观察角度与心理。从更深层来讲，句式的“散”与“整”、壶口的“壮美”与“优美”、黄河的“刚”与“柔”的伟大性格形成了某种照应。这更加说明，言语形式是为言语内容服务的。

句式的选用与文体形式也有密切的关联。以壶口瀑布为题材，梁衡不但写了游记散文《壶口瀑布》，还写了类似于骈赋的《壶口瀑布记》，试比较两篇文章对同一景物的描写：

当河水正这般畅畅快快地驰骋着时，突然脚下出现一条四十多米宽的深沟，它们还来不及想一下，便一齐跌了进去，更闹，更挤，更急。沟底飞转着一个个漩涡，当地人说，曾有一头黑猪掉进去，再漂上来时，浑身的毛竟被拔得一根不剩。——《壶口瀑布》

却正当她得意扬眉之时，突以数里之阔跌入百尺之峡，如水入壶，腾荡急旋。于是飞沫起虹，溅珠落盘，成瀑成湫，如挂如帘。裂坚石而炸雷，飞轻雾而吐烟，虎吼震川，隆隆千里，龙腾搅谷，巍巍地颤。波起涛落，切层岩如豆腐，照徐霞客所记，三百年来竟剜石开沟上剁三百余米；激流飞湍，锉顽石如木铁，据民间所言，有黑猪落水，眨眼之间，退毫拔毛，竟成雪白

之豚。——《壶口瀑布记》

同样是写黄河水跌入壶口，前者是“它们还来不及想一下，便一齐跌了进去，更涌、更挤、更急”，后者是“正当她得意扬眉之时，突以数里之阔跌入百尺之峡，如水入壶，腾荡急旋。于是飞沫起虹，溅珠落盘，成瀑成湫，如挂如帘”，前者是白话的整散结合，以散为主；后者也是整散结合，但以整为主。前者灵动，符合游记散文的文体特点；后者典雅，符合骈俪散文的特点。

三、辨析“比喻”修辞手法

修辞手法的使用，也是本文在言语表达方面的一大特点。不过笔者在梳理这些比喻时发现，作者是将同一本体（即河水）比作不同的外物，例如：

1. 那河就像一锅正沸着的水。

2. 河水从五百米宽的河道上排排涌来，其势如千军万马。

3. 黄河在这里由宽而窄，由高到低，只见那平坦如席的大水像是被一个无情的大洞吸着，顿然拢成一束。

4. 于是洪流便向两边涌去，沿着龙槽的边沿轰然而下，平平的，大大的，浑厚庄重如一卷飞毯从空抖落。不，简直如一卷钢板出轧，的确有那种凝重，那种猛烈。

首先，将河水比作“一锅正沸着的水”，并不特别精妙，本体和喻体都是水，不过“正沸着的水”的那种翻滚奔腾的景象，形象地揭示了雨季壶口瀑布的特点。不过值得注意的是，雨季的瀑布像“一锅正沸着的水”，枯水期的瀑布如“千军万马”，喻体之所以有差异，是因为作者的观察点不一样。前者是作者在滩里俯视瀑布，壶口与锅形状相似，因此所见之景就像是一锅正在沸腾的开水；后者是作者依在龙槽边沿一块大石头向上游看，所见之景就是河水朝自己涌来，用“千军万马”进行比喻，非常贴切。

其次，作者刚将河水比作“千军万马”，为何到了第四段又说是“平坦如席的大水”？此前的“互相挤着、撞着，推推搡搡，前呼后拥，撞向石壁”与此处的“平坦如席”难道不是矛盾？其实，这依然与作者写景的角度有关。前者是向上游看的结果，后者则是与黄河拉开了一段距离之后，从高处对整条黄河俯视的所见之景。五百米宽的黄河水，近看、仰看是千军万马，远看、俯看则平坦如席，这是符合作者的观察角度的。而“平坦如席的大水像是被一个无情的大洞吸着”无疑是对壶口瀑布的整体描述，这既承接了第三段的描写，同时又为后文写那些没有被壶口“吸入”的河水奠定了基础。

再次，那些沿着龙槽边沿而下的洪流，其特点是“浑厚庄重”，作者因何将其比作“一卷飞毯”？其实，一卷飞毯虽然在视觉形象上与龙槽边沿的水流相似，但不足以表达出其“浑厚庄重”的特点。因此，作者紧接着又用了一个比喻“简直如一卷钢板出轧”，钢板出轧会有白光闪亮，这与瀑布在颜色上有相似之处，而且将瀑布比作“钢板”，就能够体现其“浑厚庄重”的特点，与后文“的确有那种凝重，那种猛烈”相照应。这也是后文写黄河水“博大宽厚，柔中有刚”的伟大性格的基础。

总之，散文的言语内容是与一定的言语形式密不可分的。不论是壶口瀑布的景象还是黄河水伟大的性格，都需要经由言语形式达到言语内容的表层、深层。本文形容词的使用、拟人手法的特点等，也是重要的言语形式特点，此处不再展开阐述。

（本文发表于《语文月刊》2019 年第 3 期）

言语形式的“反复”与《一棵小桃树》的解读

贾平凹的散文《一棵小桃树》是“自读课文”，单元提示也说“体会如何运用生动形象的语言写景状物，寄寓自己的情思”。其中，“生动形象的语言”不仅涉及散文语言的一般特征及其表达效果，同时也跟独特的“言语形式”密切相关。本文从言语的“反复”入手，分析言语形式之于情感、文体的作用与价值。

一、“语言建构与运用”视角下的“反复”

在《一棵小桃树》中，作者充分运用了“反复”这种特殊的表达方式，次数之多、运用范围之广，都足以引起广大教师的注意。但在实际教学中，对于频率如此之高的“反复”，多数教师都是一笔带过。其实，这是培养学生“语言建构与运用”学科核心素养的巧妙抓手。2017 年版的《普通高中语文课程标准》提出了语文学科四大核心素养，其中“语言建构与运用”是指“在丰富的语言实践中，通过主动的积累、梳理和整合，逐步掌握祖国语言文字特点及其运用规律，形成个体言语经验，发展在具体语言情境中正确有效地运用祖国语言文字进行交流沟通的能力”。“掌握祖国语言文字特点及其运用规律”也是学生语文学习的核心内容。

在《一棵小桃树》中，作者用到的“反复”有将近 20 处，为了更清晰地呈现句法层面的语言规律，笔者根据句子不同的成分，将文中的“反复”

分为以下几种。

第一种是动词性短语的反复，例如：

1. 是我太爱怜它吗？是我爱怜得无所谓了吗？

2. 只是常常自个儿忏悔，自个儿安慰。

3. 可怜它年纪太小了，可怜它才开了第一次花儿！

4. 我深深懊丧对不起我的奶奶，对不起我的小桃树了。

5. 谁知它却这么命薄，受不得这么大的福分，受不得这么多的洗礼。

6. 我每每看着它，却发现从未有一只蜜蜂去恋过它，一只蝴蝶去飞过它。

7. 它已经老了许多呢，瘦了许多呢。

第二种是名（代）词类词语的反复，例如：

8. 往日多么傲慢的我，多么矜持的我，原来也是个孱头。

9. 它是我的，它是我的梦种儿长的。

10. 我慢慢发现我的幼稚，我的天真了。

11. 片片付给风了，雨了。

第三种是修饰类成分的反复，例如：

12. 爷爷便每天一早喊我们从屋里一盆一盆端出来，天一晚又让我们一盆一盆端进去。

13. 一颗“仙桃”的种子，却开得太白了，太淡了。

14. 那瓣片儿单薄得似纸做的，没有肉的感觉，没有粉的感觉。

15. 雨还在下着，我的小桃树千百次地俯下身去，又千百次地挣扎起来。

16. 高高的一枝儿上，竟还保留着一个欲绽的花苞，嫩黄的，嫩红的。

17. 闪着时隐时现的嫩黄的光，嫩红的光。

18. 你开的是灼灼的吗？香香的吗？

《一棵小桃树》曾以“我的小桃树”为题，选入人教版初中语文第四册教材。当时教材编者出于行文简洁、避免重复啰唆的考虑，将上述诸多反复之处，要么删除，要么缩减。最新的部编本教材基本恢复了1981年原文的本来面貌。仔细阅读分析课文的反复之处，并且和以前的教材进行对比，我们可以读出“反复”这种言语表达形式在语法层面上的功能。

首先是强调功能。这也是词句反复的最常见的表达效果，当一种情感抒发得不够充分时，作者通过词句的“反复”使得抒情与表达的重点更加突出。例如第1句：“是我太爱怜它吗？是我爱怜得无所谓了吗？”可以说，“爱怜”是作者对于小桃树的核心情感，但“太爱怜”并不是“没有写就一个字”的充分理由，而后一句的“爱怜得无所谓”则既能表达“爱怜之情”，同时又是对这种情感的进一步强调，当“爱怜”超过了一定的限度，自己对“爱怜”习以为常甚至无所谓的时候，自然就想不起为小桃树写文章了。这个反复之处，不仅包含了作者对小桃树的爱怜之情，更有对自己的自责，以及对小桃树的忏悔之意。再比如第3句：“可怜它年纪太小了，可怜它才开了第一次花儿！”以前的教材改为：“可怜它太小了，才开了一次花。”或许是教材编者认为多一个“可怜”有语义重复之嫌，殊不知恰恰将作者内心的沉痛之情淡化了。

其次是补充功能。当一个词句无法全部表达含义时，“反复”的表达可以进一步补充语意的表达。例如第16句：“高高的一枝儿上，竟还保留着一个欲绽的花苞，嫩黄的，嫩红的。”其中“嫩黄”并不是欲绽花苞的全部颜色，加上“嫩红的”可以完整展现雨后的小桃树枝头花苞的颜色，原来的教材将“嫩黄的”删去了，只保留了“嫩红的”，这有违作者的原意。同样道理第17句中的“嫩黄的光，嫩红的光”是与前文花苞的颜色相对应的，如果改为“闪着时隐时现的光”，就会导致句意的偏差。

再次是对比功能。例如第8句：“往日多么傲慢的我，多么矜持的我，原来也是个孱头。”这句话中的“傲慢”是贬义词，“矜持”则含有自信之意，“多么傲慢的我，多么矜持的我”这样的反复，恰恰与“孱头”形成了对比，即“我”的傲慢与矜持，无法拯救风雨飘摇中的小桃树，从而生出自责之情。再比如第12句“一盆一盆端出来”和“一盆一盆端进去”，不厌其烦的表述，恰恰是为了表达爷爷对盆景的喜爱，从而与小桃树的备受冷落形成了鲜明的对比。如果删去这些反复之处，对比的意味也就没那么强烈了。

二、“反复”的文体功能

从文体上讲，《一棵小桃树》是典型的抒情散文，作者将对亲人的怀念、对故乡的思念、对生命的忧思等多种情愫有机融进了“抒情意象”即小桃树中。词句的反复，正是为抒情服务的。

言语形式与抒情之间的联系，这一点多数教师能够注意到。例如对于17句“闪着时隐时现的嫩黄的光，嫩红的光”的解读，有教师认为：“展露出作者胸中一颗奋斗不屈的心，也体现出作者历经沧桑的睿智与冷静和感悟人生真谛之后的执着。”[①] 可以说，这个解读比较深刻，也很独到，读出了比喻与意象之下作者的真实情感。但是在“语言”与“思想情感”之间，解读者略去了内在的理解、解释甚至论证的过程，直接呈现解读的结果，这一点在语文教学中是很常见的。例如教师引导学生读了一句话，请学生概括这句话抒发了作者何种情感。实际上，“语言”是通过“言语形式”的桥梁到达“思想情感”的对岸的。离开了言语形式的分析与解读，简单地在“语言”和“情感”之间建立起简单直接的联系，这是比较武断的。

仔细分析文章中运用了反复的句子，我们可以发现，“反复”一方面指向了作为抒情主体的“我”，例如上述句子中大部分名词性成分；另一方面指向了作为抒情客体的“小桃树”，例如上述句子中大部分修饰性成分的句子。两种指向，名为“两种”，实际上都可以统一到“抒情”这个点上，或者说，我们需要探究的是，为什么“反复”这种言语形式适合抒情？

首先，人的情感状态是一种复杂的存在，带有非理性、非逻辑性、非指向性的特征，特别是在特殊语境中的情感，更带有多变性、瞬时性的特点，它与理性、思维是完全不同的存在。而“反复”这种表达形式，正是对准确描述情感状态的无限接近。虽然没有任何一种语言能够准确、完整地描述一个人的内心情感状态，但“反复”却在最大程度上接近这种状态。例如“像风浪里航道上的指示灯，闪着时隐时现的嫩黄的光，嫩红的光”，“风浪里”正是对“风雨”的转述，“航道上的指示灯”作为小桃树欲绽的花苞的“喻体”，不仅体现了小桃树本身的生命力，同时也带有人生方面的寓意。这句话中的“嫩黄的光，嫩红的光”，不仅是对小桃树花苞的暗示，同时也能揭示这种光虽然微弱但色彩分明甚至明亮的特点。这种特点，正好与小桃树此时的状态吻合，即在风雨中的备受摧残与不屈绽放。

其次，“反复”并不是重复，而是变化与重复的结合，部分词句保持一致，部分成分显出变化，这与人的情感状态也是一种“同构”。如果词句只有变化或者只有重复，那无异于非理性的情绪发泄。例如“谁知它却这么命薄，受不得这么大的福分，受不得这么多的洗礼”，“受不得这么”作为重复成分，“大的福分，多的洗礼”作为变化成分，体现出作者对小桃树的复杂情感。一方面是对风雨带来的摧残表示无比的痛心，甚至对小桃树的一种

---

① 张琼：《从〈一棵小桃树〉看贾平凹的个性与散文创作》，《中学语文教学》2016年第11期，第53页。

绝望，同时“洗礼”这个词又体现出作者内心深处对小桃树重新焕发生命力的渴望。

最后，“反复”这种表达还与情绪的绵延有关联。法国哲学家柏格森认为“绵延”是“像河水一样川流不息，各阶段互相渗透，交融汇合成一个不可分的、永远处在变化中的运动过程”①，情绪也存在这样的绵延特征。例如“那瓣片儿单薄得似纸做的，没有肉的感觉，没有粉的感觉”，其实“没有肉的感觉，没有粉的感觉”是一刹那的视觉捕捉，即只需要看一眼就明白了花瓣的形态了，但作者采用“反复”的形式，正是为了揭示此时此刻单薄的花瓣带给“我”情绪上的冲击。再比如“我每每看着它，却发现从未有一只蜜蜂去恋过它，一只蝴蝶去飞过它”，如果改为“却发现从来没有一只蜜蜂、一只蝴蝶飞绕”，就不能体现作者情绪上的特征了。

遗憾的是，过去的人教版教材正是在这些反复之处进行删减，句子读起来似乎简洁了很多，也更加精练了，但却失去了抒情散文特有的韵味。这种韵味的核心便是那种绵延不断的、欲说还休的、反复抒发的情感，这种情感也正是通过一定的言语形式实现的。当“反复”这种言语形式被削减，甚至被删除，作者的情感自然也就无法全面而准确地抒发出来了。

三、“反复”的内在机理

《一棵小桃树》创作于1981年3月14日，属于贾平凹的早期散文。从作家散文创作的历程与整体风格上看，他早期的散文带有浓重的自我抒情的笔调，“主要关注自我，倾向于自我内心世界的大胆展示，真诚地袒露出青春的苦闷和奋斗的坚韧信念”②。这篇文章对小桃树的成长经历的叙述与描绘，正是对自我的隐喻。在散文中袒露自己的内心世界，最主要的表达方式自然是抒情，而散文是一种比小说更容易抒发感情的文体，正如谢有顺先生说：“贾平凹的散文，表达的正是贾平凹这个人，他是‘跳出来的’，所以我常常能在他的散文中，读到辛酸和悲凉，这种感觉，比读他的小说时要强烈得多。”③ 其中，贾平凹散文“表现贾平凹这个人”的一种手法就是“反

① 朱立元：《当代西方文艺理论》，上海：华东师范大学出版社，2014，第59页。

② 张琼：《从〈一棵小桃树〉看贾平凹的个性与散文创作》，《中学语文教学》2016年第11期，第54页。

③ 谢有顺：《散文的后面站着一个人》，《当代作家评论》2006年第3期，第29页。

复”的运用。在早期的散文《月迹》中，我们也经常可以读到类似的“反复”，例如“进院了的白光，是玉玉的，银银的，灯光也没有这般儿亮的。院子中央处，是那棵粗粗的桂树，疏疏的枝，疏疏的叶，桂花还没有开”[①] 等。

抒情，顾名思义就是袒露自己的真实想法，并且运用语言这种理性的符号表达复杂的感情，这对于情感的真挚性提出了一定的要求。在很多文章中，贾平凹直言自己性格中的自卑、软弱、木讷与孤独，散文《丑石》就是属于直接剖析自己的作品。在《一棵小桃树》中，类似的表达也大量存在，例如“只是常常自个儿忏悔，自个儿安慰”“往日多么傲慢的我，多么矜持的我，原来也是个孱头”“我慢慢发现我的幼稚，我的天真了”等，这些句子中的“反复”的言语形式，也正是作者在“反复”抒发内心情感。但作者并没有在这种负面情感中沉沦，没有在外在生活的打击下消沉，而是历经磨难依然怀抱着希望与憧憬，这一点也体现在小桃树本身的外在形态与内在品格上，例如“雨还在下着，我的小桃树千百次地俯下身去，又千百次地挣扎起来”“高高的一枝儿上，竟还保留着一个欲绽的花苞，嫩黄的，嫩红的”等，句子中的“千百次”“嫩”的重复，展现的不仅是作者眼中的小桃树的形象，更是作者心目中的自我形象。

从创作心理上讲，这种“反复”可以从“格式塔”的心理机制上得到解释。所谓“格式塔”，也被称为“完形”，认为人的一个知觉视野具有组织起来的趋势，呈现为一个完整的图形，知觉的各个部分之间构成一个结构框架，这就是一个“格式塔”。表现在文艺作品上，“艺术品是一个完整的统一体，一种有力的‘格式塔’”[②]。其实，不论是艺术作品的整体还是部分语言片段，都具有“格式塔”的特征。表现在具体的创作过程中就是，当作者写下一个句子时，总有一种“意犹未尽”之感，于是便接着用一个相似的句子或短语将内心的想法表达得更为充分，这与中国古代的“凑句”有着相同的机理，例如古代的耳熟能详的“大方无隅，大器晚成。大音希声，大象无形”“知者不惑，仁者不忧，勇者不惧”“为天地立心，为生民立命，为往圣继绝学，为万世开太平”等。也就是说，从内容上，反复的手法为的是充分抒发作者内心的情感，而从形式机制上讲，则是一种完形的心理动因在起作用。

---

① 贾平凹：《平凹散文》，杭州：浙江文艺出版社，2008，第 2 页。

② 童庆炳、程正民：《文艺心理学教程》，北京：高等教育出版社，2001，第 45 页。

总之，从“言语形式”入手体会作者的情感，这是理解、鉴赏抒情散文的“一把钥匙”。把握《一棵小桃树》中的“言语重复点”，自然也可以透视作者的敏感纤微的情感世界。

（本文发表于《读写月报·语文教育版》2019 年第 6 期）

在言语形式的“突出”中感受《在长江源头各拉丹冬》的审美世界

“突出”是俄国形式主义文论家穆卡洛夫斯基在《标准语言与诗歌语言》一文中提出来的概念，也有译者译为“前推”。所谓“突出”，就是作者出于审美目的对标准语言进行有意识的扭曲与变形，用穆卡洛夫斯基的原话说就是：“诗歌语言的作用就在于为话语提供最大限度的前推。前推是与自动化相对的，也就是非自动化。”① 穆氏分析的虽是诗歌语言，但同样适用于文学散文的解读。从言语形式的角度看，“突出”是相对于普通语言或文本中的语言常规而言的，它可表现为对语言、语义、语法规则的违背或偏离，也可表现为语言成分超过常量的重复或排比②。马丽华于《在长江源头各拉丹冬》一文中，就有意无意地使用了这样的言语变形技巧，着意构建优美与壮美、空间与时间相交织的审美世界，同时又通过对自己身体反应的书写，表达自己独特的审美体验、生命体验与历史文化体验。

一、壮美与优美

统编教材八年级下册的课文《在长江源头各拉丹冬》的“预习提示”说：“朗读课文，感受雪域高原的壮美景色，体会作者细腻而丰富的情感。”

---

① 赵毅衡：《符号学文学论文集》，天津：百花文艺出版社，2004，第 18 页。

② 申丹：《叙述学与小说文体学研究》，北京：北京大学出版社，1998，第 202 页。

由此可见，“壮美”的确是雪域高原的主导审美风格。壮美，外部形态表现为雄伟壮阔的外观，内在精神表现为刚毅坚强的品格，审美效果表现为恢宏豪迈的美感，从主体地位上讲则是人的本质性力量的肯定性实现[①]。例如当“我”在草坝子上仰望各拉丹冬时，所见景象为：“的确，阳光使这位身披白色披风的巨人变化多端：融雪处裸露出大山黧黑的骨骼，有如刀削一般，棱角与层次毕现，富有雕塑感。”“身披白色披风的巨人”运用暗喻的修辞，表现出各拉丹冬山峰的雄伟壮阔。而融雪处的黑色，作者看来是“大山黧黑的骨骼”，这与“巨人”的比喻相照应，同时也写出了各拉丹冬内在的精神，“刀削一般”则暗示着一种刚毅坚强的品质。也就是说，这句话是以各拉丹冬作为审美对象，是壮美的各拉丹冬，如果仅仅将其理解为“自然环境严酷与天气恶劣”，那就没有准确地把握到审美对象的壮美风格。这种壮美，又是通过“白色披风的巨人”“大山黧黑的骨骼”“有如刀削一般”等言语形式的“突出”实现的。绕开言语形式的分析，只在原文与审美风格、审美效果之间建立简单的联系，并不是阅读教学的上上之策。

言语形式的“突出”不仅仅表现在修辞手法的运用上，也包括炼字用词、语法变形等。当写到高原的云时，作者说：“远不是秋高气爽时节的明媚，这一个风云变化的季节里，气势磅礴的密云来去匆匆，形如金字塔的各拉丹冬主峰难得在云遮雾障中一现尊容。”各拉丹冬的云也带有一种壮美的风格，成语“气势磅礴”修饰“密云”，就是一种扭曲正常的词语搭配，以实现审美效果的一种手段。“气势磅礴”形容的是雄伟、盛大的气势，与“密云”搭配较为罕见。正是这样的违背常规的修饰，才能写出“密云”的壮美特点。很显然，这里的“密云”既不同于“黑云翻墨未遮山”中的乌云，也不是“道由白云尽”“白云回望合”的白云，而是雪域高原所独有的、遮挡住雄伟山峰的“壮美之云”。

不过，作者笔下的各拉丹冬并非只是单一的壮美风格，观察者所处位置不同、视角不同、观察对象不同，审美对象的风格自然也不相同。当作者走近冰山时，眼中的景象是：“这一壁冰山像屏风，精雕细刻着各种图案。图案形态随意性很强，难说像什么。从狭小的冰洞里爬过去，豁然又一番天地。整座冰塔林就由许多冰的庄园冰的院落组成，自成一天地。”将冰山比作精美的屏风，“图案形态随意性很强，难说像什么”则是如话家常，展现

---

① 季水河：《崇高与壮美：两个不同的美学范畴》，《齐鲁艺苑》1992年第2期，第8－12页。

的是冰山局部的优美风格。而作者连用“冰的庄园冰的院落”，“庄园”与“院落”意义本来有交叉，这样的言语形式展现的正是冰塔林的优美风格。当作者置身于冰窟，近距离观察冰窟与窟内景物时，风格又迥异于各拉丹冬的整体风貌。作者先写：“是琼瑶仙境，静穆的晶莹和洁白。”此时明明是寒风呼啸，作者为何说是“静穆的晶莹和洁白”呢？其实，这恰恰是作者着意构建的区别于壮美的独立审美王国。这里没有寒风呼啸，没有大雪纷飞，有的只是一种令人陶醉的冰的形态，“晶莹和洁白”写出的是冰窟的优美，“静穆”则是作者直接的审美体验。具体到各种冰的形态时，作者又写道：“那些冰塔、冰柱、冰洞、冰廊、冰壁上徐徐垂挂冰的流苏，像长发披肩。”“垂挂”这一动词是言语形式的“突出”，是将静态的冰景动态化，同时又将情感与思维引向“切割”和“雕琢”；“流苏”这一名词也是“突出”，是将晶莹冰凉的冰条比作五颜六色的饰品。更值得注意的是，各拉丹冬从远望是“身披白色披风的巨人”，同时又是男性神，而此处的“长发披肩”意味着各拉丹冬在近距离视角下的另一种女性形象。前者是“壮美”，后者是“优美”，两者的结合才是完整的各拉丹冬。

二、空间与时间

有论者如此评论马丽华的“行走西藏”的散文系列：“冲破了以往女性散文在景、情、趣、理的写作格局，将笔触伸进历史、文化的广阔天地，一个民族、国家乃至于人类的文化都在作家笔下汇集。时间境界的分外广阔，篇幅宏大，叙事从容裕余，从而产生强大的内在张力、宏大的气势和丰富的文化底蕴。”[①] 这一特点同样也体现在教材文本《在长江源头各拉丹冬》中，同时，这一特点也与言语形式有内在的关联。

作者不论是仰望各拉丹冬主峰，还是近距离观察冰塔林、冰窟，在展现一种“空间审美”时，都不断地将笔触伸向时间与历史深处，试图在空间与时间的双重关照中对各拉丹冬进行“文化寻根”。这不仅表现在“我”半卧在砾石滩上寻找贝壳、植物之类的化石以及古人类生活过的痕迹，同时也表现在各种景物描写中。例如，作者在冰窟里观察各种冰的形态时写道：“端详着冰山上纵横的裂纹，环绕冰山的波状皱褶，想象着在漫长的时光里冰川的前进和后退，冰山的高低消长，这波纹是否就是年轮。”从言语形式上讲，整个句子是由“端详着”和“想象着”两节组成，前者是此时此地之景，

① 王兆胜：《超越与局限》，《文学评论》2002 年第 6 期，第 86－89 页。

后者则是彼时彼地之象。最后一句“这波纹是否就是年轮”则是将“此”与“彼”完美地融合在一起。或者说，作者在写冰山裂纹和波状皱褶时，不仅仅是“移情其中”，抒发某种赞叹、喜爱之情，更是“想象其外”，将思绪延伸到过去的时间中，空间展现与时间绵延在此处实现了融汇与统一。

作者置身于冰窟时，有两处关于“风”的描写。“我”体验到的“风”，不同于刘亮程笔下那种带给作者苦难体验的“寒风”“黑风”，而是一种包含着时间维度的“风”。或者说，作者既从空间维度来观察“风”，又从时间维度来思考“风”，同时还从情感维度来体验“风”。一处写道：“风声一刻不停地呼啸，辨不清风何来何往，仿佛自地球形成以来它就在这里川流不息，把冰河上的雪粒纷纷扬扬地扫荡着，又纷纷扬扬地洒落在河滩上、冰缝里。”句中的“何来何往”自然不仅是空间意义上的“来往”，也是时间意义的“来往”。“风”与“川流不息”的扭曲式搭配，再用“自地球形成以来”进行修饰，就是刻意将对“风”的思考引向时间纵深处。那么，“仿佛”一词就不再是“实写”与“虚写”的标志，而是由空间转向时间的标志。另一处写道：“永恒的阳光和风的刻刀，千万年来漫不经心地切割着，雕凿着，缓慢而从不懈怠。冰体一点一点地改变了形态，变成自然力所能刻画成的最漂亮的这番模样：挺拔的，敦实的，奇形怪状的，蜿蜒而立的。”“阳光”用“永恒”修饰，又将“风”比作“刻刀”，本体“流动的风”与喻体“坚硬的刻刀”之间的语义距离不断拉大，不仅展现了“风”的力量，同时“千万年来漫不经心地切割着，雕凿着”又将思维导向了历史。这里的“风”，再也不是无思想、无情感、无生命的低级存在物，而是和人一样甚至超越人的“灵性之物”。这一点，也是马丽华散文的突出特征。

三、自我与世界

《在长江源头各拉丹冬》一文中，作者不仅着力构筑以各拉丹冬为中心的外在审美世界，同时也在不断袒露自己的内心世界，突出自我对外物的体验。“她对西藏的人、自然、文化的思考不是抽象的、玄妙的，而是她个体的生活经验和人生体验。她以女性独特的心力去体味生命和死亡的感觉，诉说苦痛和孤独的体验。”① 在体验苦难的同时，作者又极力用审美的眼光去观照苦难、痛苦，并且用独特的言语形式表达出来，从而将苦难书写与审美体

① 王桂萍：《沉静的审思 独特的叙述——解读马丽华西藏散文创作》，《石河子大学学报（哲学社会科学版）》2004 年第 4 期，第 69 页。

验有机结合，在各拉丹冬宏大的世界外，开辟了一方属于自己的天地。

一般的游记，会刻意突出自我在游历过程中的情感态度，但不会凸显自己病痛甚至死亡体验，但在马丽华的《藏北游历》等散文中，那种病痛体验、死亡体验时时出现，教材文本《在长江源头各拉丹冬》亦是如此。这也说明，她的散文不仅仅是游记，同时也是纪实散文，不仅纪“物之实”，也纪“己之实”。“我”刚进入各拉丹冬地区便感觉到身体不适：“频频小震酝酿着某一两次大地震：手背生起冻疮，肩背脖颈疼痛得不敢活动，连夜高烧，不思饮食……活动时只能以极轻极慢的动作进行，犹如霹雳舞的‘太空步’。”这是“倒霉迹象”的初始阶段。从实用角度看，这些不适是负面的，即使如此，作者还用了“犹如霹雳舞的‘太空步’”来进行解嘲。当然，这种自我解嘲式的描写也隐含着豁达乐观的人生态度。当“我”拍摄冰塔林时后退的过程中，“脚下一滑，分外利落地一屁股坐在冰河上”。“分外利落”一般用来形容动作的轻快、轻捷，此处用来指“摔了一跤”似乎有点不伦不类。接着，作者又用“娇贵而无用”来形容“尾椎骨”，这些“突出”描写如同“犹如霹雳舞的‘太空步’”一样，既有解嘲，也带有一种乐观的态度。

在缺氧反应与外伤剧痛的情况下，作者两次用到了“蜷卧”一词，一处是“一个人蜷卧在最近的这座冰山脚下”，另一处是“小小的我便蜷卧在这巨人之发下”。值得注意的是，“蜷卧”并不意味着自我向外物的“臣服”，而是尽力展现“蜷卧”于狭小空间里时对自我、对生命、对世界、对历史的体验。当“我”说出“我要死了”后，作者写道：“声音空空荡荡，随即散失在冰原上。”一方面，这是因为呼啸的风声掩盖住了自己“少气无力”的声音，同时“空空荡荡”“散失”也暗示出这其实是“我”对生命的感知，是对生命脆弱的体验，也是对大自然的敬畏之情。作者第二天再次进入冰塔林，在砾石滩上寻找时的动作是“半卧”，此时的生存体验达到了高潮：“而我似乎已经衰竭，心想碰巧哪一口气上不来，就长眠于此吧。”这既是作者的内心独白，同时也像是在向大山诉说自己的情愫。“长眠于此”既是一种肉体的消失，也是一种精神上的敬畏。正如有论者指出：“作为一名苦难美至上主义者，她在文中表达着宁肯忍受苦难，也要寻求自由的执着，在情绪与感触的起伏中追寻着超越苦难之路。她的这种以苦难为美的崇高与悲壮，既彰显出自我的卓越人格，也赋予了文本广阔博大的精神气质。”① 而用

① 谢丽：《真情与理性写就的雪域高原——马丽华纪实散文论》，《当代文坛》2006年第5期，第90页。

马丽华自己的话说，这是一种“精神与肉体的模拟涅槃”[1]。

总之，言语形式的“突出”，为的是表达特殊的意蕴与情感。于《在长江源头各拉丹冬》一文中，作者也正是通过这种言语形式的“突出”，来构建壮美与优美、空间与时间相融的审美世界，同时也在构筑自我的“体验世界”。

（本文发表于《语文教学与研究》2019 年第 12 期）

① 马丽华：《藏北游历》，北京：中国社会科学出版社，2002，第 222 页。

“雷锋精神”的文学化演绎
——重读《驿路梨花》

彭荆风的小说《驿路梨花》自 1977 年在《光明日报》发表以来，数次被选入中小学语文教材，又一度“退出”。最近的统编本教材七年级语文下册又将其收录，作为“中华美德”主题单元的代表性文章。本文将梳理“雷锋精神”的内涵在文本解读历程中的变迁，进而挖掘抽象理念与文学形象之间的内在联系，并从教材删改的角度考查抽象观念的文学演绎问题。

一、“雷锋精神”的解读流变

应该说，依据时代命题，借助文学化的表现手段演绎某种既定主题，即雷锋精神，是这篇小说创作的初衷。但“雷锋精神”作为一个宏观系统的意识形态观念体系，在《驿路梨花》的文本解读历程中，本身也经历了一个内涵与侧重点的变化过程。

“向雷锋同志学习”是毛泽东主席 1963 年 3 月的题词，号召全国人民学习雷锋的共产主义精神品质。当时周恩来总理的题词是“向雷锋同志学习：憎爱分明的阶级立场，言行一致的革命精神，公而忘私的共产主义风格，奋不顾身的无产阶级斗志”，这是对“雷锋精神”的进一步阐释。后来，“全心全意为人民服务的精神”成为“雷锋精神”的主要内涵。1977 年 3 月《人民日报》《红旗》《解放军报》的社论《向雷锋同志学习》强调了“在我国人民特别是青年中，培养全心全意地为人民服务的一代新人，使老一代无产阶级革命家开创的马克思列宁主义的革命事业后继有人”的精神。在《驿路梨花》中，阶级立场、革命精神、共产主义风格与无产阶级斗志已经大大弱化，为人民服务的精神成为新时期以来对“雷锋精神”的最新解读。这一点从瑶族老人转述梨花的“她要用为人民服务的精神来帮助过路人”可以看出。

军旅作家彭荆风正是在党中央号召向雷锋同志学习的时代背景下创作该小说的，不过《驿路梨花》并没有成为图解政治标语的文本，而是将时代精神与中华传统美德结合起来。作者说：“我对雷锋精神是这样理解的，它不是凭空出现，而是与我们中华民族的优良传统、道德风尚，以及今天社会中的共产主义教育紧密联系的。”① 小说中的助人为乐、知恩图报、无私奉献的精神，既有时代的内涵，也有传统的精神。因此，将共产主义教育与中华民族的优良传统结合起来进行解读，恰恰是创作之初人们的解读。当然，这一点小说原文中也有体现，原文的倒数第二段，作者写道：“我们都感到这不仅是修葺一座小茅屋，而是在建设一座共产主义风格的大厦。”这句话在被选入课文时删掉了。

而当阶级斗争成为明日黄花，人身上的阶级性、政治性、道德性被淡化之后，人共有的、共通的人性开始凸显。其实，不论是助人为乐还是知恩图报，抑或是为人民服务，都是善良人性的体现，是不分阶级、不分种族、不分民族甚至不分国家的人类的共同精神。因此，后来的解读侧重点转移到“美好人性”这个点上。作家在2006年接受采访时又表示：“虽然我写《驿路梨花》这篇文章只用了两三个小时，但它却是我几十年生活的积累和孕育。特别是在我经历了‘文革’的灾难和监狱生活的折磨之后，《驿路梨花》更是成为一个作家对美好人性的眷念和追求的象征。”② 与其说这是作家的创作初衷，不如说是作家自己在20多年以后对文本的重新解读与阐释。

最新的统编本教材将本文置入“中华美德”的单元，并且在“单元导语”中说：“阅读这些课文，可以陶冶情操，净化心灵，使人追求道德修养的更高境界。”课后的“积累拓展”第四题说：“这篇小说所写的朴实民风是否让你感动？读完后，你对‘公德’这个概念有什么想法？联系现实，和

① 彭荆风：《深情写梨花——谈〈驿路梨花〉的写作》，《语文学习》1981年第8期，第52页。

② 吴秀娟：《美好人性的眷念和追求——访〈驿路梨花〉作者彭荆风》，《语文教学与研究》2006年第9期，第51－52页。

同学们讨论这个话题。”可见，新的教材编排与布局，暗暗将“雷锋精神”引向了公共道德的讨论，这种道德取向相对于过去的解读而言，既是一种回归，也是一种突破。

二、“雷锋精神”的创作还原

用文学与艺术的形式阐释某种与时代紧密结合的理念，很容易滑向刻板的概念化与机械的反映论这样的误区。作者显然也意识到这一点，他说：“我不满意那些平铺直叙的图解式的文章，反对那种用口号代替行动、用政策代替人物性格的写法，那只会把雷锋精神写歪。”① 文艺理论史上也曾有“莎士比亚化”和“席勒化”的讨论，即马克思和恩格斯分别于1859年4月19日、5月18日在写信给斐迪南·拉萨尔评论他的历史悲剧《弗兰茨·冯·济金根》时提出，文艺创作要“莎士比亚化”，不要“席勒式”。马克思说：“这样，你就得更加莎士比亚化，而我认为，你的最大缺点就是席勒式地把个人变成时代精神的单纯的传声筒。”② 恩格斯说：“我们不应该为了观念的东西而忘掉现实主义的东西，为了席勒而忘掉莎士比亚。”③ 所谓“席勒化”，就是把人物当作时代的传声筒，用抽象的理念代替客观、丰富的现实，用观念代替形象。而“莎士比亚化”则是把较大的思想深度和意识到的历史内容“同莎士比亚剧作的情节的生动性和丰富性”完美地结合起来④，用形象认识生活。从这个意义上讲，《驿路梨花》正是用生动的故事情节与具体的人物形象来反映生活，反映时代，而不会给人扁平化、干瘪化的印象，个中缘由，值得分析。

首先，小说的创作来源于作家丰富的生活体验，而不是完全的空想与虚构。小说意味着虚构，但这种虚构有坚实的生活基础。作者彭荆风有30多年的边疆生活的经历，小说中的异域风景、淳朴民风正是作者长时间的观察

① 彭荆风：《深情写梨花——谈〈驿路梨花〉的写作》，《语文学习》1981年第8期，第52页。

② 马克思、恩格斯：《马克思恩格斯选集》（第四卷），北京：人民出版社，1995，第555页。

③ 马克思、恩格斯：《马克思恩格斯选集》（第四卷），北京：人民出版社，1995，第559页。

④ 马克思、恩格斯：《马克思恩格斯选集》（第四卷），北京：人民出版社，1995，第557页。

体验的艺术结晶。这些生活经历本身，也是促使小说创作的原动力之一。文中的小茅屋、梨花、瑶寨老人、哈尼族小姑娘，虽然不能在现实中找到与之一一相对的原型，但这些物象、人物形象正是建立在丰富生活体验基础上的。正如作者所说："在那残忍、贪婪横行的苦难岁月，更是情念那些民风淳朴的边地少数民族，以及在他们当中渡过的许多美好日子，一种积压已久，呼唤崇高的感情，早就在我心里悄悄萌动，从而形成我写这篇作品的动力！"① 可以说，作家的生活经历与体验，就是小说的原型。

其次，作者在人物选择上也很讲究，特别是名叫梨花的哈尼族小姑娘和她的妹妹，用天真活泼而又充满爱心的小姑娘的形象来诠释"雷锋精神"，更能给人一种真实感与形象感。小姑娘的形象与性格，以及与时代若即若离的距离感，是间接体现小说主旨的最佳载体。这一点作者也有明确表述："我为什么要以哈尼族小姑娘梨花她们为主来落笔展开故事呢？这是因为她们小，代表未来。如果写成人，写党支部书记，这在《驿路梨花》的特定环境中，可能不会有小姑娘们那么活泼感人。"②

再次，作者在叙述故事时，有意识地运用了悬念与误会等艺术手段，使得故事情节一波三折，这一点广大语文教师已经意识到，并将其作为重点教学内容来处理。悬念与误会，其实是小说情节曲折的常用手法，但在这篇小说中，其作用不仅在于情节方面，更在于主旨方面，即这些艺术手段使得小说拉开了与抽象精神的距离，而文学不再是生硬传递时代精神，从而具有独立的审美价值。

最后，叙述者在讲故事的过程中，会有情不自禁的情感流露，这一点当然与作者的创作过程有关。也就是说，作家是饱含真情进行创作的，故事的叙述者也是带着浓烈的主观情感在叙述。第一人称的叙述，作家的生活经历，或许会给读者造成一种"文体错位"，误认为这是一篇优美的写人记事散文，实际上，文中的"我"只是叙述者，不是作者。但在叙述者与作者之间，也存在着某种内在的关联。作者说："我是以一种美好的心情来写这件事，也就自然融进了美的感受。"③还说："我在写小说时（虽然是我虚构的一个故事），写进了我的感情（我过去在边疆的感受），力求写得真实感

---

①③ 彭荆风：《我写〈驿路梨花〉》，《语文教学与研究》1995 年第 7 期，第 3 页。

② 彭荆风：《深情写梨花——谈〈驿路梨花〉的写作》，《语文学习》1981 年第 8 期，第 53 页。

强。”① 浓郁的情感，使得小说的人物更加立体化，小说本身也带有一种诗情画意般的抒情味道。

从创作的角度进行还原，我们发现“雷锋精神”在小说中并不是一个干巴巴的符号，而是一个曲折而生动的故事，一群天真烂漫的小姑娘，一个知恩图报的瑶族老人。至此，“雷锋精神”完成了自己的文学演绎。

三、“雷锋精神”的逻辑瑕疵

曲折的故事与生动的形象，并不代表“雷锋精神”在小说中的表现是完美无缺的，特别是教材编者将4 600多字的小说删减成2 000多字的教材文本时，细节的疏漏与错位，还是留下了一些“抽象精神的尾巴”。

当然，有些删减是成功的，是有必要的。例如原小说倒数第二段的“我们都感到这不仅是修葺一座小茅屋，而是在建设一座共产主义风格的大厦”，这句“卒章显志”的话，恰恰是抽象理念的直接表现，“共产主义风格的大厦”带有“诗化＋政治”的写作套路，与文本的语境大不协调，教材编者的删减是很有道理的。但对于文中的另一个细节，即直接点出“雷锋精神”地方，笔者认为值得商榷。

教材文本《驿路梨花》是梨花的妹妹转述梨花照管小茅屋的缘由时提到的：

> 她姐姐恰好过这边山上来拾菌子，好奇地问解放军叔叔：“你们要在这里长住？”解放军说：“不，我们是为了方便过路人。是雷锋同志教我们这样做的。”她姐姐很受感动。

“雷锋同志教我们这样做的”，这样一句话出现在小说中，虽然能够点明文本背后的主观意图，但显得生硬。“向雷锋同志学习”和“雷锋同志教我们这样做的”都是政治口号与标语，当用文学化的手法去表现这些口号时，自然也需要经过艺术剪裁、创造与发挥。这一点在小说原文中，更为合情合理：

> 那时候，我姐姐还小，也只有我这么大，刚好来这边山上拾菌子，好奇地站在旁边瞧够了，又问他们：“大军同志，你们要在这里长住？”大军说，“不，我们是为了方便过路人。”我姐姐不懂，只会傻笑，也有点笑那些解放

---

① 彭荆风：《我写〈驿路梨花〉》，《语文教学与研究》1995年第7期，第4页。

军“傻”，但又觉得这些解放军心地真，就问：“你们是哪个教的？”解放军同志笑着送了我姐姐一本小画册，说：“小姑娘你看这个就明白。”我姐姐拿过来一看，才知道这是一本雷锋事迹画册。她很感动，也很受教育。

比起教材文本来，原文在这个细节的处理上，有三个特点：

第一，教材是用第三人称转述的，而原文则是用第一人称直接叙述的，很明显，直述比转述更有真切感，从而更能给人身临其境之感。

第二，教材删去了很多关于梨花的动作、神态、语言等细节，这就使得“雷锋同志教我们这样做的”这句话的出现过于突兀。原文中梨花最初不理解“方便过路人”的意图，并且问“你们是哪个教的”，这句天真无邪的话，非常符合孩子的心理特征。一方面，年幼的梨花长期生活于边疆，对于“解放军”这个称呼是很模糊的；另一方面，“哪个教”也符合少数民族的风俗特点。

第三，原文并没有直接表述“雷锋同志教我们这样做的”，而是“笑着送了我姐姐一本小画册”。如果按照教材的逻辑，梨花对“解放军”比较陌生，又怎会对“雷锋精神”有真切的感觉呢？而“小画册”无疑更符合梨花的接受心理与特点，梨花通过小画册了解了雷锋的事迹与精神，这也更符合生活逻辑。可以说，“小画册”作为一种意象，更为具体也更为形象地暗示了“雷锋精神”，直接用“雷锋同志教我们这样做的”反而损害了这种真实感。

总之，《驿路梨花》的内涵与主旨会随着时代与读者的不同而不断变化，“雷锋精神”与小说之间的艺术距离以及这种距离的原因与价值，也正在被不断地挖掘。对教材文本的个别细节，也值得充分讨论，这样才能得出一个相对公允的结论。

[本文发表于《语文教学通讯》（B 刊）2018 年第 12 期]

实用文本的“文学化演绎”策略

——《一滴水经过丽江》再解读

阿来的《一滴水经过丽江》是一篇别具一格的游记。2012 年 8 月，阿来到丽江做关于藏文化边缘区的相关考察。作者在 8 月 27 日的新浪博文中写道：“武威行后，又到丽江……不意，当地政府知道我到了丽江，邀我写一篇适合小学生读的关于丽江的文字。这是很不好写的文字，试着写了。交卷给丽江当地外，也贴在这里，聊作丽江之行的一个纪念。”从这个片段我们可以得到如下信息：首先，这是一篇“命题作文”，当地政府出面邀请阿来写关于丽江的文章，这就带有一种文化宣传和人文教育的意味。其次，这篇文章“很不好写”，因为很容易写成一篇用优美文字介绍丽江景点的“解说词”。再次，这篇文章是写给小学生的，阅读对象的接受能力与倾向，决定了文章的知识性和趣味性要水乳交融。面对这样一种“应制”类型的实用文体，天才的阿来成功将其转化为一篇优美的文学文本，其中不可忽视的是，解说词类型的文章是如何通过“文学演绎”转化为一个散文文本的？

一、“我”的视角与水的视角

作者的“文学修辞”的最大亮点无疑是视角的变换，视角独特是师生都能注意到的创作手法。统编教材《一滴水经过丽江》课后的“阅读提示”说：“与一般游记作品的人的游踪为线索不同，作者化身为一滴水，以水的踪迹为线索，全方位展现了丽江古城的自然风光、历史沿革与人文景观，构思新颖，视角独特。”肖培东老师也说：“作者虚构了一个旅游者兼讲述者的形象——一滴水，用拟人的手法，让它既成为丽江之行的观察者，又成为丽江故事的讲述者。”① 类似这种“化身为物”的视角并非作者首创，古典文学名著《红楼梦》就采用“化身为玉”的手法，所谓“石头记”，正是作者虚拟了石头的记录，全方位地展现了封建家族的兴衰史。阿来的《一滴水经过丽江》，也是将自己化作一滴水，通过一滴水的游踪展现丽江古城的风光。因此，“我”的视角与水的视角是有机融合在一起的。

首先，文中的“我”就是那滴水，“我”的经历将丽江的过去与现在有机串联起来。作者不可能自由地出入历史，但“我”能够以亲历者的身份与视角回到过去，这是视角独特的表现之一。试想，如果是解说词，在介绍四方古街时，只能先描绘四方古街现在之景，然后站在一个客观的历史叙述者的角度，叙述四方街的历史沿革。但由于“我”可以自由出入历史，于是关于四方街的来历便成了：“后来，我知道，那时是明代，纳西族的首领木氏家族率领百姓筑起了名扬世界的四方街。”这样的叙述视角显然是一种文学化的表述，同样的信息，用不同的表述形式，便会收到完全不同的表达效果。

其次，文中的“我”的经历将丽江古城的外景与内景有机串联起来。人的游踪会受到自身条件与外界环境的限制，无法做到“升天入地求之遍”，但化身为一滴水后，便可以全方位地展现从玉龙雪山到丽江坝、黑龙潭，再到丽江古城的四方街以及其他古街古巷、茶楼酒吧，最后是城外的果园田地一直到金山江。这种展现仅仅依靠人的游踪是无法实现的。因此，将游人视角转变为“水”的视角后，便可以将丽江古城的全貌浓缩于“水”的经历与观照下。

再次，“我”的经历还将丽江的自然风光与人文景观有机串联起来。从玉龙雪山的美景、漓江沿岸的大树鲜花、落水洞的幽暗寂静等自然风景，到四方街的大水车、玉河两岸的银器店、玉器店、字画店以及纳西人三坊一照壁的院落等人文景观，最后将视角定格在游人身上，即“楼上的客人和楼下的主人大声交谈。客人问主人当地的掌故。主人问客人远方的情形。”从“我”的视角展现这种内在的逻辑，比客观的介绍更有可读性。

也就是说，“我”可以同时从时间、空间、逻辑的角度去观察丽江，经

---

① 吴云菊：《横看成岭侧成峰——〈一滴水经过丽江〉的三维视角分析》，《语文教学通讯（B刊）》2018年第6期，第67页。

历丽江。更重要的是，这种视角是游走于客观与主观的“中间视角”。比起人的主观游历，“我”的视角更能客观展现丽江的全景；比起更为客观的解说词，“我”的视角又带有一种温情甚至深情。同时，这种视角又游走于“主观之人”与“客观之水”之间，这就涉及一个问题，即师生经常探讨的“为什么不是一朵云飘过丽江或一只鸟飞过丽江”等问题。丽江的“标志性意象”是水，这是作者化身为一滴水而不是一朵云、一只鸟的主要原因。除此以外，正是在“水的视角”下，玉龙雪山才会“晶莹夺目矗立在蓝天之下”，也正是在“水的视角”下，游客的心才会“像一滴水一样晶莹”。或者说，“我”的视角同时带有人的特征与水的特征，这才是本文“视角独特”的主要体现。

二、观察视角与感知视角

如果将这篇文章视为叙述类文本的话，那么我们便可以借鉴叙述视角的相关理论知识，对本文的“视角”进行更为细致的分析。一般所说的“叙述视角”，既包含了叙述者的观察眼光，同时也包含了叙述人的心理感知。这一点也是本文与解说词之类的实用文之间的最大区别。或者说，作者正是通过视角方面的革新，进而将实用类文本转化为优美的文学类文本。

首先，解说词之类的实用文，一般是以第三人称的全知视角，对丽江的历史与现在、自然与人文进行全面介绍，虽然介绍中会有热情洋溢的邀请成分，也会体现对丽江山水的热爱之情，但总的来说，以客观介绍为主。而本文采用的是第一人称全知视角与限制性视角相结合的手法，因此可以从两个层面进行探讨。

一是第三人称全知视角与第一人称全知视角的比较。前者侧重于客观介绍，后者也带有客观介绍的成分，但更多是展现“我”的经历与游踪。前者可以让游客迅速获取关于景点的信息，后者则可以不知不觉将读者带入历史情境与游历情境中。第一人称的叙述，更能拉近文章与读者的距离，会让读者在潜意识中与叙述者产生某种“共情心理”。再加上文章的阅读对象是小学生，考虑到读者的年龄、心理特征，第一人称的叙述更能引起孩子的阅读兴趣。

二是全知视角与限制视角的综合运用。全知视角的功能在于展现与介绍，限制性视角的功能则在于制造悬念，或者某种陌生观感。例如：“视线尽头，几座小山前，人们正在建筑一座城。村庄里的木匠与石匠，正往那里出发。后来我知道，视野尽头的那些山叫作象山、狮子山，更远一点，叫作笔架山。”前一句话是限制性视角，读者会随着“我”的视线去观察，但并不知道那座城以及那些山的具体名称。后一句话转为全知视角，将此前刻意隐去的信息“和盘托出”。再比如：“咕咚一声翻上水面，看见了很多不同模样的人。黑头发的人，黄头发的人。黑眼睛的人，蓝眼睛的人。”这句话也是叙述者有意隐去全知视角，变成了“我”的限制性视角，从而没有将中国人、外国人等身份表明。这种转换的目的，就是为了造成读者的陌生感，进而使读者在克服“陌生感”的过程中获得审美体验。

其次，与解说词、新闻报道等文类相比，本文的叙述者的“感知特征”体现得更为明显。前几种文体的作者一般是外在于内容的，目的在于通过客观的讲述或报道，使读者快速获取相关信息。尽管解说词一类的文本也包含一定的情感，但是与《一滴水经过丽江》相比，不论在情感的浓度还是真诚度上都要逊色很多。而且，丽江作为旅游景点，定会充满着某种商业气息，甚至也会有负面的新闻与阴暗面，客人与主人的关系也未必像作者展现得那样和谐美好。正如有教师质疑：“当你在网上搜索‘丽江’，浓重的商业气息，铺天盖地的酒吧文化让这座古老的城有点面目可狰，想必阿来也是知晓这些的。然而他笔下一滴水经过的丽江依然这么古朴，恬淡，沉静，是不是很矛盾?”[①] 其实，本文的叙述者是站在一种“文化认同”与“历史同情”的感知视角描绘丽江之景的。正因为作者采用的不是批判与反思的视角，而是体验与同情的视角，丽江的自然美景与人文景观才会如此有诗情画意，丽江的人际关系才会如此融洽。这一点集中反映在关于茶楼酒吧的描述上。茶楼酒吧作为现代社会灯红酒绿的代表场所，定是充满喧嚣与吵闹。但在作者笔下，景象是如此不一般：“游客聚集的茶楼酒吧中，传来人们的欢笑与歌唱。这些人来自远方，在那些地方，即便是寂静时分，他们的内心也很喧哗；在这里，尽情欢歌处，夜凉如水，他们的心像一滴水一样晶莹。”远处“寂静中的内心喧哗”与此处“欢歌时的晶莹透亮”形成了鲜明的对比，这无疑是作者特殊的“文学演绎”策略。

① 肖培东：《从“很不好写”到“别具一格”——〈一滴水经过丽江〉教学思考》，《语文建设》2018年第6期，第30页。

三、言语形式的解析

实用文与文学类文本的一大区别在于言语形式的不同，前者多是“主谓宾定状补”各种句子成分有规律地呈现，后者则是自由改变句子的词语形式与语法规则，以达到特殊的表达效果。这一点在本文中表现得非常突出。试比较如下两段话：

①丽江一带迄今流传着一种图画象形文字“东巴文”。这种纳西族先民用来记录东巴教经文的独特文字，是世界上唯一活着的图画象形文。纳西象形文字只有1 400多个单字，但词语异常丰富，能充分表达细腻的情感，也能记叙说明复杂的万事万物，还能写诗作文。

②经过售卖纳西族的东巴象形文字的字画店。我想停下来看看，东巴文的“水”字是怎样的写法。但我停不下来，没有看见。我确实想停下来，想被掺入砚池中，被蘸到笔尖，被写成东巴象形文的“水”，挂在店中，那样，来自全世界的人都看见我了。

除了视角的差异，第②段的课文与第①段的解说词相比，在言语形式上也有变化，主要就是“我想停下来看看”“但我停不下来，没有看见”“我确实想停下来”三句话之间的循环往复关系，但这种往复中又有一定的情感脉络。从最初的想法到中间的失落感，再到最后的决心与愿望，在“停下来”“停不下来”“想停下来”的表述中，在“但”与“确实”的转折句式中，都体现得淋漓尽致。这一点，恰恰是解说词所不具备的。

除此以外，文章的个别地方也有语言形式的变换。例如：“一路上，经过了许多高大挺拔的树，名叫松与杉。还有更多的树开满鲜花，叫作杜鹃，叫作山茶。”按照实用文的表达习惯，这句话应该表述为“一路上，经过了许多高大挺拔的松与杉，以及开满杜鹃与山茶的更多的树”，这是一种客观的介绍。变换之后，树与花的名称置于句末，这是一种强调与突出的功能。而且，“叫作杜鹃，叫作山茶”是言语形式的重复，不仅是为了强调，更是造成一种舒缓的节奏感。再比如：“四方街筑成后，一个名叫徐霞客的远游人来了，把玉龙雪山写进了书里，把丽江古城写进了书里，让它们的名字四处流传。”这句话是“四方街筑成后，明代远游人徐霞客将玉龙雪山和四方古城写进了《徐霞客游记》，让它们的名字四处流传”的变形。“一个名叫徐霞客的远游人来了”的表述更带有讲故事的意味，而把“玉龙雪山”和

“四方古街”分列于两句话中，也是为了造成一种韵律感与节奏感。这自然是“文学演绎”策略的重要一极。

笔者还注意到，本文的题目是“一滴水经过丽江”，文中也7次用到“经过”一词，例如：“我经过叮叮当当敲打着银器的小店。经过挂着水一样碧绿的翡翠的玉器店。经过一座院子，白须垂胸的老者们，在演奏古代的音乐。经过售卖用纳西族的东巴象形文字的字画店。”后三个“经过”省略了主语，而且前三个“经过”，都没有进行展开描述，只是一笔带过，第四个“经过”却展开来写，这是一种详略结合的布局。“四个‘经过’连用，实现了语言的诗性跳跃，所见所闻皆是纳西民族文化特色，体现了作者对东巴文化的深刻理解。”① 而本文的结尾却说：“我知道，作为一滴水，我终于以水的方式走过了丽江。”为什么题目中是“经过”，文中也多次出现“经过”，最后却用到了“走过”这个词呢？

这显然是作者有意为之。一方面，文章开头说“我是一片雪，轻盈地落在了玉龙雪山顶上”，结尾用“走过了丽江”，中间部分多用“经过”一词，这就形成了一个“落在—经过—走过”的封闭性循环。另一方面，“经过”的主语要么是“我”，要么是“一滴水”。但是，当“一滴水”作为“我”的复指成分，并且与“水的方式”形成对照时，“我知道，作为一滴水，我终于以水的方式经过了丽江”就会显得逻辑不通，因此作者变“经过”为“走过”，避免了逻辑矛盾。有教师指出：“这不是为了点题，而是将视角从一滴水拉回到‘我’，告诉读者，是‘我’化身为一滴水走过了丽江。”② 更重要的是，“走过”更带有一种总结、结束的意味，而“经过”强调的过程，当一滴水完成自己的“经过”时，用“走过”来总结自己的历程，也就顺理成章了。

（本文发表于《读写月报·语文教育版》2019年第2期）

---

① 江晨曦：《规矩之中任自然——〈一滴水经过丽江〉的执教与思考》，《课外语文》2018年，第27页，第178页。

② 张英飞：《〈一滴水经过丽江〉备课手记》，《语文教学与研究（上半月刊）》2018年第8期，第60页。

从“生命的静流”到“生命的飞奔”
——穆旦《我看》再解读

“中国新诗派”诗人穆旦的《我看》被选入统编教材九年级上册第一单元，本单元属于“活动·探究”单元，包括学习鉴赏、诗歌朗诵和尝试创作等活动内容。在“学习鉴赏”的板块中，教材编者提供了相应的阅读策略，并且提示学生关注诗歌的感情基调、语言形式、意象、意境、情感等。相比《沁园春·雪》《我爱这土地》《乡愁》《你是人间的四月天——一句爱的赞颂》等作品，《我看》在诗意理解上更有难度，学生要读懂这首诗还存在着一些障碍。而要进行诗歌朗诵和创作新诗等活动，前提是对诗歌文本进行充分透彻的解读。

一、诗题解读

穆旦的《我看》一诗写于1938年6月，彼时诗人经历长途跋涉到达西南联大，文法学院当时在蒙自，本诗写的就是“蒙自的春天留给诗人的印象以及诗人从中获得的生命感悟”①。本诗的题目是“我看”，本诗的第一句话是“我看一阵向晚的春风”，从表面上看，题目就是诗歌第一句话的前两个字。我国古代诗歌《诗经》《楚辞》部分篇目以及部分乐府诗也是这样取名

① 《义务教育教科书教师教学用书 语文 九年级 上册》，北京：人民教育出版社，2018，第35页。

的，例如“蒹葭”之于“蒹葭苍苍”、“七月”之于“七月流火”、“悲回风”之于“悲回风之摇蕙兮”、“上邪”之于“上邪！我欲与君相知”等。题目和诗歌内容之间，一般存在着某种关联，但也有的诗歌题目纯粹借用首句前两个字，与整首诗的关联不是很紧密。本诗的题目“我看”，与整首诗的意蕴是否存在关联呢？这个问题很容易解答，因为本诗的前两段都是围绕“我看”的具体动作以及看到的内容展开的，而且“我看”本身和后文也存在着一定的联系。

于是，出现了另一个问题：诗歌的前两段中有四个“我看”，即“我看一阵向晚的春风”“我看它们低首又低首”“我看飞鸟平展着翅翼”“我看流云慢慢地红晕”，这四个“我看”，描绘出蒙自春天原野的美景。那么，这四个“我看”是否必须存在呢？如果将这四个“我看”删去，前两段变成：

一阵向晚的春风
悄悄揉过丰润的青草，
它们低首又低首，
也许远水荡起了一片绿潮；

飞鸟平展着翅翼
静静吸入深远的晴空里，
流云慢慢地红晕
无意沉醉了凝望它的大地。

删去这四个“我看”之后，诗句的意思基本不受影响。第一节依然是写春风吹过丰润的青草，草原像湖水一样泛起了绿潮；第二节依然是写鸟儿飞入遥远的晴空，夕阳照耀的流云映照着大地。而且，虽然没有直接点出“我看”这个词，但诗句中的“向晚的春风”“低首的青草”“飞鸟平展翅翼”“流云慢慢红晕”依然是“我”所看到的具体景色。既然如此，作者为何还要在诗中加上“我看”呢？而且，反复品读之后，笔者发现去掉“我看”之后的诗句，表意更为顺畅，音韵更有美感，意象与意象之间的联结更为自然，而加上“我看”之后，意思表达出现了阻隔，意象与意象之间的联结也因“我看”的存在而出现了断裂。那加上“我看”，是为了和题目照应呢，还是有其他表达意图？

中国现代新诗史上，无论是早期的白话诗还是后来的新月派，抑或是戴望舒、卞之琳等现代派诗人的创作，都侧重于意象与情感之间的融合，诗歌追求意境化。而“中国新诗派诗人追求的则是意象与思想的凝合，把传统的主观抒情变为戏剧性的客观化处境”[①]。也就是说，过去的诗歌讲究诗歌的抒情性，不论是直抒胸臆还是借景抒情，力争达到情景交融的艺术效果。这也正是删去四个“我看”之后诗歌呈现出来的美感，但穆旦等人追求的“新诗的戏剧化”，就是要把客观情景变为动态的展现，以达到一种舞台化的效果，这四个“我看”的存在，就使得作者所看到的景与物，不再是客观存在的，而是“我”眼中所见之景、之物，主体与外在景物之间出现了“看”与“被看”的关系，这正是一种戏剧化的特殊效果。这一点，也是这首诗的难点所在。

二、意脉解读

孙绍振教授认为，“意象不是孤立的而是群落的有机组合，其间有隐约相连的情志脉络。这是文本的第二个层次，可以叫做意脉”，其实就是贯穿于意象与段落之间的情感脉络。他还指出了文学作品中“意脉”的特点：“意脉贯通所遵循的逻辑，不是实用理性逻辑，而是超越实用理性的情感逻辑。”[②] 詹丹教授认为：“第一、第二节是写‘我’的看到，第三、第四节是写‘我’掺杂着情感的思考，最后一节就是写‘我’行动。”[③] 即从“我看”到“我思”再到“我行”。但“我看”“我思”“我行”之间，缺少一定的意脉联结，“我思”的内容是建立在“我看”的内容基础之上吗？“我行”的方向是“我思”的内容吗？

从整体意义上看，本诗可以划分为三个层次：第一、二节是一个表意段落，第三、四节是另一层含义，第五节是独立的意义表达段落。前两节在诗中的作用是“触物起兴”，即面对外界事物触发内心某种情感，因此第三、四节是从外物转向人的内心情感，而这里说的“人”包括两类：一类是第三节中的抒情主体即“我”，一类是第四节中的“远古的哲人”。“物”与“人”之间的连接点，在诗中表现为“静”，此即意脉的流动。也就是说，在诗歌的前两节中，作者侧重于表现外物即大自然“静”的一面，例如

① 钱理群、温儒敏、吴福辉：《中国现代文学三十年（修订本）》，北京：北京大学出版社，1998，第 500 页。

② 孙绍振、孙彦君：《文学文本解读学》，北京：北京大学出版社，2015，第 25 页。

③ 詹丹：《〈我看〉和看“我”——读穆旦一首诗的札记》，《语文学习》2019 年第 3 期，第 75 页。

“悄悄揉过丰润的青草”“静静吸入深远的晴空里”“流云慢慢地红晕”等诗句中的“悄悄”“静静”“慢慢”都意味着寂静、缓慢、平稳与诗意。外物的“静”使得诗人发现了大自然本身的“静”，进而感知到了“生命的静流”，第三节中“永在寂静的谐奏里勃发”“如今却只见他生命的静流”都强调生命“静”的一面，“静流”作为比喻，前两节中的物外的“静”构成了意脉的贯通与一致。

作者对这种“生命的静流”持何种态度呢？作者并未在诗中明确指出，而是在第五节中进行了暗示。“去吧，去吧，哦生命的飞奔”，其实已经亮明了作者的情感态度。诗人追求的不是寂静的生命静流，而是飞奔的生命。此即意脉的转变，即从“生命与自然之静”转向了“生命的飞奔”，这才是作者的理想与追求。也就是说，“我行”的内容是建立在对“我思”内容的反思之上的，两者并非顺承或因果关系，甚至“我行”的内容与“我看”“我思”的内容形成了反差。

也就是说，作者在“我看”中发现了外物与自然的“静”，进而思索生命寂静的一面，但最终选择的不是顺应“生命的静流”，而是让生命飞奔，让自我的生命与外界的自然合为一体。这就是整首诗的情感脉络。

三、章法解读

“意脉”侧重于整首诗中作者的情感脉络，这种脉络有“延续”的一面，也有“变动”的一面；“章法”侧重于作者在艺术手法、段落结构以及段落内部等方面的设计与安排，其中包括字、词、句甚至标点符号的安排，也包括结构方面的设计。例如本诗中的“人称转换”就是章法表现之一，从第一、二节中的“我”“它们”到第三、四节中的“我”“你”“他”再到第五节中的“你”“我”等，对这些人称代词的理解准确透彻与否，也关系到能否读懂这首诗。为此，教材旁批还特意提出：“这里的‘你’指什么?”教师要指导学生读懂本诗，不仅要理解人称代词的具体指涉，还要思考人称代词变化背后的原因。这一点，很多学者和教师都有所解释，此处不再赘述。关于“章法”，此处略举两例具体说明。

其一，作者对“生命的静流”的态度倾向是什么？这一点目前还有不同的理解。例如有教师将本诗的主旨概括为“人亲近自然，融入自然，与自然一起，接受时间的历练，在生机与期待中静候成熟与沉稳”[①]，意味着作者对外物与生命之“静”是持肯定态度的。也有教师认为：“诗人由勃发的青草在春风的吹拂下涌起绿潮，以及鸟儿融入深远的晴空这些自然所见，引发生命的哲思：要把蓬勃的生命投入到时代的洪流，将自我和大我、个人和社会融为一体。”[②] 从“自然所见”到“生命哲思”，同样没有揭示作者对“寂静的谐奏”“生命的静流”的态度。如果关注到虚词的使用，那么这种态度就可以浮出水面了。“哦，逝去的多少欢乐和忧戚，我枉然在你的心胸里描画”，此为典型的欧化句式，正常的表述应为：“我”难以在自然中“描画”出逝去的欢乐与忧戚。如果结合后两句，第三节的意思就是：自然有着丰润的生命，有着“寂静的谐奏”，个人的欢乐与忧戚在面对大自然时，是无法表现出来的。一个“枉然”，一个“永”字，不仅暗示了自然的特征，也表明了“我”对“寂静的谐奏”不认同的态度。

这种不认同在第四节中的“也许”“曾”“如今”“却”“只见”等词语中也得到了暗示。远古的哲人曾经创作了歌颂大自然的篇章，这些篇章书写了大自然的“静”以及“生命的静流”，但这些篇章只能随着季节的变换才能让人记起，就像春天来了，我们才会想起古人创作的那些歌颂春天的诗歌。细品这几句，“如今”“却”“只见”三个词连用，包含着一种惋惜的语气。

其二，本诗在意象的创造与使用方面，也讲究前后照应与对比。第五节中，“叫天风挽你坦荡地漫游，像鸟的歌唱，云的流盼，树的摇曳”，前文也相应地出现了“鸟”“云”“草”的意象。尤其是“鸟”和“云”，在“生命的静流”与“生命的飞奔”中的表现完全不同。前者的“鸟”，是“平展着翅翼，静静吸入深远的晴空里”，明明是动景，作者却展现其“静”的一面；后者的“鸟”，则是在“歌唱”，这与“飞奔的生命”是一致的。前者的“云”，是“慢慢地红晕”，后者的“云”，则是拟人化的“流盼”。“草”和“树”的意象在两种生命形态中也有不同，“草”的表现是“低首又低首”，“树”的表现则是“摇曳”即摇动、晃动。这种意象及其内涵的差异，恰恰也说明了“飞奔的生命”才是作者理想的生命形态。

此外，“季节”一词在本诗中也出现了两次。第一次是在第四节“如今

---

① 陈一芒：《细读穆旦的〈我看〉》，《文教资料》2019 年第 26 期，第 49 页。

② 郑丹：《我愿是一片绿潮里的丰润青草——读穆旦〈我看〉》，《语文教学通讯·初中》2018 年第 10 期，第 62 页。

却只见他生命的静流，随着季节的起伏而飘逸”，第二次是在第五节的结尾“让欢笑和哀愁洒向我心里，像季节燃起花朵又把它吹熄”。前者指的是古人篇章中的生命静流，在季节的变换中飘散了；后者则是自我完全与自然融为一体，情感也完全顺应自然变换的规律，花朵开放对应着欢笑，花朵凋谢对应着哀愁，人的生命与自然的生命达到了高度的融合，这也是“生命飞奔”的应有之义。而第二节中那些难以在自然中描画的“欢乐和忧戚”，此时也彻底融入自然之中了。

文本体式与文本解读

基于文体特征的初中语文统编教材解读策略

王荣生教授曾说："依据体式来阅读，是阅读的通则；依据文本体式来解读课文、来把握一篇课文的教学内容，是阅读教学的基本规则。"① 不论是阅读取向还是阅读方法，都跟文本的文体特征有着千丝万缕的联系。学生的阅读能力，并不是抽象的，而是针对特定文体的阅读能力，例如散文阅读能力、小说阅读能力、实用文阅读能力等。因此，培养学生的能力，提升学生的阅读素养，都要依据文本的文体特征。教师在阅读教学时，自然也需要辨析体式，在一定的文体规约下，充分挖掘文体的内涵。

一、辨析文本体式

中国古代的文艺理论，特别重视"辨体"，这一点从魏晋南北朝时期就开始了。刘勰的《文心雕龙》实际上包含了文体学、创作学、鉴赏学等多个层面的知识，从《明诗》到《书记》的20篇对不同的文体进行解说与分析。明代吴讷的《文章辨体序》、徐师曾的《文体明辨序》以及许学夷的《诗源辨体》等，都在文体学方面进行过宝贵探索。此处说的"体式"，不是宏观分类意义上的文本类型，而是在一定文类下更为具体的文本的特质。

① 王荣生：《阅读教学设计的要诀——王荣生给语文教师的建议》，北京：中国轻工业出版社，2015，第108页。

甘其勋认为："文章体式，是文章成型之后的直观样式。它是文章的结构、语体、体裁等诸多形式要素的综合呈现，也是文章外在的格局模样，包括标题、行款格式和其他意义的符号标志。"① 明代陈洪谟曾说："文莫大于辨体，体正而后意以经之，气以贯之，辞以饰之。"② 可见，解读文本的前提就是对文本的体式特征有清晰的认识与把握。

毛泽东的《纪念白求恩》曾一度在教材中"消失"，最新的统编本语文教材七年级上册重新收入。以前很多教师习惯于将本文当作议论文来教，即通过《纪念白求恩》教议论文的文体知识，例如论点的概括、论据的选择与论证的过程，并把对比论证作为重要知识点。实际上，议论文是一种剖析事物、论述事理、发表意见、提出主张的文体。而《纪念白求恩》这篇文章从题目上看就不似议论文，"纪念"本身是表达对人或物留念、怀念情感的词语，其本意是表达情感而不是发表议论。即使文中出现了多处议论性的句子，也不能否认"纪念"一词中所包含的情感成分。虽然本文对白求恩身上的品质与精神进行了概括并评论，并号召共产党员学习这种精神，但不是中学语文教学意义上的"议论文"。《纪念白求恩》不能被纳入到散文、诗歌、小说等"文学类"文本序列，更不应将其归入记叙文、议论文、抒情文等"教学文体"的序列，而是一篇实用类文本，其具体的体式应该是"人物纪念类文本"，即简述人物经历，概括并推广人物的精神品质，表达对人物的怀念之情。也就是说，《纪念白求恩》并不是一篇典型的议论文，试图从文章中寻找论点、论据、论证三要素，试图给学生讲解"对比论证"的手法，都无异于缘木求鱼。《纪念白求恩》的教学内容，应围绕"纪念"一词，从写作目的、人物形象、作者的态度情感等方面进行分析。

再比如说康拉德·劳伦兹的《动物笑谈》一文，有教师将其作为"科学小品文"来教。科学小品文，或者知识小品或文艺性说明文，是用散文的笔调，即借助某些文学写作手法，将科学内容生动、形象地表达出来，实质上还是说明文的一种类型。这篇文章虽然涉及一些动物习性的科学知识，也有文学化的写作手法，但本质上不是说明文，它不是以介绍、普及科学知识为目的的。文中写到"我"实验、猜想等科学研究的过程，也写到了小鸭子的生活习性以及大鹦鹉的生活规律等。但这些动物学的知识并不是重要的教学内容，更不是学生学习的主要内容。例如，作者在观察研究小鸭子的行为

① 甘其勋：《文章教育学》，郑州：大象出版社，2009，第 100 页。

② 曾祥芹：《文章阅读学》，郑州：大象出版社，2009，第 128 页。

之后，说："我因此得到一个颇为清晰的结论：如果我要小凫跟着我走，我得学母凫一样叫才行。"作者得出的结论并不是严格意义上的科学结论，只是一种个人生活经验的描述。而且，作者还饶有兴趣地引用了德国诗人布什的诗句来印证这个结论，这更说明知识本身不是写作目的，"趣"才是作者着意表现的内容。"动物笑谈"，与"笑谈动物"的含义是有区别的，"动物笑谈"的真实含义应该是：用幽默的笔调讲述"我"与动物之间的趣事。本文的价值在于：从内容上获取关于科学研究的一些趣事，从情感上体悟"我"的科学研究精神，从理性上思考人与动物、人与自然之间的存在关系。如果教师没有辨析本文的体式特征，而是指导学生挖掘文本中包含的科学知识、规律、原理，那就大错特错了。

因此，对于文体特征不是很明显的文本，教师要做的第一步就是辨体，不仅将文章归入某一大的"文类"中，还要辨析具体的体式特征。如果文体归属有误的话，就会出现很多似是而非的、奇奇怪怪的解读方式。

二、尊重文体规约

每一种文体都有自己独特的规范，这种规范是人们在不断的创作过程中形成的，不是某个人的主观意愿，因此也可称之为"文体规约"。著名文艺理论家南帆先生认为："每一文类都拥有其特殊标志，被赋予了某种足以使其相对独立的性质；这些试图指示出某一文类独一无二的身份，以便让它的家族成员共享一种相似性。"① 南帆先生用哲学家维特根斯坦的"家族相似"原理来阐述文类的概念，更形象地揭示了文体的"规约"特征。

也就是说，当我们把单个文本纳入到某一文类中时，该文本已经不自觉地与其他同类文本有了"家族相似性"，不论是言语形式还是本文结构、内涵，都打上了某一类文章的"独特印记"。这种"印记"，并非阅读该文本的具体方法，而是决定着阅读心理的结构与阅读内容的走向。在王荣生教授看来，所谓的"阅读能力"包含两个方面，一是阅读取向，即由读者的阅读目的决定的阅读姿态与阅读样式；二是阅读方法，即运用适合于该文本的方法。"阅读，就是对某种特定体式文章的阅读，对具体作品的具体的阅读活动。阅读作品，抱着什么目的、持什么样的姿态，我们叫'阅读取向'。在这种体式的文本里看什么地方，从什么地方看出什么东西来，我们叫'阅读

① 南帆：《文学理论新读本》，杭州：浙江文艺出版社，2002，第55页。

方法'。"[①]"看什么地方，从什么地方看出来"实际上就是一种文体的规约。

例如安徒生的童话《皇帝的新装》，教师在教学时首先应该将文本归入"童话"这一文类，而不是记叙文、小说或寓言故事。归属清晰之后，教师自然应该引导学生按照童话的文体规约进行阅读。所谓童话，通过丰富的想象、幻想和夸张来塑造形象，反映生活的一种文体，它与小说不一样。虽然它们都可进行想象与虚构，但小说更讲究塑造典型人物，而童话里的人物多是脸谱化的类型人物，他们甚至没有名字，个性特征并不十分突出，人物与人物之间的重复比率比较高。童话里的人物是抽离了时代社会、家庭背景、人际交往、生平经历等方面的"单面人"，人物身上没有多重的甚至矛盾的性格，其性格也没有明显的转变。作品中的皇帝，虽然有明显的个性特征，但其生活的时代很模糊，作者只是说"很多年前"，其性格其实也是"扁平"的，即由某种嗜好引起的轻信、虚荣、自欺欺人等缺点，人物本身并不是恩格斯所说的"典型人物"。两位诚实的老大臣，也只是某一类人物的代表，他们并没有突出的个性特征。他们去骗子屋子里查看新衣制作的进程，两个情节相似度很高，虽然具体的语言有差异，但性质是一样的。这种"重复"，不同于鲁迅小说《祝福》里祥林嫂叙述阿毛被狼叼走的反复叙述，后者是有某种特定表达意图的，而童话里的"重复"，更多是考虑到儿童的接受心理特点。这一点在儿童阅读的绘本故事中最为常见。童话是为儿童创作的，属于儿童文学的一种。在解读文本时，教师应该尊重学生的阅读体验，如果学生感受到"故事很有意思，很搞笑"，那就要顺水推舟，请学生畅所欲言其感觉到的"趣味"是什么，从文中哪些地方读出了这些趣味，而不是先入为主地给学生灌输社会反映论的阶级观点，或者是讲真话之类的道德教育内容。这其实也是一种尊重文体规约的表现。在此基础之上，教师还可以引导学生进行进一步思考，挖掘童话的社会价值与生活意义，但不论如何引申，其基础还是童话这一基本的文体规约。按照童话的文体规约进行阅读或文本解读，可以确保方向不会偏离。假如教师不顾及这一点，在课堂上大谈特谈"叙述视角""人物形象""文本的思想内涵"等，都是一种脱离甚至违背"童话规约"的表现。

当然，"尊重文体规约"并不是说教师或学生只能按照某一种文体的已有规范进行阅读。文体规范，是历史地形成的，也在随着时代的发展而不断

① 王荣生：《求索与创生：语文教育理论实践的汇流》，济南：山东教育出版社，2013，第248页。

变化。因此，“尊重”并不是“不准越雷池半步”，文本解读，尤其是文学类文本的解读，也要尊重学生或其他读者的个性化解读。

三、挖掘文体内涵

文本的“文体规约”只是文本解读的方向，同一文类内部还会有更为细致的区别，例如，同样是小说，批判现实主义的小说与后现代派的小说就存在不同的阅读策略，诗化小说与伤痕小说也有所不同，因此不能用“情节，人物，环境”三要素作为解读所有小说的依据与框架。正如特级教师邓彤所说：“每一篇小说都有自己的文本体式，都有自己区别于其他类型的小说、其他单篇小说独特的地方与价值，而它的独特之处与独特价值正是我们要读这篇小说、教这篇小说的价值所在。”① 也就是说，我们在阅读作品时，不仅要考虑到该作品属于哪一“类别”，更要考虑到“这一个”文本所具有的独特特征，即挖掘具体文本的文体内涵。教老舍的《济南的冬天》，不能只会讲散文的“形散神不散”、散文的感情等，而应该深入到“这一篇”散文具有的独特特征，例如，老舍是如何言说“个人化的济南冬景”、作者的写作姿态与语言风格如何、独特的写作手法等，这才是这篇文章独特的教学价值。

这也要求教师立足于文本本身，不仅从“个别”上升到“类别”，更要从“类别”返回“个别”。就拿《纪念白求恩》来说，纪念类文章的共同特点就是多种表达方式的使用。既然是纪念某位人物，那么概述人物的生平事迹，或者详细讲述人物的某一生活片段，就要进行叙述；如果要对人物的品质进行高度概括，解释人物及其品质对他人的意义与价值，就要进行议论；如果要抒发人物的去世所带来的悲痛与怀念之情，就要进行抒情。如果作者需要渲染氛围，或者借助景物来抒发情感，还可能用到描写这种表达方式。这些属于纪念类文章的“类特征”。具体到《纪念白求恩》，作者也表达了某种悲痛与怀念之情，但这并不是本文最主要的写作目的。或者说，本文的重心不在于抒发情感，而在于将“白求恩精神”作为教育全党的素材，揭示它对于中国共产党人的启示意义，这是由作者的身份决定的。对于这种“启示意义”的具体表现，教师需要引导学生通过阅读文本，归纳要点，概括出“国际主义精神”“共产主义精神”“精益求精的精神”等内容。这一点也是“纪念”的本职所在。

① 李冲锋：《小说教学教什么》，上海：华东师范大学出版社，2015，第11页。

当这种“启示”意义转化为“行动”时，就需要“学习”这种行为。据悉，毛泽东主席在1939年12月21日写下的文章，原名就是“学习白求恩”，1940年刊发于《诺尔曼·白求恩纪念册》，也是《纪念白求恩》的最初版本。1952年入选《毛泽东选集》时才更名为《纪念白求恩》，并做了诸多的改动，包括注释、个别概念以及一些字词与语法。这也暗示出，“学习”白求恩身上的精神并转化为实际的工作、行动，才是对白求恩最好的“纪念”。在行文过程中，作者在四处都用到了“学习”这个动词，分别是：“每一个中国共产党员都要学习这种精神”“每个共产党员都要学习他”“每一个共产党员，一定要学习白求恩同志的这种真正共产主义者的精神”“我们大家要学习他毫无自私自利之心的精神”，这一点也是“这一篇”纪念类文章的特殊之处，是需要引起教师关注的。

另外，文中对白求恩的称呼，也需要从“纪念类文本”的角度加以理解。文章多处称呼白求恩为“同志”，这说明毛主席是代表中国共产党甚至中国人民表达对白求恩的哀悼之情，并号召党内人士向白求恩学习。当讲到白求恩的职业及其职业精神时，作者又称呼其为“白求恩医生”。文中还有一处，即“从前线回来的人说到白求恩，没有一个不佩服，没有一个不为他的精神所感动”，此处既不称呼他为“同志”，也不称呼他为“医生”，原因在于这是转述从前线回来的人对白求恩的称呼。从前线回来的人，并不全是党内人士，自然不能称其为“同志”；也并不全部都接受过白求恩的治疗，因此不便称其为“医生”。作者作为中国共产党的最高领导，称白求恩为“同志”体现出党内的民主亲密关系，表明中国共产党人和白求恩虽然国籍不同，但都是共产党人；称其为“医生”则是对白求恩的职业与贡献的尊重。如果将“我和白求恩同志只见过一面”改为“我和白求恩只见过一面”，难免有一种居高临下之感。对于文章的题目来说，“纪念白求恩同志”或“纪念白求恩医生”，都有其合理之处，但直接说“纪念白求恩”，也合情合理，因为文章是面向所有读者的，而不是只给党内人士读的。

总之，依据文体特征，既需要依据某一文类的“类特征”，也要善于把握具体文章的“个性特征”，两者结合才能够进行合宜的文本解读，进而把握课堂教学的内容。辨析文本体式是前提，尊重文体规约是方向，挖掘文体内涵才是培养学生阅读能力的关键所在。

（本文发表于《教学与管理》2020年第5期）

戏剧语言的“孕育性”
——从《雷雨》中“接过支票，把它撕了”说开去

戏剧是一种综合性的舞台艺术，不过作为文学体裁的“戏剧”指的是戏剧的剧本。剧本是以语言文本为形式的存在，它既是演员表演的底本，同时也可以作为普通的文学文本供读者阅读。曹禺的《雷雨》作为中国话剧史上的经典之作，在语言方面更是讲究。本文以剧本中的一句舞台说明“接过支票，把它撕了”为抓手，具体阐述戏剧语言的“孕育性”的特征。

一、“孕育性时刻”与剧本语言

“孕育性时刻”概念出自德国古典主义美学家莱辛的《拉奥孔》，有的译本也译为“生发性时刻”“包孕性时刻”等。莱辛的《拉奥孔》的副标题是“论画与诗的界限”，他认为绘画和诗是不同的艺术形式，前者依靠的是空间中的物体和颜色，后者用的是时间中发出的声音。或者说，绘画是空间艺术，诗是时间艺术。对于绘画而言，“绘画在它的同时并列的构图里，只能运用动作中的某一顷刻，所以就要选择最富于孕育性的那一顷刻，使得前前后后都可以从这一顷刻中得到最清楚的理解。”就是说，绘画必须善于从运动的事物中，选择、提炼包含着事物前因后果的静止瞬间，通过这一瞬间去表现人物的性格和事物运动的持续性。诗歌亦是如此，“诗在它的持续性的摹仿里，也只能运用物体的某一个属性，而所选择的就应该是，从诗要运

用它那个观点去看，能够引起该物体的最生动的感性形象的那个属性。”① 作为语言艺术的呈现形式，诗歌也需要选择最具有孕育性的动作或意向，表达内心的情感与思想。

而戏剧作为一种舞台艺术，无论其人物话语，还是其他语言，更带有强烈的动作指向性。那些最富有“孕育性”的时刻，必然是作家着力锤炼、打造的细节，是作家的艺术匠心所在。在《雷雨》第二幕中，侍萍无意间来到周公馆，通过照片认出了周朴园，并且通过语言“引导”，促使周朴园认出了自己。这是一个矛盾冲突逐渐形成并逐渐“浮出水面”的过程，此时的“孕育性时刻”应该是周朴园的“（忽然严厉地）你来干什么”，这是一个转折点，从一方被蒙在鼓里转折到双方心知肚明。当周朴园与鲁侍萍认出对方之后，接下来又进入了矛盾冲突的另一个环节，侍萍不断地控诉，周朴园则是交织着虚伪与忏悔，在二人的语言冲突与心理冲突的过程中，“钱”的概念出现了。周朴园希望用金钱了却过去的恩怨，换取内心的安宁，鲁侍萍则认为有比金钱更重要的东西，例如她与周萍的母子感情。当矛盾不断升级，不断转化，周朴园再一次提到了钱，并且签好一张五千块钱的支票，希望弥补自己的罪过。此时，另一个“孕育性时刻”出现了：

周朴园（由衣内取出支票，签好）　很好，这是一张五千块钱的支票，你可以先拿去用。算是弥补我一点罪过。

侍萍接过支票，把它撕了。

周朴园　侍萍。

鲁侍萍　我这些年的苦不是你拿钱算得清的。

面对周朴园的表白，她并不觉得这是虚伪，而是相信了周朴园曾经为她做过的这些事。而当周朴园提出用金钱赎罪时，侍萍的自尊心再次受到挑战。面对周朴园的忏悔，面对周朴园与鲁大海的冲突，面对母子不能相认的事实，一切都汇成了复杂的感情，而这个感情的集中体现则是：侍萍接过支票，把它撕了。“接过支票，把它撕了”这个动作既是此前矛盾不断激化的过程，也为后文剧情的发展奠定了基础。这一动作，也让我们看到了侍萍的内心世界与自我尊严。面对三十年前的罪恶，面对一个复杂性格的周朴园，侍萍无法接受用五千块钱的支票弥补过去的一切，“拒不接受”尚在意料之中，而“接过支票”之后“把它撕了”就在意料之外了。从这个意义上讲，这个动作可以说是整幕剧的“孕育性时刻”。

---

① 莱辛：《拉奥孔》，朱光潜译，北京：人民文学出版社，1979，第 83 页。

二、“提示性语言”的文体功能

从戏剧语言的角度讲，“侍萍接过支票，把它撕了”并非人物话语，而是“提示性语言”。剧本的舞台化，主要依靠人物话语的支撑与推动，但提示性语言也起着不可或缺的作用。例如在开头介绍剧中人物，说明剧情发生的时间和场景，提示人物的重要动作和表情，提示场次的变换等等。作为“提示性语言”，“接过支票，把它撕了”非常符合剧本的文体特征。

剧本最初并不是用来阅读的，而是用来表演的，剧本只是一个未完成的作品，只有在舞台演出中才能实现其完整的生命价值。李海林老师说：“我们读剧本，要想象剧本在舞台上如何演出。读剧本时，读者凭经验想象出来的首先是一些生动活泼的戏剧场面和舞台效果，这是读剧本与读小说、散文、诗歌的根本区别。”① 一方面，剧本以语言文本的形式存在，可以供读者直接阅读；另一方面，剧本又是演员阅读的主要文本。对于演员来说，提示性语言自然是指向性越明确越好，语言自然讲究间接直截，不拖泥带水。“接过支票，把它撕了”这个动作的指向性就非常明确，这对话剧演员的表演起到了积极的导向作用。

但指向性明确并不意味着剧本对演员有很强的限制性，恰恰相反，对简洁语言的理解并不是单一的、绝对的，而是带有多元化的特征。或者说，“提示性语言”的艺术魅力正在于其明确指向性下的多重理解与发挥，演员可以依据自身经验以及自己对剧本的理解，对语言与动作进行“再创造”。“从某种角度上说，演员是对人物形象的二次创作。正因如此，演员在对人物形象进行创作时，要紧紧贴合剧本需要，深度体会剧中人物形象的性格特点，从而完美地将人物的灵魂呈现出来。”② 例如“接过支票，把它撕了”，“接过支票”时的具体动作如何？是平静地接过还是愤怒地接过？撕支票时人物的心理如何？是淡定地撕掉还是疯狂地撕掉？不同的演员对这个动作的演绎自然不一致，如果认为鲁侍萍此时充满怒火，或者导演有意将鲁侍萍塑造为一个旧制度的反抗者的形象，那么一定会让其动作带有明显的情感特征，“愤怒地接过支票，疯狂地撕掉它”可能就符合预期目的。正因为明确

---

① 李海林：《李海林讲语文》，北京：语文出版社，2008，第158页。

② 徐凡：《浅析演员对剧本的分析与理解》，《大众文艺》2016年第13期，第189页。

的动作缺少具体的细节以及人物的心理活动，这才为演员的创造性表演提供了广阔的艺术空间。

试想一下，如果剧作者在写剧本时，将一切动作都具体化了，那么演员的表演便成为机械的程式，其创造性自然也就无从体现了。假如曹禺在创作这句话时，写成“侍萍愤怒地接过支票，疯狂地撕掉了它”，演员只需要按照作者的原意进行表演即可，其主动性就有可能遭到压制。

三、“一”与“多”的辩证

从演员理解剧本的角度理解提示性语言是一回事，而从普通读者的角度来理解，也有相似的道理。对于演员来说，剧本可能是“实用类文本”，但是对于普通读者而言，剧本就是“文学类文本”。前者带有实用指向性，后者则是无功利的欣赏。但二者并非截然对立，如果读者能够站在演员的角度甚至是编剧、导演的角度去阅读剧本，那理解自然会很真切而深刻。实际上，阅读小说、散文、诗歌与阅读剧本还是有细微的差异。前者首先要在头脑中建构相应的文学形象，然后品味文学语言的奥妙，而后者，则要善于将剧本的台词还原成舞台上的表演，甚至要把自己想象成演员和观众，感受表演的气氛。

从读者的角度看，这句“接过支票，把它撕了”同样蕴含着无限的解读可能，这种解读取决于读者对鲁侍萍以及周朴园形象的认知，甚至取决于读者对文学艺术的理解。如果读者理解为“鲁侍萍平静地接过支票，平静地撕掉了”，在这种“平静”中恰恰隐含着艺术的“二律悖反”。这种“二律悖反”指的就是艺术创造与欣赏过程中的“一”与“多”的关系，诗歌创作中的“言有尽而意无穷”“状难写之景如在目前，含不尽之意见于言外”、绘画创作中的“留白艺术”等，都是艺术规律的典型体现。“鸟鸣山更幽”与“此时无声胜有声”也是类似的体现。读者心目中的“平静”，恰恰从反面说明了鲁侍萍此时此刻的愤怒已经达到顶点。“平静”的动作，正好是侍萍此时此刻矛盾心情的体现，对周朴园的绝望，对命运的担忧，亲情撕裂的痛苦，等等。而如果理解为“愤怒”，可能就失去了艺术上的节制与含蓄的特征。

对于教师而言，这也是一个巧妙的问题切入点。例如教师可以设计以下问题：

请你根据对文本的理解，在动词前的括号里填上相应的修饰语。

侍萍（　　地）接过支票，（　　地）把它撕了。

回答这个问题，不能依靠空想，而是要回归文本，依据自己对人物形象以及剧情的理解，才能准确把握鲁侍萍此刻的心理，从而在外在动作上有相应的体现。这是一个促使学生研读文本的问题，同时也是一个提纲挈领的问题。以这个问题为主线，教师便可以串联起“撕支票前”与“撕支票后”的剧情，甚至可以将“三十年前的故事”与“现在的故事”进行对接，让问题成为撬动整节课的“杠杆”。还有，由于这个动作在剧本中的典型性，教师还可以从相关的演出视频中截取相应的片段，请学生进行比较与鉴别，从而印证自己的判断。当然，不论是比较还是鉴别，最终都要落实到剧本的文体特征以及文学创作的普遍规律上来。

总之，对于剧本语言来说，描写与修饰需要一定的限度，需要考虑到剧本的“双重性质”即表演的剧本与阅读的文本。而“接过支票，把它撕了”这一动作，看似平平，实则韵味无穷，需要读者仔细体会。

［本文发表于《中学语文》（上旬刊）2017 年第 8 期］

体式与策略：《长安晚秋》再解读

赵嘏的《长安晚秋》被苏教版选修教材《唐诗宋词选读》收入，不过笔者发现，一线教师在对这首诗的解读上，存在着一些偏差。例如对诗歌的题目缺少辨析，对诗中的情景关系的分析存在简单比附的标签化倾向，对诗人的雅号存在着浅化理解的倾向，等等。本文意在辨析在诗意理解上的分歧，对解读诗歌的不良倾向进行纠偏。

一、由诗歌题目的多样性探究诗意

教材中《长安晚秋》依据的版本是《全唐诗》，本首诗的题目就是“长安晚秋”。但是《全唐诗》还有一个注释：“一作秋望，一作秋夕。”这就说明这首诗还有另外两个题目：“秋望”和“秋夕”。《唐诗百名家全集》与《全唐诗》一样，作“长安晚秋”。《唐音统签》作“长安秋夕”。《唐诗纪事》中，这首诗的题目是“长安秋望”。[①] 另外，五代时期王定保的《唐摭言》有一个记载：“杜紫微览赵渭南卷，《早秋》诗云：‘残星几点雁横塞，长笛一声人倚楼。’吟咏不已，因目为‘赵倚楼’。”这就说明这首诗还有一个题目：“早秋”。一首诗由于版本与传抄的缘故，居然有六个题目，真是一道奇观！

---

① 谭优学：《赵嘏诗注》，上海：上海古籍出版社，1985，第27页。

题目有差异，并非坏事。相反，这恰恰为教师引导学生理解、把握诗意提供了一个绝妙的角度，即请学生根据诗意，为本诗选择一个最恰当的题目。如果这些题目都不太合适，请自拟更为合适的题目。这样的问题不仅带有探究性质，比“请大家根据题目理解诗歌”之类的要求更有冲击力，而且符合律诗的体式特征，即律诗的题目与首联是紧密相关的。学生便可以将不同的题目与诗歌本身进行比较式分析，从而为全面、深入理解诗意奠定了基础。

依据题目与诗歌本身，我们可以进行如下分析：

首先，题目中都含有“秋”字，首联中也有“汉家宫阙动高秋”的诗句，这就说明“秋”在题目中是一个关键字眼。这些题目中对“秋”的限制本身有差异，即究竟是“早秋”还是“晚秋”？根据颈联中“红衣落尽”可知，此诗描绘的景物应该是“深秋”。

其次，此诗写作的具体时间是一天中的哪个时候？此诗开篇便说“云物凄凉拂曙流”，这就说明此诗描写的是即将天亮时的景物，因此“秋夕”和“长安秋夕”是不太准确的。“夕”指的是日落的时候，即傍晚时分，有时候也泛指晚上。这与诗歌中的景物特征不相符合。

再次，有的题目中出现了“长安”，有的题目中没有出现。根据首联中“汉家宫阙动高秋”的“汉家宫阙”可知，此诗写的是唐朝京城长安的宫殿，以“汉”写“唐”，是唐诗惯用的手法。因此，题目中应该出现“长安”二字。《全唐诗》中《长安晚秋》后一首诗是《齐安早秋》，这也说明作者在写题目时，是存在“地名＋时令”结构的可能性的。

最后，这首诗中虽然没有出现“望”字，但整首诗的内容都或多或少与“望”存在联系。因此，诗歌的题目中是否含有“望”字，还有待于进一步考证。值得注意的是，“晚秋”与“秋夕”中的“晚”和“夕”的含义是不同的，或许后世传抄之人误认为二者意思一致，才有了“秋夕”“长安秋夕”的题目。

综上所述，这首诗的题目不论是“长安晚秋”还是“长安秋望”，都是符合诗意的。也就是说，“长安”“秋”“望”“早”都是本诗的关键因素，如果将“早秋”调换位置为“秋早”，也是符合诗意的，类似于王维的“山居秋暝”。至于学生的思考与答案，例如学生拟定题目为“长安秋早”“长安早望”等，也值得肯定。这个教学环节的学理依据就在于律诗的“起”即首联，一般是围绕题目进行记述、描写。学生在理解诗意时，可以与题目进行一一对应，加深对诗意的把握；反之，学生也可以依据诗意，对题目的恰当与否做出判断。

二、律诗内部的承转性

在古代，“起承转合”是一般文章的写法，这一点对于律诗来说更为适合。元代范德玑的《诗格》说：“作诗有四法：起要平直，承要春容，转要变化，合要渊水。”通俗地讲，“起”就是起句，领起一个话题，有时甚至是对题目进行解释；“承”就是承接连贯，承续原话题但不再是原事物，但与原事物密切相关；“转”就是转折改变，改变原来的话题，但依然有内在的联系，往往体现为由物及人、由景及情、由事及理等；“合”就是收束全篇，突出主题，深化意境。不过，起承转合之间并不是界限分明，而是存在着内在的辩证联系，清代的刘熙载在《艺概》就说：“起承转合四字，起者，起下也，连合亦起在内；合者，合上也，连起亦合在内，中间用承用转，皆兼顾起合也。”依据律诗的这种承转关系，我们再来理解本诗的颈联。

《唐诗鉴赏辞典》对此诗的颈联是这样分析的：“颈联写俯察。夜色褪尽，晨光大明，眼前景色已是历历可辨：竹篱旁边紫艳的菊花，一丛丛似开未开，仪态十分闲雅静穆；水塘里面的莲花，一朵朵红衣脱落，只留下枯荷败叶，满面愁容。紫菊半开，红莲凋谢，正是深秋时令的花事。”[①] 这种理解已经成为中学语文教学界的主流，“百度”中的词条也照搬了这一说法，影响甚广。罗莉、韩守宏的《赵嘏〈长安晚秋〉赏析》以及其他教学案例，都参考了这种说法。这种理解固然说得通，但有两个疑问需要廓清。

首先，如果是“俯察”，这就说明作者是在高处俯视，甚至“长笛一声人倚楼”中的“人”就是作者本人。但诗歌中并没有任何“夜色褪尽，晨光大明”的暗示，这个理解实际上是一种合理的想象。

其次，如果说颔联与颈联同为作者眼中之物，又如何体现律诗的“转”呢？难道仅仅是观察视角从仰视到俯视的转变吗？元代杨载的《诗法家数》说：“颈联，或写意、写景、书事、用事、引证。与前联之意相应相避，要变化，如疾雷破山，观者惊愕。”但反观此诗，颈联如果是俯察之景，又如何达到“疾雷破山，观者惊愕”的艺术效果呢？

如果不是如《唐诗鉴赏辞典》那样解释，有没有其他理解的可能性呢？笔者注意到清代何焯在《唐律偶评》中认为：“五六‘半开’‘落尽’言归

① 俞平伯等：《唐诗鉴赏辞典》，上海：上海辞书出版社，2004，第1270页。

期已后。"① 即认为第五六句写的是回到家乡之后的景物。这个理解值得注意的有两点：一是指明了颈联中所写的是家乡的景物，二是在时间上是回到家之后实际所见之景物。笔者认为前者有道理，后者值得商榷，因为作者写作此诗时还没有回到故乡。清代赵臣瑗的《山满楼笺注唐人七言律》认为："三四'残星'、'长笛'，见景实事……夫五之'篱菊静'，六之'渚莲愁'，正所以双逼起七之'鲈鱼美'，皆遥想故园景物也。"② 赵臣瑗的观点更有启发性，他认为五六句，实际上是虚写，是想象，是遥想故园景物。

笔者非常赞同这种说法。首先，如果颈联是虚写，是想象故园的景物，那么由实转虚，符合"转"的特征，而且与尾联中的"鲈鱼正美"相照应。其次，颈联中的"紫艳半开篱菊静"，其实是用典，用陶渊明在《饮酒》中的"采菊东篱下，悠然见南山"以及在《归去来兮辞》中的"三径就荒，松菊犹存"的典故，"东篱"也正是诗人故乡的代指。再次，颈联中"红衣落尽渚莲愁"，这种景物在诗人其他诗歌中也有体现。例如《长安月夜与友人话故山》中的"宅边秋水浸苔矶，日日持竿去不归"，《东望》中的"楚江横在草堂前，杨柳洲西载酒船"，《吴门梦故山》中的"心熟家山梦不迷，孤峰寒绕一条溪"，《忆山阳》中的"家在枚皋旧宅边，竹轩晴与楚坡连。芰荷香绕垂鞭袖，杨柳风横弄笛船"，这些景物与"红衣落尽渚莲愁"有着惊人的相似性。这也说明颈联中的"渚莲"，并非虚构，而是实有其景。

三、诗人雅号的整体性

很多教师在分析这首诗的情境关系时，往往存在着简单比附的情况。即首先分析诗歌的感情基调以及具体情感，即思念故乡的凄凉，其次分析景物的画面及特点，分析意象的选取，再次就是用"借景抒情"等笼统的手法将二者结合起来。至于情景内部的联系，往往忽略不谈，这其实是一种割裂诗歌的做法。同样道理，在利用诗人雅号进行鉴赏时，也有不少教师存在割裂化理解的倾向。

例如有教师引述了此前杜牧评价赵嘏的材料，抓住了"赵倚楼"这个雅号，对"倚"字进行赏析，并且运用换词法，将"倚"换为"临""立"等，请学生比较诗歌炼字的异同。杜牧评价赵嘏的材料出自《唐摭言》，南

---

① 陈伯海：《唐诗汇评》，杭州：浙江教育出版社，1995，第 2 519 页。
② 陈伯海：《唐诗汇评》，杭州：浙江教育出版社，1995，第 2 520 页。

宋计有功的《唐诗纪事》、葛立方的《韵语阳秋》等也引述了这条材料，可见赵嘏的“残星几点雁横塞，长笛一声人倚楼”一联确实精彩。但“赵倚楼”这个雅号的获得，并非“倚楼”动作的本身，而是颔联营造的整体性意境与氛围。将“倚楼”从颔联中割裂，将整体品味变为了“炼字答题”，这就有些偏差了。诗人、词人因为某一句诗、某一句词而获得了千古美称，在古代非常普遍。例如宋祁的“红杏尚书”、贺铸的“贺梅子”、张先的“张三影”等。但这些雅号的获得，不是因为“红杏”“梅子”“影”本身的意象，而是“绿杨烟外晓寒轻，红杏枝头春意闹”的整体意境，是“一川烟草，满城风絮，梅子黄时雨”的整体含义，是“云破月来花弄影”“娇柔懒起，帘幕卷花影”“无数杨花过无影”形成的意象群。

杨万扣先生的《三变之后“倚”占先》一文就抓住了“倚楼”，并且从四个方面进行了分析：首先是“倚”字本身符合律诗规范、确切、优美；其次是“倚楼闻笛”，结合其他诗句，分析情感与意境；再次是“倚楼之人”，分析“人”的具体所指；最后是“倚楼”的境界，在“残星数点雁横塞”的高远背景下，倚楼之人内心充满了孤独与苍凉。[①] 四个层次的分析，结合诗人的雅号对颔联进行了深入解读，确实非常精到。不过这种分析也有两个遗憾。

首先，“雁横塞”与“人倚楼”之间的内在对照与联系。清代赵臣瑗的《山满楼笺注唐人七言律》认为：“以‘雁横塞’陪出‘人倚楼’，自是兴体。格高调响，杜紫微吟赏不已，称之为‘赵倚楼’，有以也。”[②] 所谓“兴体”，就是“先言他物以引起所咏之词”，大雁飞越关塞，人倚楼闻笛，“大雁”与“边塞”的主体与背景的关系，与“人”与“楼”之间的关系何其相似！更值得注意的是，大雁在晚秋南飞，方向正是诗人思念的故乡，大雁能够飞回故乡，而自己只能滞留他乡，二者之间的对比，更加反衬出诗人内心的凄凉。

其次，以“倚”为抓手，杨先生讲分析的侧重点放在颔联上，而对于其他三联有所忽略。如果能够将“倚楼”与其他联有机结合，那么对诗意的把握就更为全面了。这一点不难做到，因为“倚楼”只是动作的一部分，“倚楼而望”才是动作的整体。而古人登高望远，都会有一种别样的情愫。刘勰

---

① 杨万扣：《三变之后“倚”占先》，见《中学语文教学参考（上旬刊）》2017 年第 4 期，第 32 页。

② 陈伯海：《唐诗汇评》，杭州：浙江教育出版社，1995，第 2520 页。

在《文心雕龙》中说："原夫登高之旨，盖睹物兴情。"登高的目的在于起兴，即触动内心的情思。这样，"倚楼而望"与"睹物兴情"便有机结合了起来，具体说来就是"倚楼而望之景"与"睹物兴思乡之情"的结合。

"倚楼"确实是分析的切入点，只不过在具体分析时，不要割裂理解，而是要将诗歌内部的要素与意象有机统一起来。

总之，教师在教读这首诗时，既可以从题目入手，带动对诗歌整体的理解，也可以从诗人的雅号入手，分析诗歌内部的有机联系，更应该抓住律诗的体式特征，分析律诗的结构以及诗句之间的承转关系。

（本文发表于《中学语文教学》2017 年第 12 期）

文体的“无功利的合功利性”
——从《山中与裴秀才迪书》说开去

王维的《山中与裴秀才迪书》作为经典美文，其核心教学价值一直体现在文中精彩的景物描写上，以及由此衍生出的作者内心淡然、毫无机心的志趣与追求。对于景物描写，多数教师一直把分析要点定位在“描写”这个知识点上，例如概括画面的特征、概括意境的特点、分析写景的角度、分析情景交融的手等。也就是说，教师是将其作为一篇优美的写景散文来教的。实际上，这篇文章并非纯正的写景散文或抒情散文，而是“书”，即书信。如果从特殊文体的角度对景物描写进行功能性的分析，我们可以得出另一重结论。

一、文体的“交际目的”与“审美功能”

文体，就是文章的体裁、体制，是在实现一定效用的基础上形成的文章的语言形式、篇幅、篇章结构、语言风格等方面的固定特征与类别。褚斌杰先生在《中国古代文体概论》中说：“我国古代文学的各种种类和体裁，都是古代作者根据反映社会现实的需要，在我国民族思想、习惯，在我国民族语言特点的基础上，逐渐创造、发挥在那和完善起来的。”① 他所说的“反映社会现实的需要”，其中就包括人与人之间的交际需要。但由于“文学”

① 褚斌杰：《中国古代文体概论》，北京：北京大学出版社，1990，第13页。

概念的模糊性与多变性，对于“文学体裁”的认定就出现了分歧。但不论差异如何，我们在分析文体时，就需要辨析其“交际功能”与“审美功能”。

曹丕曾经在《典论·论文》中提出了文体问题，他说：“夫文本同而末异，盖奏议宜雅，书论宜理，铭诔尚实，诗赋欲丽。”① 他不仅指出了文体类别的不同，同时还对不同文体的特征与风格进行了概括。实际上，文体的风格与其实用功能密不可分的。奏议，是臣子上书言事的条陈，自然要庄重典雅；书论，意在阐述观点，因此讲究逻辑道理。如果说奏议、书论、铭诔集中在人与人交际的场合的话，那么诗赋更多的是人与自然、人与自己内心的关系。从这个意义上讲，前三者带有明显的“实用功能”，而诗赋则更多的是无功利的审美情怀的抒发。但实际情况是，很多带有交际目的的篇目，往往是精彩的美文，其“实用功能”与“审美功能”相互缠绕，密不可分，甚至还能相互促进。

具体到“书”这种文体，这方面的特点体现得更为明显。刘勰的《文心雕龙》有《书记》篇，他认为：“大舜云：‘书用识哉！’所以记时事也。盖圣贤言辞，总为之书，书之为体，主言者也。”② 书的作用，主要就是用来记言的。刘勰以书信为重点，其中评及的部分名篇，如司马迁的《报任安书》、嵇康的《与山巨源绝交书》等，在文学史上是有重要地位的。对于“书”的文体特点，刘勰进行了精当的概括：“详总书体，本在尽言，言所以散郁陶，托风采，故宜条畅以任气，优柔以怿怀；文明从容，亦心声之献酬也。”③ 意思是说，书这种文体，本在于把话说透彻，是用以舒散郁积的心情，表达美好的言行；因此，应该条理畅达而放任志气，从容不迫而悦其胸怀。能够条理畅达和从容不迫，就有效地发挥相互赠答、交流思想的作用了。

褚斌杰先生的《中国古代文体概论》对“书”的缘起、文体特征、历史沿革、名家名篇进行了详细的梳理。在他看来：“一般说来，在书信中除了那些纯属应酬性的往来信件以外，它总是具有一定的目的和为了某一需要而写，而且是希望在思想感情上与对方有所交流，以引起对方的响应或同情。”④ 也就是说，书的首要功用在于其交流目的。不过王维的《山中与裴秀才迪书》与一般的酬赠类的书信有所不同，它更类似于魏晋南北朝时期的

---

① 郁沅、张明高：《魏晋南北朝文论选》，北京：人民文学出版社，1999，第13页。
② 周振甫：《文心雕龙注释》，北京：人民文学出版社，1981，第277页。
③ 周振甫：《文心雕龙注释》，北京：人民文学出版社，1981，第278页。
④ 褚斌杰：《中国古代文体概论》，北京：北京大学出版社，1990，第400页。

注重辞藻的文学美文，而随着六朝骈文的兴起，一些崇尚辞藻、追求雅致的纯文学性的书札小简出现了。这些文章更带有个人化的抒情色彩，如鲍照的《登大雷岸与妹书》、丘迟的《与陈伯之书》、祖鸿勋的《与阳休之书》、陶弘景的《答谢中书书》、吴均的《与宋元思书》等。

这些书信文体的美文，在文体上既带有写景抒情散文的特征，体现了文学审美的无功利性，同时也带有交际目的，体现了文学实用的功利性。我们在解读王维的《山中与裴秀才迪书》时，就应该兼顾到这两方面的特征。

二、心迹游踪："书"的实用性与无功利性

如果出于纯粹的邀请目的，王维只需要进行如此表述即可："近腊月下，景气和畅，故山殊可过。倘能从我游乎？无忽。因驮黄檗人往，不一，山中人王维白。"从邀请的发出者来说，这几句话已经足以表明此次来信的事由。但是否真正能够实现预先的目的呢？这样写，万一裴迪的回答是："迪方温经，欲求取功名，足下自行前往山中，勿念。"那么，交际的表面形式完成了，但实际的功能并没有发挥。聪明的王维采取了"以退为进"的策略，先亮明"足下方温经，猥不敢相烦"，让对方在心理上"疏于防范"，然后"诱敌深入"，陷入自己构思好的"思维框架"中。不过，此事还有另一种逻辑：王维最初并没有邀请的想法，但领略了山中美景之后，突然萌生了与朋友分享自然风光的想法，于是写下了这封书信。不论是何种逻辑，"书"的交际目的是很明显的。

作者开篇就说："足下方温经，猥不敢相烦。"短短两句话，就揭示了两种不同的人生理念。一种是温习经书，以求取功名；一种是恬淡闲适，与自然为友。这句话的悖论就在于，如果真的怕烦扰裴迪，就不应该写这样一封书信；写了这样一封信，"不敢相烦"也就成为一句空话了。当作者描绘了寒夜山景图之后，又说："此时独坐，僮仆静默，多思曩昔，携手赋诗，步仄径，临清流也。"在这样一个寒冷的冬夜，禁不住想起了过去美好的时光，携手赋诗，何等高雅；缓步于仄径，面临着清流，又是何等的惬意。此时，作者这封信的交际目的已经带有非常强烈的暗示性了，但并没有用明确的语言表露。而当作者的头脑中出现了春意盎然的山中美景时，再也抑制不住内心的情感，直接向裴迪发出了邀请："斯之不远，倘能从我游乎？非子天机清妙者，岂能以此不急之务相邀。""相邀"，才是写这封信的最根本的目的。

从"不敢相烦"到"独自相思"再到"直接相邀"，这就是作者内心微

妙的情感变化脉络。不敢相烦，是作者隐约体会到不同价值观的矛盾与冲突；独自相思，是面对美景无人相伴欣赏的落寞；直接相邀，则是抛弃尘俗、融入自然的强烈冲动。三个阶段，从忐忑到含蓄再到直接，也符合写信人实际的心理状态。更具有吊诡意义的是，作者写信是带有实用目的的，但写信的最终目的却是审美的无目的性，即邀请朋友欣赏山中美景。但这种无目的性中，其实隐含着作者更为隐蔽的目的性，即抛却尘俗，融入山林，与自然相伴，过一种诗意的闲适生活。这才是这封书信在交流与实用目的方面最值得注意之处。

三、景物描写：文学的无功利下的“实用目的”

如前所述，如果这是一封纯粹的实用书信，作者只需要简明扼要地将目的陈述清楚即可，就像刘勰所说的：“故书者，舒也。舒布其言，陈之简牍，取象于夬，贵在明决而已。”其中，“明决”就隐含着语言的简明的要求。但实际上，作者的心迹游踪只占据了文本的极小一部分，更大部分则是作者描写的景物。这些景物描写除了抒发自己内心高洁闲适的感情以外，有没有与书信文体相适应的实用目的呢？

为了行文的便捷，我们先来看看这两段景物描写的内容：

1. 夜登华子冈，辋水沦涟，与月上下。寒山远火，明灭林外。深巷寒犬，吠声如豹。村墟夜舂，复与疏钟相间。

2. 当待春中，草木蔓发，春山可望，轻鲦出水，白鸥矫翼，露湿青皋，麦陇朝雊……

仔细对比阅读，我们会发现两处景物描写有着很大的不同。首先，从叙述上看，第1处应该是实景，第2处则是虚景。前者是辋川寒夜图，后者是辋川春光图。实景，一方面是记述自己的所见所闻，另一方面也是为后文“多思曩昔”做情感上的铺垫。虚景，更能够唤起对方对山林的兴趣，因为更需要调动对方的想象力，从而将春景想象得越发美好。

其次，第1处的意象多为冷清类型，例如寒山、远火、寒犬、深巷、疏钟等，这些意象都能唤起人内心深处的孤独感，而对于王维这样的人来讲，这种冷清意象更能体现自己的内心钝朴与无欲无求。第2处多为盎然类型，例如草木、春山、轻鲦、白鸥、青皋、麦陇等，这些带有浓浓春意的意象，容易激发人融入自然、隐居山林的愿望。

再次，仔细对比我们会发现，第 1 处的景物描写，一般是两句话表达一个整体的意思，即逗号隔开的两句话，实际上主语一致，或者说前一句话是后一句话的主语。例如“辋水沦涟，与月上下”一句表达一个意思，主语是“辋水”，而“寒山远火，明灭林外”一句表达一个意思，主语是“远火”。第 2 处则是每四字的句子表达一个完整的意思，主语相当明显，不存在标点符号上的停顿。或者说，第 1 处的景物描写节奏缓慢，第 2 处的景物描写节奏急促。这种描写节奏的区别，其实也是有实用目的的。节奏缓慢，邀请的目的性比较含蓄；而节奏急促，则暗示了作者急切相邀的心情。在“文体阐释”的视野中，重新观照景物描写的细微区别，我们就能发现其隐含的实用目的性。更值得注意的是，冬夜图与春景图，在以往的教学中，是作为并列的两幅图进行欣赏的，这其实是对文本的人为割裂。只有将两幅图结合在一起进行对比解读，才能发现不一般的意义。

类似的场景在南朝丘迟的《与陈伯之书》中也有体现。天监四年(505)，梁武帝命临川王萧宏领兵北伐，陈伯之屯兵寿阳与梁军对抗，萧宏命记室即丘迟以个人名义写信劝降陈伯之。也就是说丘迟的《与陈伯之书》是有强烈的功利目的的，但作者在阐明利害关系之后，写下了一段经典美文：“暮春三月，江南草长，杂花生树，群莺乱飞。见故国之旗鼓，感平生于畴日，抚弦登陴，岂不怆悢！”这个简短的景物描写，就不纯粹是抒发个体内心之感情，而是用绚丽多姿的江南美景，来唤起陈伯之的故国之思。四句话，把江南暮春时节的绚丽景色写得繁华无限，生机盎然，令人移情。后来陈伯之果然拥兵重返故国，这封书信也起到了一定的效用。

总之，无功利无目的的审美景物，反而实现了最大的功利效果，这其实类似于康德所说的“无目的的合目的性”与“无功利的功利性”。康德认为：“鉴赏是凭借完全无利害观念的快感和不快感对某一对象或其表现方法的一种判断力。”[1] 在他看来，审美判断不涉及对象的目的，与“有用性”“完满性”无关，是无客观的目的的。同时，审美判断也不以主观的功利观念作为判定美的对象的根据，审美判断也是没有主观的目的的。但正是这种无功利的观念，反而实现了审美的最深层的功利性。

（本文发表于《七彩语文·中学语文论坛》2018 年第 1 期）

① 康德：《判断力批判》，邓晓芒译，北京：人民出版社，2002，第 45 页。

文体规范：坚守还是冲破？

——从《奥斯维辛没有什么新闻》的教学说开去

一、两种不同的教学取向

《奥斯维辛没有什么新闻》是一篇新闻作品，这一点毋庸置疑，最有力的证据就是它曾经获得过美国的新闻大奖——普利策奖。但与一般的新闻报道不同的是，这篇新闻不论从文体规范还是语言特点，抑或是思想内容上讲，都不同于普通的新闻作品。它更像是一篇有深度、有内涵的叙事性作品。因此，不论对于教学内容还是教学设计，都会出现两种完全不同的取向。

一种观点认为，教材是依据语文课程标准，通过选文的形式涵盖教学内容的文本。目前教材的单元安排，不论是人文主题的单元，还是体裁为主的单元，都会有通盘的考虑与设计。就拿人教版高中语文必修一来说，《奥斯维辛没有什么新闻》出自第四单元，即新闻和报告文学的单元。在“单元导语”里，教材编者如是说：“学习新闻作品，要注意新闻结构的多样性，分清新闻事实与新闻背景、客观叙述与主观评价，在此基础上，去粗取精，抓住有用信息。”也就是说，教材其实也暗示出，要按照新闻的文体特征，确定《奥斯维辛没有什么新闻》的教学内容。

"文体"，是作品的内容与形式相统一而形成的整体特征。著名文艺理论家南帆先生认为："每一文类都拥有其特殊标志，被赋予了某种足以使其相对独立的性质；这些试图指示出某一文类独一无二的身份，以便让它的家族成员共享一种相似性。"① 而"依据文本体式确定教学内容"，是王荣生教授提出来的观点，意思是说教师作为普通读者解读文本时，又或者在作为教师进行教学阅读时，都要根据文本的体式确定合宜的教学内容。王荣生教授说："依据体式来阅读，是阅读的通则；依据文本体式来解读课文、来把握一篇课文的教学内容，是阅读教学的基本规则。"② 一种观点认为，对于这篇课文的教学内容，除了要考虑到语文的课程标准、语文的学科性质、学生的实际情况等，最重要的标准就是文本的文体特征。福建师范大学赖瑞云教授认为："该篇（《奥斯维辛没有什么新闻》）与常见的新闻很不一样，但它本质上就是新闻"，"它有通常新闻的导语、主体、结语以及新闻背景等要素，不过出现了较大的变形，亦即它既遵循了又突破了新闻的形式规范，这也正是它成为名篇的艺术上的创新之处。"③ 在此思想的指导下，教师便引导学生去分析新闻标题的特点、新闻导语、新闻的结构与语言，甚至会花时间学习或复习关于新闻的文体知识。

与此相对应的是另一种截然相反的教学取向，即冲破文体特征的限制，将《奥斯维辛没有什么新闻》作为普通叙事作品来教。在《文本解读要有正确的"文本体式观"》一文中，南开大学徐江教授认为："'文本体式'依据说是不能成为确定教学内容的'依据'。理由有两点：一是做不到，二是没必要。"④ 首先，按照这些"文本体式"去确定教学内容，这是不可能做到的。因为真正从这些特定体式的要求去研读文本，我们从事基础教育的教师没有能力精通这许多文本体式的具体要求，包括它们之间的差别。这不是从字典的词条中认识相关的概念便能解决问题的。其次，"文本体式"之所以不能作为确定教学内容的依据，另一个重要原因还在于基础教育中的语文教学没有必要依照这样的"文本体式"对文本进行研究。换句话说，基础教育中的语文教学关于文本体式的划分和研究应该宜粗不宜细。因为这是基础

① 南帆：《文学理论新读本》，杭州：浙江文艺出版社，2002，第 55 页。

② 王荣生：《阅读教学设计的要诀——王荣生给语文教师的建议》，北京：中国轻工业出版社，2015，第 108 页。

③ 赖瑞云：《文本解读与语文教学新论》，北京：北京师范大学出版社，2013，第 316 页。

④ 徐江：《文本解读要有正确的"文本体式观"》，《语文教学通讯》2011 年第 6 期。

教育，不是专门的研究。虽然徐教授阐述的是《幽径悲剧》的教学，但其观点也可以用于《奥斯维辛没有什么新闻》的文体分析。在这种观点指导下的教学，便有意地淡化甚至忽视文本的新闻特征，按照常规引导学生进行整体感知、感悟人文主旨、品味深刻句子、分析文章结构以及拓展练习等。

二、两种取向的利弊分析

对于坚守文体规范的教学取向而言，它能够依据课程标准以及教材编写的内在逻辑展开教学，能够依据文体特征设计合理的教学内容与教学流程。但在教学上存在着几个不容忽视的问题。

首先，教学内容是不是一定围绕“文体知识”展开？关于新闻的文体知识，不能成为本节课的教学重点，甚至不是新闻教学的重点。文体知识是外在于具体文本的一般通则，其存在的主要目的是帮助读者更好地理解某一具体类别的文本。对于这篇新闻来说，新闻标题的特点自然是教学关注的重点，但如果引导学生去指认哪个段落是导语，哪个段落是背景材料，甚至请学生分析作品是如何体现“5W”的要素以及倒金字塔的结构，那就会弱化文本的教学价值。

其次，导语作为新闻报道中最突出的内容，在本文中体现得不是很明显。导语一般情况下是新闻开头的第一段或第一句话，它扼要地揭示新闻的核心内容。赖瑞云教授查阅了刊物与网上的五六十份教案、教学设计、教学实录发现，绝大多数文章根本不讨论新闻的要素。少数几份提及了新闻的要素，没有一份指出第6段的作用，少数几份指出前几段是导语，但没有分析导语的反常化表述，以及导语是如何与主体相照应的，有的误将第3段也当成导语了。经过复杂的分析，赖教授将本文的第6段作为了新闻的导语。但问题是：如果一篇新闻的导语需要经过如此周密的分析才能找到的话，那导语岂不失去了其原本的功能？

再次，一般来说，新闻的语言特征应该是准确、具体、简练，但在这篇文章里，作者不仅使用了大量的“意象语言”，而且还采用某些语言变形的技巧。例如“在德国人撤退时炸毁的布热金卡毒气室和焚尸炉废墟上，雏菊花在怒放”一句中的“雏菊花”的意象，还有“在布热金卡，本来不该有阳光照耀，不该有光亮，不该有碧绿的草地，不该有孩子们的嬉笑。布热金卡应当是个永远没有阳光、百花永远凋谢的地方，因为这里曾经是人间地狱”等句子中用到的“诡语技术”。这些文学化表述很强的句子，如何与新闻独特的文体规范相融合，这是需要思考的问题。

反之，完全抛开新闻的文体规范，将其作为普通的叙事作品来教（孙绍振教授的《孙绍振解读经典散文》一书，就将本文视为“外国散文”），同样会面临很多问题。部分教师在教学时，通常的教学流程是：“一、导入新课。（播放一小段来自电影《辛德勒的名单》中关于纳粹焚尸的剪辑，为学生理解作者沉浸在文字中的悲痛与沉重营造情境）二、整体感知。在沉静、严肃的气氛中，让学生带有沉重的感情朗读课文，整体感知课文内容。三、精读品析。细读课文，品析细节，把握本文的精神核心。四、感悟提升。让学生再速读课文，理解‘奥斯维辛没有什么新闻’的深刻内涵。”这种教学能够注意到“这一篇”新闻的特殊之处，能够关注到语言与其他细节描写，也能够体悟到文本的深刻内涵。但其问题在于：

首先，这种教学违背了作者的创作意图。《奥斯维辛没有什么新闻》是作者，也是记者罗森塔尔 1958 年参观奥斯维辛博物馆之后写的一篇短新闻，发表在当年 8 月 31 日的《纽约时报》上，后获得当年的普利策新闻奖。也就是说，作者不是将这篇文章作为随笔式的散文或者记叙性作品来写的，而是当作新闻来写的。完全抛开新闻的文体特征，与作者的写作意图是相悖的。

其次，这种教学忽视了作品的独特性。导入新课、整体感知、精读品析、感悟提升等教学环节，适用于任何文体，这样的教学设计抹杀了文体之间的差异性，将所有的作品统一化，学生最终获得的不是具体的语文知识与能力，而是笼统的概念，这不利于语文教学效率的提高。

再次，这种教学降低了作品的教学价值。作为一篇首次集中报道包括自身在内的参观者的感受、反应，尤其是记者本人的强烈情感的新闻，其思想意义、社会意义都是非同寻常的，忽视了这一点，仅仅当其作为“普通文章”来阅读，作品的“新闻价值”便会受到折损，而其教学价值也会降低。

三、基于“坚守”与“冲破”的重构

按照上文的分析，不论是坚守文体规范还是冲破文体规范，都是一种绝对化的取向，都无法从学理上理顺作品的教学内容与思路。想要获取合理的教学理路，还需要回到文本本身。

《奥斯维辛没有什么新闻》是一篇新闻报道，这是其最原始的文体特征，不论是作者的身份，还是发表的媒体，还是获奖的类别，都说明了这篇文章是新闻作品。作品本身有新闻的格式与规范，有标题与主体，也有相关的背景材料，发表之后也曾引发重大的社会影响。这种基本的规范是需要坚守的，但不应该纠缠于具体的新闻文体知识，更不应该纠结于这篇新闻究竟有没有导语，或哪个段落是导语。

但这又不是一篇常规的新闻报道，不论是内容还是写作姿态，它都有一些创新之处。正如普利策奖颁奖词所说："《奥斯维辛没有什么新闻》突破新闻'零度写作'原则，着眼细节，以冷峻的视角，深沉地描述了今天的奥斯维辛集中营纪念馆。在恐怖与快乐、战争与和平、历史与现实的反差中，它召唤起人们关于灾难的记忆、关于生命的思考、关于人性的自省。"然后据此确定文章的教学内容，依然有空疏之处。作为教师，需要挖掘的恰恰是"这一篇"新闻的特殊之处，这也是"冲破"的价值所在。

或者说，我们应该坚守的，是这篇文章作为新闻作品的普遍特征；而冲破的，是这篇文章的特殊之处，或者说是探究文章获得普利策奖的深层原因。据此，我们可以对《奥斯维辛没有什么新闻》的教学内容进行重构。

第一，这篇新闻的标题与众不同。一般的新闻标题，与新闻内容密切相关。有的新闻只需要浏览标题便可把握大致内容。但本文的标题"奥斯维辛没有什么新闻"，无法揭示作品的内容。但读完整篇文章之后，再来回味这个标题，实在是韵味无穷。首先，作者明确告诉世人，奥斯维辛这个地方最近没有什么大事发生，没有什么可报道的。其次，作者明确告诉世人，这里曾经发生过骇人听闻的大屠杀，但是这是全世界人民都知道的，算不上什么新闻。再次，作者想说，这里曾经发生过灾难，现在一切都过去了，这里的人们并没有沉浸在痛苦或回忆之中，而是充满希望、满怀乐观与憧憬地开始了新生活。不是他们愿意忘记，而是他们不愿意再提起。最后，西方有一句名言叫"没有消息就是好消息"，这个标题也符合了西方人的心理习惯与思维习惯。对于一个曾经发生过骇人听闻的悲惨事件的地方来说，人们或许最想听到的消息就是这个地方再也没有重大事件发生了，人们自然也都希望这个地方的人生活在和平与幸福之中。如果一旦有新闻，人们的内心一定会揪紧，想这个地方是不是又发生类似的事件了。而这个标题，则暗示着奥斯维辛这个地方现在恢复了平静，人们的生活也恢复了平和。

第二，这篇新闻的阅读方式与众不同。阅读一般的新闻，获取文字表达的主要信息是目的所在，这就需要检视性阅读。但从教学上讲，这一点是不需要教的。特别是对于《奥斯维辛没有什么新闻》而言，本身也没有提供更有价值的信息，也无法知道学生通过阅读获取信息。对于这篇新闻的教学而言，我们不仅需要运用批判性思维去分析判断新闻报道背后的事实，更要对"没有什么新闻"这个事实进行独特的判断。也就是说，检视性阅读方式是不合适的，我们需要的是反思性阅读、批判性阅读。例如新闻开头的第一句话："从某种意义上说，在布热金卡，最可怕的事情是这里居然阳光明媚温暖，一行行白杨树婆娑起舞，在大门附近的草地上，还有儿童在追逐游戏。"阅读的重点很明显应该是：作者对平常的甚至是"正常"景物的描写中究竟隐含着何种深意？为什么说这些阳光明媚、生命旺盛、儿童嬉戏的画面是"最可怕"的？这就需要结合全文，联系作者的情感进行具体分析。

第三，这篇新闻的情感与众不同。一般来说，新闻要求"客观写作"，用法国结构主义大师罗兰·巴特的话说就是"零度写作"，也叫"冰点写作"，即指作者在文章中不掺杂任何个人的想法，完全是客观地陈述。一般的新闻报道中，我们可以感知事件的发生过程，"记者"一词在新闻中类似摄影机，带领我们走进那个真实的新闻场景。对于这篇文章来说，我们可以感知作者其实就是这些参观者中的一员，他也类似于摄影机，带着我们走进了奥斯维辛集中营的内部，带领我们参观了毒气室、焚尸炉、纪念墙等地方，但是我们在阅读的过程中明显感觉到，作者一直在压抑自己的感情，没有使之如火山爆发般喷发出来。但越是这样，说明内心的情感越想喷涌而出。因此，作者的感情不是"冰点"和"零度"，而是充满着对纳粹的无比愤怒，对被害人们的人道主义同情，充满着悲天悯人的情怀。

第四，这篇新闻的语言与众不同。如前文所述，作者在文中用到了很多文学化表述的句子，在一般的新闻报道中，这些表述有些赘余。但在这样一篇记述自己参观奥斯维辛集中营的特殊的报道里，情感的存在方式与新闻的报道形式，决定了语言的特殊性。例如在写到纪念墙时，作者仅仅说"他们都死了"，这既是一种客观的叙述，同时也满怀着遗恨、悲愤和同情。作者没有用列数字之类的手法，而是用了具体的、鲜活的片段来表现。在参观完之后，"参观者们用恳求的目光彼此看了一眼，然后对解说员说：'够了。'"一句简单的"够了"，读者可以体会出参观者们内心涌动着的但是又压抑着的感情，"够了"既是说纳粹已经罪行累累，罪恶到无以复加了，更是说奥斯维辛承受了太多太沉重的痛苦与苦难。

总之，重构是吸取了"坚守观"与"冲破观"的合理成分，抓住了新闻的一般特征与特殊之处两个维度，对教学内容进行的重新审视。重构的焦点实际上是如何理性地对待文体规范的问题。当然，重构的视角应该是多元化的，除标题、阅读方式、情感、语言之外，还应该有其他的角度。

（本文发表于《中学语文教学参考·上旬》2019 年第 1－2 期）

熔小说、诗歌、散文于一炉
——吴伯箫《灯笼》读解

《灯笼》出自吴伯箫的散文集《羽书》，创作于20世纪30年代中期。在《无花果——我与散文》一文中，作者曾提到1935年在青岛时，“曾妄想创一种文体：小说的生活题材，诗的语言感情，散文的篇幅结构。内容是主要的，故事，人物，山水原野以至鸟兽虫鱼：感情粗犷、豪放也好，婉约、冲淡也好，总要有回甘余韵。体裁归散文，但希望不是散文诗。”① 《灯笼》就是这种“新文体”的最佳代表。

一、“小说的生活题材”

“灯笼”在文中无疑是一个线索，将作者过去的记忆与现在的壮志有机联系起来。但是从题材上看，文中的部分内容带有小说的特点。作者主要是从“选材”的角度来谈“新文体”的主要特征，所谓“故事，人物，山水原野以至鸟兽虫鱼”，不过“人物，山水原野以至鸟兽虫鱼”并非小说独有的题材。因此，考察本文的“小说特征”，还需要扩大视野，从“故事”本身的层面分析。

首先，《灯笼》一文中有很多“事迹”，但并没有一个情节连贯的“故事”，而选取生活的横断面，全方位地展现“我”与“灯笼”数十年的联

① 翟广顺：《吴伯箫的青岛岁月——纪念吴伯箫逝世30周年》，《青岛职业技术学院学报》2012年第10期，第83页。

系，这是本文在选材方面的突出特点。写没有月亮的夜晚，“我”和长工李五打着灯笼接祖父，祖父因何事到城里与人斡旋，祖父回家路上心情如何等，都略去不提，只重点描述“灯笼”在此事中的作用；写母亲挑了灯笼送“我”去上灯学，也是省略了故事的主体，只留下与“灯笼”有关的片段。至于“于太平丰年在几处山城小县凑热闹”以及族姊远嫁的片段，更是寥寥数笔展现了几个生活的“横断面”。

其次，这篇散文的题材既有历史性，也有现实性，特别善于选取古代文化中的意象，使得本文带有一种“古典传奇”的风格。“我”和长工李五打着灯笼接祖父回家，祖父“一路数着牵牛织女星谈些进京赶考的掌故——雪夜驰马，荒郊店宿”，这虽是祖父的亲身经历，但经其叙述，便带有一种传奇的意味；“金吾不禁的那元宵节张灯结彩”“用朱红在纱灯上描宋体字”，更是古装剧里特有的片段，至于文末的宫灯、汉献帝、塞外点兵、吹角连营的典故，更是让本文带有一种古典小说特有的韵味。

再次，《灯笼》被收入统编教材八年级下册第一单元，“单元导语”明确提出：“民俗是民间流行的习俗、风尚，是由民众创造并世代传承的民间文化。”本单元的几篇文章展现了不同的地域文化。“灯笼”也是某种民俗文化的载体，例如村边社戏、乡俗还愿在村头高挑一挂红灯、元宵节跑龙灯、纯德堂的家用灯笼等，这些题材自然也带有乡土小说的某些特征。展现“古代中国”在当代社会的境遇，是20世纪二三十年代许多作家在题材方面的共同选择，这篇散文也是通过“灯笼”来打通“过去的乡土”与“现在的时代”。

二、“诗的语言和感情”

作者想要创作的“新文体”也带有诗歌的特征，主要表现在语言和感情两个层面。特别是情感方面，要求“总要有回甘余韵”，其实这个要求已经超越了情感，上升到意境的层面了。分析本文的“诗歌特征”，应从语言、情感、意境三个角度进行。

首先是含蓄蕴藉的语言。韦佩（王统照）在1982年花城出版社出版的《羽书·序》中说：“伯箫好用思，好锻炼文字。”① 这也说明吴伯箫在写散文时十分注重语言的锤炼。读《灯笼》，虽有不少拗口之处，但读顺之后别有一番味道。这主要体现在以下几个方面。

---

① 韦佩：《羽书·序》，见吴伯箫：《羽书》，广州：花城出版社，1982，第3页。

一是化用古典诗文。将古典诗文语汇化入到散文中，自然使得散文具有了古典诗词的韵味。“金吾不禁的那元宵节张灯结彩”中的“金吾不禁”不仅让人想起苏味道《正月十五夜》中“火树银花合”的繁盛场面，同时也想起“金吾不禁夜，玉漏莫相催”的诗句；“西宫南内有人趁了灯光调绿嘴鹦鹉”则让人想起白居易《长恨歌》中的“西宫南内多秋草，落叶满阶红不扫”；“最壮的是塞外点兵，吹角连营”自然与辛弃疾的“醉里挑灯看剑，梦回吹角连营”和“沙场秋点兵”的场景相似；“每每令人忘路之远近”“胡人不敢南下牧马”和“萧萧班马鸣”分别用了陶渊明的《桃花源记》、贾谊的《过秦论》和李白的《送友人》的句子。

二是使用了文白相间的语汇。这一点是出身于传统教育又经历了“白话文运动”洗礼的一代作家的共同特点，在《灯笼》中表现得也十分明显。散文的第一句“虽不像扑灯蛾，爱光明而至焚身”，就使用了文言虚词，使得整个句子精练而有韵味。另外，还有“松柏枝叶的点缀，用意却不甚了然”中的“不甚了然”，“遍悬珠玉金银而风至锵然的那种盛事太古远了，恨无缘观赏”中的“恨无缘观赏”等。当然，使用文言词汇或许只是作者的无意识行为，但在客观上增加了散文的诗意。

三是使用了特殊的句式与修辞手法。作者由灯笼想到三家村的生活时说：“村边社戏台下想起闹嚷嚷的观众，花生篮，冰糖葫芦；台上的小丑，花脸，《司马懿探山》。”这句话中的“台上的小丑，花脸，《司马懿探山》”是前一句“想起”的宾语，但三个名词意象叠加在一起，与古典诗词中的“列锦”的手法相似，例如“枯藤老树昏鸦，小桥流水人家”“鸡声茅店月，人迹板桥霜”等。“灯笼的缘结得太多了，记忆的网里挤着的就都是”，本句话中“灯笼的缘”是本体，省略了喻体，即“挤着”的对象，这也给读者创造了自由的解读空间。而“挤着”一词，有运用了拟人的手法，同时又把“记忆”比作“网”，这句话的精彩之处，可见一斑。再比如说“心还像素丝样纯洁”，喻体“素丝”本身就是古典诗词中常见的意象，例如元代无名氏《九张机》中的“素丝染就已堪悲”，李贺的“惊霜落素丝”等。还有“梦都随了蜡火开花”，梦本身不会“开花”，此处是把梦中欢乐的场景比作“蜡火开花”，化抽象为具体，令人回味无穷。

其次是回甘余韵的感情。在这篇散文中，作者直抒胸臆的内容不多，更多是通过事件的概述、场景的描绘、意象的选用等间接地表露内心世界。这一点类似于中国古典诗词的“言有尽而意无穷”的诗歌意蕴。例如“我”与李五接祖父回家，院子里还亮着灯笼，作者写道：“那种熙熙然庭院的静穆，是一辈子思慕着的。”“熙熙然”本是热闹快乐的样子，这与祖父的

“乡绅”身份相照应，但作者思慕的，并非白天的热闹，而是晚上灯笼下的那种独有的静穆。这种静穆本身就带有一种细微悠长的韵味。再比如写回忆母亲的片段，作者说：“虽然人已经是站在青春尾梢上的人，母亲的头发也全白了。”按照句意，“已经站在青春尾梢”和“头发全白”之间并不构成转折关系，作者实际上想表达的是，母亲虽然只是站在青春尾梢，但头发已全白了。按照常理，应该接着抒发对母亲的爱，以及对岁月流逝的感伤，作者却戛然而止。意欲抒发的感情，都需要读者透过文字去把握。再比如写到族姊的家庭状况时说：“进士第的官衔灯该还有吧，垂珠联珑的朱门却早已褪色了。”分明带有古代咏史诗那种昔盛今衰的感慨，就像“旧时王谢堂前燕，飞入寻常百姓家”一样。

最后是意境，作者善于创造古典诗词的意境，使得散文弥漫着古典余韵与幽香。散文倒数第三段，作者谈到了“宫灯”，这并非作者经见的灯笼，而是存在于历史回忆与想象中的古典意象。为营造古典意境，作者写道：“假定是暖融融的春宵，西宫南内有人在趁了灯光调绿嘴鹦鹉，也有人在秋千索下缓步寻一脉幽悄，意味应是深长的。”这很明显是古代宫怨诗的意境，所谓“含情欲说宫中事，鹦鹉前头不敢言”，所谓“寂寞空庭春欲晚，梨花满地不开门”，所谓“行到中庭数花朵，蜻蜓飞上玉搔头”等，这些意境与“秋千索下缓步寻一脉幽悄”是很相似的，有凄清幽寂的孤独，也有百无聊赖的闲散，也有一种自得其乐的静谧享受。至于作者写汉献帝的片段，与灯笼更没有直接的联系，一切都是作者的想象，而从“蜡泪就怕数不着长了”又可联想到“蜡烛有心还惜别，替人垂泪到天明”的离别伤感的意境。

三、“散文的篇幅结构”

这篇散文虽说在题材上带有小说的特点，在语言、情感、意境上有古典诗词的意味，但它毕竟不是小说和诗词，而是现代散文。这一点也突出体现在作者说的“散文的篇幅结构”上。对此，也应该从以下两个方面进行分析。

首先是散文的线索与意脉。“灯笼”无疑是散文的明线，它串联起了作者的记忆片段，并且将过去的灯笼与现在的灯笼、历史的灯笼与文化的灯笼紧密结合在一起。过去的灯笼，展现的是对故乡与亲人的思念，不论是三家村的戏台，还是接祖父回家，还是母亲挑灯送“我”上灯学，都是作者的亲身经历。而从乡俗还愿时村头高挑的一挂红灯，联想起唐明皇在东宫的灯楼，但最终又落脚于真实的回忆，即在山城小县过元宵节的片段。接着作者又从现实出发，想起族姊远嫁时的辉煌景象，从“辉煌景象”这个点又联想起用朱红在纱灯上描宋体字，从宋体字“尚书府”或“某某县正堂”，又联想起皇宫的“宫灯”，至此，作者的思路从“古今结合”变为“思古幽情”。散文倒数第二段从“宫灯”过渡到“塞外点兵”，其桥梁是汉献帝以及戏曲《逍遥津》的内容。汉献帝忌惮曹操权势过重，派内侍穆顺给皇后的父亲伏完送去血诏，嘱约孙权、刘备为外应以锄曹，不料却被曹操侦破，于是杀死了皇后、伏完以及穆顺全家。“锄奸”的情节自然过渡到战场杀敌，最终落脚点还是当下的时代。

也就是说，与灯笼的片段，不论是过去的、现实的，还是历史的，看似杂乱无章，实则意脉清晰。即从“过去的真实经历”到“历史文化与过去经历相结合”再到“纯历史想象”，最后回到“现实境况”。

其次是卒章显志的散文结构。所谓“卒章显志”正是散文意脉中的最后一点即回到现实境况，此处的“志”就是作者隐含情感的表露。从汉献帝锄奸未遂，到古代将军抗击匈奴、讨伐叛军，作者也禁不住联想起当前外敌入侵的现实，于是发出了“我愿就是那灯笼下的马前卒”的誓愿。于是，这又涉及对最后一段的理解：

> 唉，壮，于今灯笼又不够了。应该数火把，数探海灯，数燎原的一把烈火！

“壮”照应的是倒数第二段“最壮的是塞外点兵”，“于今灯笼又不够了”，意思是说，从当前的现实情况看，灯笼已不能承载战场杀敌的悲壮激越了，而是要通过火把、探海灯、燎原的一把烈火来体现“壮之情”了。此处的“数”，并非动词“数数”，而是介词“用”，用火把、探海灯、燎原的一把烈火来表达保家卫国、战场杀敌的壮志。“火把”，在茫茫夜色中只能照亮一小段路，“探海灯”在无涯的大海上，也只是一种微弱的亮光，但要相信“星星之火，可以燎原”，无数火把“壮大”，便可成为一把烈火；无数探照灯引路，也可开辟新的局面。于是，从前文的“古典诗意”，经由汉献帝的“锄奸经历”，一直过渡到了当前的中国现实，此即“卒章显志”。

不过这种“志”，作者并未明确提出，而是通过另一种形式的“灯笼”，即火把、探海灯和燎原的一把烈火间接体现出来了。这也照应了前文提到的“含蓄蕴藉的语言”以及“回甘余韵的情感”。

（本文发表于《教学月刊·中学语文》2019 年第 1－2 期）

文学理论与文本解读

“具体化”理论视角下的初中文言文解读路径探究

“具体化”是波兰文艺理论家罗曼·英加登在《文学的艺术作品》和《对文学的艺术作品的认识》等著作中提出来的概念。在他看来，文学作品不仅是作者意识的创造结果，同时也有一种物理性质的实体基础，是一个复合的、多层次的客体。具体说来，文学的艺术作品有四个层次：语词声音层次，或者语音层次；意群层次或语义层次；由事态、句子的意向性关联物投射的客体层次，以及这些客体借以呈现于作品中的图式化外观层次。艺术作品本身并不是审美对象，只是一种“意向性客体”，在不同层次之间充满了各种“不定点”和“空白”。读者对这些“不定点”和“空白”进行“填空”的过程，就是“具体化”。具体化是一种积极的阅读姿态和方式，消极的被动的阅读只能获得图式化的方面，“只有当读者积极地调动自己的想象以填补作品中的不定点和空白，才能使作品不完备的意向性关联物变成活生生的审美对象。”[①] 初中语文统编教材的不少文言文本，都是文质兼美的文学性作品。对这些作品的解读，不仅应该有以文言知识为主的“言语视野”，也要有以意蕴主旨为主的“文学视野”。这就需要师生在阅读过程中，能够透过文言词句的表层，把握整个文本的主旨以及艺术特色，能够发挥想象力，并且运用推理工具，把凝练的文字还原为丰富的意蕴，该过程如同将茗

① 朱立元：《当代西方文艺理论（第三版)》，上海：华东师范大学出版社，2014，第102页。

茶用水泡开，这样才能嗅到茶叶的缕缕清香。

一、互文性阅读与文本细节的“具体化”

英加登在《对文学的艺术作品的认识》一书中曾说：“文学作品描绘的每一个对象、人物、事件等等，都包含着许多不定点，特别是对人和事物的遭遇的描绘。一般说来作品中描绘的人生的生活都要持续一段完整的时间，但它没有明确地表示出来，所以这些人物变化的特征就是不确定的。”① 其实，不仅是文学作品，例如历史作品等其他作品也包含着很多“不定点”。因此，对于教材中的历史作品，也应该有“互文性阅读”的眼光。统编教材构建的“1+X”群文阅读模式，也是依据互文性阅读的原理。有论者指出：“互文关系机理可以划分为两个维度：一是历时的维度，文本与此前文本的互文融合，以及与此后文本的交汇重生；二是共时的维度，文本与当下的历史文化文本的相互参照。”② 也就是说，某一文本中的“不定点”可能在“后文本”或当下的历史化文本中得到了“填空”。

统编教材七年级下册的《孙权劝学》一文选自北宋的《资治通鉴》，但所记述的史实发生在三国时期，于是《资治通鉴》与《三国志》的关于该史实的片段就构成了一种“互文性关系”，《孙权劝学》中的某些“不定点”在《三国志》中就会有照应的片段。教师就有必要将《三国志》中的相关文字，作为“资源支架”提供给学生，以便于理解《孙权劝学》中的“不定点”，从而使《孙权劝学》的内容与意蕴更为丰富。

例如《孙权劝学》中说：“及鲁肃过寻阳，与蒙论议。”这句话极其简略。鲁肃因何而过寻阳，是路过此地还是专门拜访吕蒙？鲁肃与吕蒙究竟谈论哪些内容？这些在《资治通鉴》中都没有详细叙述。这就是文本的“不定点”，要对这些点进行“具体化”，那就要与《三国志》参照阅读。《三国志·吕蒙传》记载：

> 鲁肃代周瑜，当之陆口，过蒙屯下。肃意尚轻蒙，或说肃曰：“吕将军功名日显，不可以故意待也，君宜顾之。”遂往诣蒙。酒酣，蒙问肃曰：“君

---

① 罗曼·英加登：《对文学的艺术作品的认识》，陈燕谷、晓未译，北京：中国文联出版公司，1988，第50页。

② 梅培军、黄伟：《互文性阅读的教学形态及其教学价值》，《课程·教材·教法》2018年第11期，第99页。

受重任，与关羽为邻，将何计略以备不虞？”肃造次应曰：“临时施宜。”蒙曰：“今东西虽为一家，而关羽实熊虎也，计安可不豫定？”因为肃画五策。肃于是越席就之，拊其背曰：“吕子明，吾不知卿才略所及乃至于此也。”遂拜蒙母，结友而别。[①]

从这段话，我们可以获取如下信息：一是《孙权劝学》中说“及鲁肃过寻阳”，课后注释“过”为“经过”，意思是说鲁肃经过寻阳时，曾经和吕蒙有一段交谈。而《吕蒙传》说是“遂往诣蒙”，即专门前往拜访吕蒙。前往哪里呢？自然是寻阳。因为当时吕蒙“拜偏将军，领寻阳令”，即兼任寻阳县令。当时鲁肃已经替代周瑜掌兵，为何要专门拜访吕蒙呢？《吕蒙传》又记载了鲁肃轻视吕蒙这件事。正因为鲁肃曾经轻视过吕蒙，因此“与蒙论议”之后才会有“士别三日，即更刮目相待”的惊叹之语。如果没有此前的铺垫，那么“刮目相待”中隐含的对比意味就没有着落了，也不会有“吾不知卿才略所及乃至于此也”的感叹了。二是《吕蒙传》详细记载了二人谈话的过程。二人先是喝酒，酒酣之际，是吕蒙挑起了话头，话语中含有规劝鲁肃之意，这并非吕蒙好胜，故意卖弄学问，而是他目光长远，深谋远虑。面对吕蒙的提问，鲁肃的表现是“造次”回应，一个“造次”照应了前文“肃意尚轻蒙”，即鲁肃内心轻视吕蒙，所以才会“随便回答”。吕蒙不知道有没有意识到鲁肃的态度，他继续强调荆州地位的重要性以及对手的过人之处，并且“为肃画五策”，即鲁肃计划了五条对策。这进一步说明吕蒙胸有全局。至于究竟是哪五策？这又是文本新的“不定点”，还需要用史实佐证。三是补充说明了“蒙乃始就学”中“学”的具体内容。吕蒙在孙权的“但当涉猎，见往事耳”的指导下，所读所思自然是史书、兵书。确切地说，孙权希望吕蒙阅读的是史书、兵书中的治国用兵之道。这一点在裴松之引西晋人虞溥所著的《江表传》中的一段文字得到了证明：“卿言多务孰若孤，孤少时历诗、书、礼记、左传、国语，惟不读易。至统事以来，省三史、诸家兵书，自以为大有所益。如卿二人，意性朗悟，学必得之，宁当不为乎？宜急读孙子、六韬、左传、国语及三史。”[②] 吕蒙不仅能够在孙权的指引下进行有目的的阅读，同时还能够结合当时的国家形势提出自己的战略性思考意见。

---

① 许嘉璐：《二十四史全译·三国志（第二册）》，上海：汉语大词典出版社，2004，第828页。

② 陈寿：《三国志》，裴松之注，北京：中华书局，1982，第1 274页。

这三条内容，正是对《孙权劝学》中“不定点”的补充。这其实说明，对史实类文言文本，要利用“互文性解读”的原理进行多文本参照阅读。像教材中的《周亚夫军细柳》《唐雎不辱使命》等文本，也可以参照其他历史文本，对教材文本中的“不定点”进行“具体化”。

二、还原式解读与人物形象的“具体化”

孙绍振教授说：“我们的‘还原’，则是为了揭示原生状况与艺术形象之间的差异和矛盾，以便进入分析程序。从文学文本解读学来说，意象、意脉和意境，都是在感情的冲击下对事物的感受，‘形质俱变’是相当普遍的规律。”[①] 对于艺术形象的分析，需要还原到形象的原生情境与状况中进行把握。这种“还原”实质上也是对艺术形象进行“具体化”，从而让真实丰满的艺术形象“浮出水面”。

蒲松龄的文言短篇小说《狼》中的屠户形象，将其神化为智慧与勇气的象征，固然不妥，但只关注到屠户身上的“凡人特征”，自然也有偏差。对该人物形象的把握，就需要进行还原式解读，对文本中的短语与词句进行“具体化”，从间接凝练的句子中读出更为丰富的意蕴来。例如教师请学生概括第二段的内容，学生的答案是“惧狼”，直接来源于“屠惧，投以骨”这句话。但是“屠惧”是一个很抽象的概括，屠户“惧”的具体表现是什么？有没有经过一个转变的过程？“惧”和“窘”之间究竟有哪些具体的过程？原文中并没有用直接揭示屠户心理变化的句子，我们就应该对文本的动词进行解读，通过想象补充相关内容。首先，“屠惧”既是“途中两狼，缀行甚远”的结果，又是“投以骨”的原因。“投以骨”包含的信息较少，似乎就是一个动作。其实，这个短语也存在着很多“不定点”：屠户是如何投的？是恐惧之下乱投一气，抑或是一根一根地投？通过“复投之”，可以推测屠户既不是乱投一气，也不是将全部骨头投出去，而是先投了一根，其目的就在于挑起两狼的内斗。这说明屠户虽然恐惧，但头脑冷静。当这一计策失效之后，屠户的恐惧程度自然比之前加深了。此时的他，之所以没有使用刀，而是希望能够用并不贵重的骨头来换取自身的平安，这其实也是其智慧的体现。因为使用刀，就意味着是一场你死我活的斗争，屠户并没有绝对胜利的

① 孙绍振、孙彦君：《文学文本解读学》，北京：北京大学出版社，2015，第361页。

把握。只有在“顾野有麦场”的时候，他才“奔倚其下，驰担持刀”，动作有条不紊。如果是“驰担持刀，奔倚其下”，那只能说明屠户方寸大乱以至于捉襟见肘了。当他发现前狼“目似瞑，意暇甚”时，他的动作是“以刀劈狼首，又数刀毙之”，先给狼以致命一击，然后再数刀砍死，而不是乱劈一通。这些细节，都意味着屠户虽然处于“恐惧”“窘”的状态中，但依然能够凭借勇气与智慧战胜敌人。有论者认为：“蒲松龄将文言的简约美发挥到极致，在文中留白，发挥志怪小说轻巧的特点，在极端情境中描写恐惧感，并使之贯穿始终，不仅表现在字面上，还有意无意地掩藏在文字的缝隙里。”① 论者抓住了文本“留白”的特点，并对其进行“填空”，眼光独到。认为“在极端情境中描写恐惧感，并使之贯穿始终”这一判断虽然准确，但不全面，因为忽视了屠户身上的清醒、理智与勇气。

笔者认为，屠户既带有常人的性格心理特征，同时又有超出常人的智慧与勇气。这样的“圆形人物”的性格品质是在对文本“不定点”进行“具体化”的过程中解读出来的，也是在对故事情境的还原过程中体现出来的。像教材中的《卖油翁》《河中石兽》等作品中的人物形象，也可以通过还原的方法进行重新解读。

三、思辨性阅读与文本意蕴的“具体化”

对于教材中带有文学性、审美性的文言散文的解读而言，不仅要用还原的方法，将艺术形象还原到真实的故事情境中，更要关注文学“高于”生活之处，这就需要对艺术作品进行思辨性阅读，在“具体化”的基础上进行“再具体化”，遵循“艺术的辩证法”，挖掘文学类文本更为丰富的意蕴与内涵。

“真实”与“虚构”的辩证法在《桃花源记》中体现得最为明显，具体说来就是“实则虚之，虚则实之”。首先，既然作者是在虚构一个世外桃源，为什么开头写“晋太元中，武陵人捕鱼为业”这样的真实年份与地点？“晋太元中”，这是故事的时间节点，太元，指的是376—396年，是东晋皇帝晋孝武帝司马曜的第二个年号，共计21年。而陶渊明则是生于公元365年，卒于公元427年，也就是说，这个年代恰恰是陶渊明生活的时代。武陵，指

① 向浩、童庆杰：《恐惧，无处不在——换个角度读〈狼〉》，《中学语文教学》2019年第5期，第59页。

的是湖南常德一带，这是故事的空间节点。而所谓的“桃花源”并不是一个真实的存在，它只是桃花岸下溪水的源头，这或许是武陵渔人取的名字，或许只是作者的虚构性称呼。这个地方之所以被称为“桃花源”，是因为路上有桃花，而且非常漂亮。也就是说，在文本的第一段，作者在极力营造一个真实的所在：时间是真实的，地点是真实的，人是真实的，景物也是真实的。这也正是一种“虚则实之”的手法，这些内容越是真实，越是能与后文的虚构建立一种“张力”。这一点也是古典诗文的常用手法，就像“此时无声胜有声”“执手相看泪眼，竟无语凝噎”，起关键作用的就是作者的情感逻辑。

其次，文中的“男女衣着，悉如外人”究竟应该如何理解？“男女衣着，悉如外人”是不是桃花源不存在的证据？原人教版注解为：“男男女女穿的衣服，都和桃花源以外的人一样，衣裳无差别。”并进一步认为“这是桃花源不存在的证据之一”。也有的人认为是“方外之人”，陶渊明在《桃花源诗》中写：“俎豆犹古法，衣裳无新制。”意思是说：祭祀还是先秦的礼法，衣服没有新的款式，还是秦时的样子。逯钦立注释“新制”说：“晋宋地主贵族多更改衣装，以奇装异服著称。”[①] 意思是说，桃花源的人并没有穿着“奇装异服”。王维在《桃源行》一诗中说：“樵客初传汉姓名，居人未改秦衣服。”进一步说明桃花源里的人穿的还是秦时的服装。龚斌先生在《陶渊明集校笺》中说得更为清楚：“‘男女衣着’二句多释为‘男女衣服，都和外边的人一样’，实不妥。桃源中人虽避秦时乱已历五百余年，然‘俎豆沿古法，衣裳无新制’。衣著与五百年前不异。桃源外的世人，服饰早已数变，尤其是晋代士大夫，更喜奇装异服，故桃源中人衣著，不可能与五百年后晋人衣著之‘新制’悉同。诗云‘借问游方士，焉测尘嚣外’，则此二句中之‘外人’，应作方外或尘外解。”[②] 对于这些观点，笔者认为主要问题有：一是晋代士大夫喜欢奇装异服，并不代表当时的普通民众也喜欢奇装异服，更不能印证桃花源人服饰的特点。第二，也是更为重要的，当用服饰变迁来证明桃花源不存在时，我们早已脱离了这篇散文的审美性、虚构性的文体特点。这不是一则史料笔记，更不是写实散文，而是用虚实相间的笔法塑造理想世界、抒发内心情感的优美散文，或者说更像是虚构性的文言小说。对于这类虚构性文章，用考据之类的方法解读是不妥的。因此，此处的“外

① 陶渊明：《陶渊明集》，逯钦立校注，北京：中华书局，1979，第 168 页。

② 龚斌：《陶渊明集校笺》，上海：上海古籍出版社，1996，第 405 页。

人”与文中其他两处的“外人”一样，都是指桃花源以外的人。作者强调的重点是，桃花源的人虽然服饰和外人一样，但不论是生活方式，还是精神状态都大不相同。桃花源里的人，不是类似于神仙的“方外之人”，而是当时社会中的普通人，他们所追求的物质富裕、精神富足而单纯的生活，并非“神仙生活”，而是正常人应有的“正常生活”。当这种“正常生活”成为理想之后，作者对现实的批判性锋芒便显示出来了。

对于这些句子的解读，正是文本意蕴从表面到深层、从一元到多元的不断深入、扩展的过程。当然，不论是哪种形式的“具体化”，都需要对因文字简约而产生的“空白”“不定点”进行“补白”和“填空”。只有这样，我们对文言文本的解读才会更为透彻。

（本文发表于《中学语文》2020 年第 3 期）

《项脊轩志》的“断片美学”特征

《项脊轩志》是一篇饱含真情的散文，它不仅有对亡母亡妻的思念，还有获取功名、振兴家族的决心和期望。这篇散文是用回忆的视角写成的，前几段写于作者18岁时，最后一段写于15年后。回忆的视角使得本文具有一种“断片美学”的特征，回忆中的生活不是完整的、连贯的，而是平凡的、琐碎的。

“断片美学”是美国汉学家宇文所安在《追忆——中国古典文学中的往事再现》一书中提出来的。在他看来，回忆就是由一系列断片和细节构成，真正的完整的往事是不存在的，存在的只是一些断片和零散的生活细节。于是，杜牧从一截折戟中看到了历史的偶然，杜甫从岐王宅和崔九堂的昔日细节中深味着重逢李龟年的苍凉，苏轼也只能从“小轩窗，正梳妆”的生活细节中追怀亡妻。断片把人的目光引向过去，“一个断片可能是美的，但是这种美只能作为断片而具有独特的美”。《项脊轩志》最能打动人的也许不在于归有光的十几年的读书经历，而在于生活经历中那些揪心的断片。归有光八岁时丧母，对于母亲的印象本已不深刻，十年之后再去回忆，那就更加淡薄了。而老妪的出现唤起了他对母亲的记忆，她指出了方位：“某所，而母立于兹。”母亲站过的地方正是一种生活片段。地方的存在也会勾起一个人的思念，从这种意义上讲，某地就是某人的象征。老妪的另一番话更为揪心：“汝姊在吾怀，呱呱而泣；娘以指叩门扉曰：‘儿寒乎？欲食乎？’吾从板外相为应答。”母亲的动作以及关切的语言都表达了她对子女的关爱，“以指扣门扉”这个动作是片段的，“儿寒乎？欲食乎？”这个语言也是片段的，几个生活片段就勾勒出了一位母亲的形象。

大母的来访暗示出作者的读书生活不是悠闲的，而是充满了孤寂和辛酸，一只象笏彻底打乱了归有光的内心世界。象笏作为一个断片，是功名的象征，是家族繁荣的象征。归有光祖上曾是名门望族，当时流传“县官印不如归家信”的说法，但他的祖父和父亲均未获取功名，以布衣终老，于是作者稚嫩的肩膀已经开始承担起兴盛家族的重任。“瞻顾遗迹，如在昨日”，“遗迹”正是这种“断片美学”的最直接表现。遗迹的意义在于保存历史，保存历史的目的在于唤起对未来的憧憬。遗迹连接着过去、现在和未来，对于归有光来说，遗迹是过去的兴盛，遗迹是现在的凋零，遗迹更是对未来的期望。宇文所安说：“记忆的文学是追溯既往的文学，它目不转睛地凝视往事，尽力要扩展自身，填补围绕在残存碎片四周的空白。”断片的价值并非存在于断片本身之中，而是：它的存在是为了恢复整体。那么象笏的价值就不在于象笏本身，而在于象笏所象征的整体意义。遗迹是偶然的，它只有完整地唤起作者对于过去的记忆时，才有意义。

归有光23岁时，妻子嫁过来，于是项脊轩充满了夫妻的旖旎情态，“时至轩中从余问古事，或凭几学书”，这句话把一个温柔贤惠、知书达礼的女子形象展示出来了。这种浪漫的情景禁不住让人想起欧阳修的《南歌子》：“凤髻金泥带，龙纹玉掌梳。走来窗下笑相扶，爱道画眉深浅入时无？弄笔偎人久，描花试手初。等闲妨了绣功夫，笑问鸳鸯两字怎生书？”不过遗憾的是，欧阳修的词是现在进行时，而归有光的文章却是一般过去时。夫妻恩爱的日常生活越是美好，作者越是疼痛难忍，因为那种美好的片段已经永远定格在记忆中，无法恢复。作者29岁时，妻子去世，项脊轩也年久失修。有道是“物是人非事事休，欲语泪先流”，项脊轩尽管惨败，但依然存在，而妻子的音容笑貌永远离去了。最让人苦痛难当的或许是庭院里的枇杷树，“吾妻死之年所手植也，今已亭亭如盖矣”，枇杷树这个断片不仅承载着人事变迁，而且承载着作者对于妻子的浓浓思念。《世说新语·言语》记载：“桓公北征，经金城，见前为琅邪时种柳，皆已十围，慨然曰：‘木犹如此，人何以堪！’攀枝执条，泫然流泪。”桓公就是桓温，他感叹的是岁月无情催人老去，而归有光感叹的是物是人非，枇杷树亭亭如盖，妻子却永远逝去，两相对照，内心的绝望之情可想而知。

回忆有一个重要的功能：过滤。无情的岁月会过滤掉那些不愿记起的细节，剩下的都是诗意的美好的片段。以前读萧红的《呼兰河传》，一直不明白作者为什么能把愚昧落后保守甚至残忍的故乡写得那样曼妙与美好，为什么会把那些传统守旧甚至带有“国民性弱点”的乡亲写得那样温柔可亲。后来，我终于明白了，她是在为呼兰河写一个传记，为一个不堪回首却时时魂牵梦萦的地方作传。传记意味着从头写起，传记恰恰意味着回忆，这种回忆的视角使得萧红记忆中的故乡有了一抹亮色，平添了一种温暖。回忆是一种叙述方式，选择了一种叙述方式就意味着选择一种回忆的方式与历程，意味着可以省略一些东西，同时也意味着可以换一种角度来重新审视那些曾经发生的真实。对于归有光来说，过去的遗迹已经不重要了，重要的是现在一无所有，几次考试均未中举，过去的忧伤的根源还在于现在的失意。说白了，归有光不是为过去而痛苦，而是因为现在的不如意痛苦。

“断片美学”不仅存在于归有光的《项脊轩志》一文中，而且广泛存在于中国古典诗词的美学实践中。深入把握《项脊轩志》的断片特征，可以帮助我们走进归有光隐秘的内心世界，去探寻他丰富细腻的情感。

［本文发表于《语文报》（高中教师版）第 281 期］

挖掘文本的“深层结构”，构建解读的“深度模式”
——以《鸿门宴》的人物分析为例

一、结构主义意义上的“深度模式”

不论是西方的哲学传统，还是西方文艺理论传统，都讲究“二元对立”的思维。古希腊的柏拉图，不论其哲学观点还是文艺观点，都以现象界、理念界的划分为基础，理念界是最真实的存在，现象界是分有和模仿了各自的理念。亚里士多德则是以形式与质料的划分为基础的，其“四因说”的思维基础也是表层与深层的二元对立。近代认识论哲学家康德与黑格尔，其理论基础也带有这种深度认知的模式，黑格尔的绝对精神的辩证转化即是其“深度模式”的表征。而精神分析学派弗洛伊德的潜意识与荣格的集体无意识，也是一种深层结构的建构。

语言学转向以来，“深度模式”渐渐被消解，现象学、存在主义哲学、分析主义哲学、逻辑经验主义等，都认为“深度模式”只不过是一种形而上学的预设而已。而结构主义“是在事物个别因素的考察中，努力构建出统合个别因素的整体的质，再由它来考察、说明个别因素的特征”①，这一点在瑞

① 朱立元：《当代西方文艺理论》，上海：华东师范大学出版社，1997，第230页。

士语言学家索绪尔的理论中也有所体现。索绪尔将语言对象分为两个方面，一种是作为规范、体制的语言系统，另一种是具体化的言语，前者正是后者的“深层结构”。结构主义理论家霍克斯用象棋游戏进行通俗类比：“象棋的规则可以说是高于并超越每一局单独的棋赛而存在，然而，象棋规则只是在每一盘比赛中的各棋子之间的相互关系中才取得具体的形态。语言也是一样。语言的本质超出并支配者言语的每一种表现的本质。”[①]

在类似思想的指导下，结构主义理论家都展开了对“深层结构”的追寻。早期的民间故事叙事学研究者普罗普在《民间故事形态学》一书中概括出了31种叙事功能，法国结构主义理论家格雷马斯提出了“符号矩阵”的阐释框架。值得一提的是列维·斯特劳斯的结构人类学的研究，他通过阐释印第安原始部落的原始风俗，即每个节日妇女们在脸上涂上线条复杂的对称图案，他指出：“所以我们必须对卡杜浮妇女的图形艺术进行释义，将其神秘的符咒和明显无理的复杂性，解释为一个热切寻求象征性地表现种种弥补性制度的社会幻想。”[②] 这种研究方式对其他结构主义者影响甚大。而结构主义者所说的“结构”，正是事物表面下的内部联系，对于文学作品来说，则是语言表层下的“深层结构”，它无法被直观，只能通过某种思想模式来挖掘、分析。

二、人物对比：武士与告密者的不同行为及逻辑

仔细研读文本，分析人物形象，我们可以发现《鸿门宴》敌对阵营遵循的两种不同的逻辑，即以刘邦为代表的“政治逻辑”和以项羽为代表的“江湖逻辑”，而整个故事也形成了政治与江湖之间的复杂的变奏曲。此处只从两组次要人物的对比进行分析。

首先来看武士的对比，即项庄与樊哙。史书记载，项庄是项梁的侄子，并且师从项梁学习剑术。项梁也曾教项羽剑术，结果项羽“学剑，又不成”，并且还说：“书足以记名姓而已。剑一人敌，不足学，学万人敌。”没想到，项羽的堂兄弟项庄跟随项梁学得一身剑术。作者对项庄的描写，用墨极其吝啬，除了一句干巴巴的“君王与沛公饮，军中无以为乐，请以剑舞”的请求

---

① 霍克斯：《结构主义和符号学》，瞿铁鹏译，上海：上海译文出版社，1987，第11－12页。

② 朱立元：《当代西方文艺理论》，上海：华东师范大学出版社，1997，第235页。

外，就是一句“拔剑起舞”，这种笼统的描写让项庄的形象黯然失色。在项伯阻止了项庄的刺杀之后，我们有理由相信，项庄并未施行新的行动，从而功败垂成。也就是说，项庄只是一个有勇无谋的武士而已。而刘邦阵营的樊哙，形象丰满，有血有肉。作者花费了大量的笔墨，从神态、动作、语言等各个方面，刻画了一个有勇有谋、豪气干云的武士形象。通过喝酒、吃肉的细节，一个勇猛、野蛮的武士形象跃然纸上。紧接着他有了一番说辞：“臣死且不避，卮酒安足辞！夫秦王有虎狼之心，杀人如不能举，刑人如恐不胜，天下皆叛之。怀王与诸将约曰：‘先破秦入咸阳者王之。’今沛公先破秦入咸阳，毫毛不敢有所近，封闭宫室，还军霸上，以待大王来。故遣将守关者，备他盗出入与非常也。劳苦而功高如此，未有封侯之赏，而听细说，欲诛有功之人。此亡秦之续耳，窃为大王不取也！”这与刘邦的逻辑竟然如出一辙。樊哙不仅有武艺，更有政治头脑，其奉行的自然也是“政治逻辑”。而项羽，只看到了樊哙身上的“江湖气概”，没有认清楚其本质的政治企图。樊哙在刘邦不辞而别之时的一番话，更说明了樊哙并非单纯的赳赳武夫，而是一个颇有思想的武士。“大行不顾细谨，大礼不辞小让”，是引用古人的话，“人为刀俎，我为鱼肉”，不仅是比喻，而且是颇有才气的妙喻。如此说辞，岂是“武士”称呼所能概括的？也就是说，《鸿门宴》中的项庄，只是一个江湖武士，而樊哙则是一个带有政治头脑的武士，二者的头脑与思维方式及行为表现，是完全不同的。

再来看告密者的对比，即项伯和曹无伤。项伯在整出戏中的角色也颇有意思，他其实是很单纯的。当得知项羽攻打刘邦之后，项伯想到了好朋友张良，但是颇具政治敏感的张良将项伯引进了政治迷局。张良救过项伯，项伯对张良充满了救命之恩，当张良引荐项伯时，刘邦充满狐疑，于是问：“君安与项伯有故？”张良说了事情的原委，刘邦又说：“君为我呼入，吾得兄事之。”刘邦是个颇有心计的人，他这句话的目的是希望项伯为自己办事。刘邦见到项伯之后，不仅“兄事之”，而且“约为婚姻”，拉拢力度之大，超出了项伯的抵抗力。刘邦趁机对自己的行为进行了一番辩解：“吾入关，秋毫不敢有所近，籍吏民，封府库，而待将军。所以遣将守关者，备他盗之出入与非常也。日夜望将军至，岂敢反乎！愿伯具言臣之不敢倍德也。”这番冠冕堂皇的话，在项伯听来却是合情合理。他居然回去说服项羽：“沛公不先破关中，公岂敢入乎？今人有大功而击之，不义也。不如因善遇之。”这番说辞是毫无力量的，但一句“不义也”彻底打动了项羽。这也从一个侧面说明，项羽看重的是“义气”，这是一种典型的江湖逻辑，樊哙后来的说辞也是抓住了“义”这一点。也就是说，刘邦这方其实是颇有政治智慧和政治头脑的，而项伯只是出于一种恩情，让刘邦达到了自己的政治目的。在报恩与政治倾向之间，项伯选择了前者，说明其价值观也带有一种“江湖逻辑”。

而作为整个故事的“挑起者”，曹无伤对项羽说了一句极具杀伤力的话：“沛公欲王关中，使子婴为相，珍宝尽有之。”这三个要点招招打在项羽的要害上。刘邦不仅想称王，还让胡亥的侄儿子婴为相，还想占有物质意义上的财富，这些都是项羽不能容忍的，于是他立即发兵攻打刘邦，刘邦也迎来了一场巨大的军事危机。当时，曹无伤担任左司马，负责检查队伍的队形，这是一个职位较高的军职，说明曹无伤是有很大的功劳的。像这样一个追随刘邦反秦出生入死的人，到了两军对峙的关键时分，怎么会暗中向项羽一方去搬弄是非呢？实际上，项羽和刘邦多次联手作战，曹无伤可能认识项羽，此时的他，与其说是向项羽通风报信，不如说是一种政治表态，是一种政治投靠的暗号。他这样做的目的并非报恩，项羽并没有施恩于他，而是希望通过这种政治表态获得一种政治上的回报，因为当时项羽实力更强，向未来的胜利者“抛媚眼”，当然有其不可告人的目的，这种政治上的功利性与刘邦等人的政治价值观是非常相似的。当刘邦意识到这一点时，回到军中，“立诛杀曹无伤”，一个“立”字，不仅说明了刘邦内心之愤怒，而且说明了动作之迅速，更重要的是，揭示了刘邦内心之坚决。

二、《鸿门宴》的“深层结构”：“江湖逻辑”与“政治逻辑”的对立与变奏

通过上述分析，我们会发现，刘邦一方的人，奉行的都是政治功利逻辑，刘邦、张良、樊哙等人，都很有政治头脑，他们在处理事情的时候，头脑冷静，理性分析，判断利弊，尽量做出对自己有利的选择，即使是樊哙这样的“粗人”，也是有着精明的政治头脑，从本质上讲，他和项羽只有外在的相似性，内在的智谋是完全不同的；而项羽阵营的人，以项羽为代表，奉行的是江湖逻辑，所谓江湖逻辑指的是以“仁义礼智信”为核心的价值取向，特别是“义”字，堪称江湖逻辑的精神核心，其政治功利性是从属于道德价值的。

但是，用这个逻辑来反观曹无伤和项伯这两个人物时，一个有趣的现象产生了。曹无伤作为项羽的“帮助者”，本应该是属于刘邦阵营中的人物，但他却背叛了刘邦，向项羽传递消息并且积极为之出谋划策，而项伯向张良

通风报信并不是期望获得政治上的回报，而仅仅是遵循江湖道义的报恩，报答张良当年的活命之恩，并且是冒着出卖己方政治利益的风险来报恩，他遵循的是彻头彻尾的江湖逻辑、道德逻辑、信义逻辑，而这一点与项羽又是极其相似的。与刘邦一方政治取向一致的曹无伤投向了项羽一方，与项羽道德逻辑一致的项伯投向了刘邦一方，这其中“政治功利”与“江湖道德”的逻辑，更是体现了历史书写的复杂的价值取向。

不过，如果更为细致地考查的话，我们还是可以发现曹无伤与刘邦、项伯与项羽之间的本质区别。曹无伤是一种目光短浅、急功近利的政治投机，而刘邦则是一种头脑理智、深谋远虑的政治远见，二者的政治功利区别与政治头脑、胸怀，简直不可同日而语。项伯的“报恩”只是一种个人道德意义上的报恩，是一种“投我以木桃，报之以琼瑶”的个人对个人的报答。而项羽尊奉的，并非个人意义上道德逻辑，而是一种更普遍的“信义逻辑”，这种“信义逻辑”不是项羽本人对刘邦本人的，而是更普遍的道德伦理规范，或者说，是“人应该有信义”，而不是“项羽对刘邦有信义”。也就是说，即使都遵循“江湖逻辑”，二者的江湖观念与江湖胸怀也是有区别的。

这一点在司马迁为刘邦和项羽立传时采取的不同的立场和观念也略有体现。评价项羽，他说：“然羽非有尺寸，乘势起陇亩之中，三年，遂将五诸侯灭秦，分裂天下而封王侯，政由羽出，号为‘霸王’。位虽不终，近古以来未尝有也。”评价刘邦，他说：“故愤发其所为天下雄，安在无土不王？此乃传之所谓大圣乎？岂非天哉！岂非天哉！非大圣孰能当此受命而帝者乎？”一方面，他向项羽的英雄主义致敬，另一方面他对刘邦的历史理性也给予了最高的评价。政治与江湖、功利与道义的变奏，由此也可见一斑。

刘邦胜利了，项羽失败了，但是关于两人的争论却一直延续在历史的长河中，久久不息。个中缘由，就在于从现实功利上讲，我们会认同刘邦的做法，但是从人物的审美取向上看，我们更倾向于赞美项羽，赞美其英雄主义与理想主义，赞美其浪漫情怀与豪情壮志，并且对其失败表示哀叹。而这，恰恰是我们对江湖世界的审美观照。因此，刘邦阵营和项羽阵营之间，实质上是政治与江湖、功利与审美、现实与理想、理性与浪漫之间的对立，胜利或失败只是最终的历史结果，但这个过程中产生的种种价值评判，却因人而异。

（本文发表于《学语文》2018 年第 1 期）

姜夔词清冷意象探胜
——以《扬州慢》为例

张炎在《词源》中评论姜夔词说："词要清空，不宜质实，清空则古雅峭拔，质实则凝涩晦昧。姜白石如野云孤飞，去留无迹。"又说："《扬州慢》……等曲，不惟清虚，又且骚雅，读之使人神观飞越。"这个评论直接影响了后人对于姜夔词的评价与定位。从意象上讲，姜夔多选用清冷意象，这其实也是"清空"风格的体现。

意象是中学语文教学中诗词鉴赏的重要概念。"意"即是作者的主观感情，"象"则是外界之物象，"意象"就是诗词中饱含作者感情的具体物象，"意"与"象"并非机械地组合，而是有机的统一。把握诗词中的意象，不仅可以查知作者抒发的感情，而且有助于把握诗歌的整体格调。在《扬州慢》的教学中，很多教师也会注意到姜夔对意象的选择，惜未进行深入探究。

一、清冷意象在《扬州慢》中之体现

夏承焘先生的《姜白石词编年笺校》将《扬州慢》置于全书之首，可见创作年份之早。当时作者22岁，自汉阳出游，途经金人两次蹂躏、惨遭兵燹的扬州，看到"腰缠十万贯，骑鹤上扬州"的繁华之地如今已成为"市尘尽荠麦，号角吹宵寒"的败亡之城，禁不住悲从中来，写下了这首流传千古的名篇。邓廷桢在《双砚斋词话》中说："其时临安半壁，相率恬

熙。白石来往江淮，缘情触绪，百端交集，托意哀丝。故舞席歌场，时有击碎唾壶之意。如《扬州慢》之‘自胡马窥江去后，废池乔木，犹厌言兵。渐黄昏，清角吹寒，都在空城’。”面对一片萧条的扬州城，作者没有面面俱到地描述，而是选取了一些典型意象，这些意象都具有清冷的特点。

“荠麦青青”，初读似包含无限生机，可能误认为作者是在“以乐景写哀情”，其实不然。青青，除了让人感觉有生机外，还是一个阴冷的颜色词，属于冷色调。“过春风十里，尽荠麦青青”，如果能够联想到杜牧“春风十里扬州路，卷上珠帘总不如”，那时候的十里春风是繁华的象征，放眼望去，尽是豆蔻年华的少女，而今放眼望去，只有“荠麦青青”，繁华与凋残形成了鲜明的对照。

“废池乔木，犹厌言兵”，陈廷焯在《白雨斋词话》中评论说：“‘犹厌言兵’四字，包括无限伤乱语。他人累千百言，亦无此韵味。”废池乔木均是无情之物，连无情之物都不想再言兵事，更何况是人呢?

“清角吹寒”，繁华时扬州的黄昏应是歌舞笙箫，此时却有兵营号角传来，单是一个“角”已经让人感觉一阵冷清了。“角”前再加一“清”字，更加重了这种冷清。这还不够，“清角”吹出来的不是嘹亮的号角，而是阵阵寒凉。词意步步转深，寒意也层层递进。

“都在空城”，“空城”是作者对此时的扬州的整体感知。经历过战事之后，扬州城一片萧条，树无生气，人无活力，一个“空”字将这种清冷氛围烘托出来。如果将“渐黄昏，清角吹寒，都在空城”结合起来想象：黄昏时分，清冷的号角声回荡在空城，“此时有声衬无声”，三个清冷的意象“黄昏”“清角”“空城”，那清冷之意“更上一层楼”。

“冷月无声”，月亮的光辉呈现银白色，本就给人一种冷清的感觉，作者犹嫌不够，再用“冷”佐之，再用“无声”饰之，那么月亮带给人的孤寂冷清可想而知了。传统象征着思乡的月亮意象此时已成为作者冷寂心理的寄托。

总之，作者面对凋零的扬州城，触景生情，心中充满无限凄凉意，想到作者此时只有22岁，正是风华正茂意气风发的年龄，可是面对兵事，作者竟有黍离之悲，思之令人伤怀。

二、姜夔清冷意象系列的成因探析

清冷，是一种远离尘嚣的孤寂，是一种居于内心的幽独。《扬州慢》中的意象特点也延续到此人之后的创作中。陈廷焯《白雨斋词话》云："白石词以清虚为体，而时有阴冷处，格调最高。"这种阴冷的感觉正是姜夔发自内心的感怀。中学生显然没有与姜夔类似的经历，因此很难进入到姜夔营造的艺术世界中。这个时候，就需要教师适当拓展，知人论世，结合姜夔的其他词作来理解这一点。

《点绛唇》："数峰清苦，商略黄昏雨。"山峰居然"清苦"，可见作者内心的苦楚，这是他强烈的感情投射到外物的结果。

《踏莎行》："淮南皓月冷千山，冥冥归去无人管"，"皓月冷千山"可与《扬州慢》"冷月无声"媲美，一轮皓月不仅可让千山冷寂，更能让作者内心充满凄凉。

《念奴娇》："嫣然摇动，冷香飞上诗句。"李贺诗有"冷红"一词，代表热情的红居然是冷的，他两种相反的感觉揉到一起。姜夔的"冷香"也是用通感手法，将感觉的"冷"和味觉的"香"打通。《莺声绕红梅》也有"冷香"一词："十亩梅花作雪飞，冷香下，携手多时。"

《清波引》："冷云迷浦，倩谁唤玉妃起舞。"姜夔笔下，有冷月、冷香，既然月可以冷，香可以冷，那么云也可以冷了。作者内心凄楚，看云时自然觉得云也凄苦。《法曲献仙音》："谁念我、重见冷枫红舞。"云有冷云，枫有冷枫，可以说姜夔将"冷"运用到了极致。

《探春慢》有"衰草愁烟，乱鸦送日，风沙回旋平野"，"衰草愁烟"，草的衰败尚可理解，烟却带愁，很难从生活逻辑角度解释。

《八归·湘中送胡德华》："芳莲坠粉，疏桐吹绿，庭院暗雨乍歇。"《湘月》："暗柳萧萧，飞星冉冉，夜久知秋信。"暗雨、暗柳也属于清冷意象一族。

姜夔偏爱清冷意象，显然不是无病呻吟，而是内心使然。西方美学有"移情理论"，代表人物就是美学家李普斯，主要观点就是在创作和欣赏过程中，要将人的主观感情移到外物中去，使外物生命化，从而具有人的特征。姜夔的清冷意象也可以从移情理论中找到根据，面对同一种意象，不同经历、不同心境的人表现于文字肯定会有不同。

如果说《扬州慢》的清冷意象成因集中在"黍离之悲"的话，那么姜夔此后的人生经历便加强了他对此种意象的选择。南宋偏安一隅，扬州、合肥以及江淮一带已属边境，昔时的繁华与今日的凋敝对照，作者的凄清心情自然得到理解。对于词人个人而言，个人生活并不幸福。他长期过着寄人篱下的生活，生活来源除卖字之外，就是依靠他人的周济度日，于是词中经常会有漂泊主题。客居他乡、漂泊异地已不仅是一种生活方式，更是一种内心体验。这种内心体验使得他在观看外物时，往往带有很强烈的主观感情。物质生活没有保证，爱情生活更无从谈起。经过夏承焘先生考证，姜夔与合肥女子的情事渐渐浮出水面，他寓居合肥时，与弹琵琶的双胞胎中的一位产生了恋情，但无法长相厮守，只能抱憾终生。千岩老人萧德藻欣赏其才华，将自己的妻侄女嫁与姜夔，可惜词作中并没有留下一言半语。国家的不完整、个人生活的不如意、爱情的不完满都使得姜夔一生多愁苦而较少欢乐，词人选择清冷意象也就顺理成章了。

三、姜夔清冷意象的价值判断

如何评价姜夔词中的清冷意象，古人出于不同的理论立场而看法不一。刘熙载在《艺概》中评论说："姜白石词幽韵冷香，令人挹之无尽。"陈廷焯主"沉郁"之说，力推白石："南宋词人，感时伤事，缠绵温厚者，无过碧山，次则白石。"而王国维主"意境论"，对于姜夔多贬低："古今词人格调之高，无如白石。惜不于意境上用力，故觉无言外之味，弦外之响，终不能与于第一流之作者也。"又说："白石写景之作，如'二十四桥仍在，波心荡、冷月无声'，'数峰清苦，商略黄昏雨'，'高树晚蝉，说西风消息'，虽格韵高绝，然如雾里看花，终隔一层。"这两种相反的论调也给我们提供了理解白石词中清冷意象的视角。

如果站在"作者论"的角度，我们会认同刘熙载、陈廷焯的说法。"诗缘情"，诗歌是诗人强烈感情的自然流露，姜夔一生郁郁寡欢，这种愁苦心境反映于词中，就形成了独特的清冷意象。从清冷意象群中，我们可以把握到词人细腻敏感的内心。意象带有强烈的主观色彩，这是姜夔词作的独特艺术风格。

如果站在"文本论"的角度，我们会认同王国维的说法。诗贵含蓄蕴藉，诗词妙处"透彻玲珑不可凑泊，如空中之音、相中之色、水中之月、镜中之象，言有尽而意无穷"，要"状难写之景如在目前，含不尽之意见于言外"。用王国维自己的话说就是："写情则沁人心脾，写景则在人耳目。"拿冷月、冷香、冷云、冷枫来说，用带有主观感情的"冷"来修饰外物，于是读者就会感觉自己和外物之间"隔了一层"，诗句也就失去了含蓄的特点，读者一望即知其意，言尽意穷，也就没有韵味了。

总之，理论主张不同，对于诗歌的评价也会不一。姜夔词中的清冷意象评价不一，正说明了清冷意象具有多元解释的可能，这也正是姜夔词的价值所在。

（本文发表于《现代语文》2013 年第 12 期）

诗性思维与哲学思维的互动与融通：刘亮程散文《今生今世的证据》读解

刘亮程很多散文写的都是自己生活多年的一个村子，他的第一部散文集就取名为《一个人的村庄》。《今生今世的证据》选自散文集《风中的院门》，依然取材于那个村庄。不过作者对村庄进行客观描绘，也并非简单地抒发思念故乡的情愫，而是用诗一样的语言，进行一种哲学思索。

一、诗性思维：情感、意象与语言

“诗性思维”的概念出自意大利历史学家维柯的《新科学》。在这本著作里，他研究了人类如何从神的时代过渡到英雄时代再过渡到人的时代，研究了形象思维与抽象思维的区别。在他看来，诗的最崇高的劳力就是赋予感觉和情欲于本无感觉的事物。也就是说，客观事物本无感情，人类将自己的主观情感附着到客观事物身上，才产生了诗，用王国维的术语说就是“以物观物”。

诗性，就是作家强烈的主观感情使得外界事物在作品中出现了“变形”，甚至出现了“矛盾”，但最终都能够统一到作者的情感逻辑上。文章第二段，作者说：“我走的时候还不知道向那些熟悉的东西去告别，不知道回过头说一句：草，你要一年年地长下去啊。土墙，你站稳了，千万不能倒啊。”特别是“草，你要一年年地长下去啊”，我们知道草的生长与凋零是自然规律，所谓“野火烧不尽，春风吹又生”，对于这种自然规律，作者为什么还要谆谆告诫，要草一年年地长下去呢？这其实就是一种诗性思维。其实，作者阐释的并非自然现象，而是一种个人化的感知。他笔下的草，当然也不是一般意义上的草本植物，而是存在于过去生活中的与自己生命相伴的东西。草，也就具有了某种情感意义。

这种强烈的情感使得作者在第二段用到了“啊”“吧”这样的语气词，以及直接用第二人称与草、土墙、房子等事物对话。维柯说：“物体本来不可能是心灵，但是人们都相信打雷的天空就是雷神，对于诗人再喜爱不过的是歌颂巫婆们用符咒所造成的奇迹。”① 这是原始人的一种普遍的思维方式，在诗人的思维中，其实也保留着类似的“遗产”。第四段的结尾，作者说：“在那时候，那些东西不转身便正面背面都领受到月光，我不回头就看见了以往。”那些东西会转身吗？会领受吗？将客观存在的事物主观化，这就是诗性思维。那些东西明明不会转身，作者偏要说它不用转身；那些东西明明只能被动地接受，作者偏要说是主动地领受。古代“数峰无语立斜阳”“天若有情天亦老”“无情最是台城柳”“泪眼问花花不语”等，都是这种思维的体现。

中国古代的诗歌讲究意象抒情，即借助于某种具体的意象暗示自己内心的情感，这也是诗性思维的体现。刘亮程的散文也善于抓住某种独特的意象进行抒情表意，其中最值得注意的就是“风”的意象。或许是生活环境在他的记忆里留下了异常深刻的印象，他在《寒风吹彻》等散文里，就对“风”进行了情感研究与哲学思索。在《今生今世的证据》里，作者再一次写到了“风”：“我真看见过大地深处的大风？更黑，更猛，朝着相反的方向，刮动万物的骨骸和根须。”这种“风”，不是空中的气流，而是来自大地深处。“风”更猛，这还好理解。“风”怎么会是黑的？是夜晚的风还是浑浊的风，是冬天的风还是猛烈的风？“更黑”是作者对风的独特的体验，跟作者的生活环境有关。其实，黑风，就是带有尘土颗粒的类似于沙尘暴一样的风。作者特别强调这种风，是“朝着相反的方向”，这也预示着风的破坏性力量。这里的“风”是一种恐怖意象，是作者情感中的异质因素，但在散文中，作者用情感将其统摄为“今生今世的证据”。

诗歌的语言表达以及言语形式其实也是诗性思维的体现。文章前三段都以“我走的时候，我还不懂得（不知道）”的句式作为开头，这有点类似古代诗歌中的“重章”的形式。但在表意上层层深入：第一段是不懂得怜惜曾

① 伍蠡甫：《西方文论选》（上卷），上海：上海译文出版社，1979，第541页。

经拥有的事物，第二段是不知道向熟悉的东西告别，第三段是不知道曾经的生活需要证明。第一段是过去正在进行，第二段是过去的告别时刻，第三段是在现在的时间点上回望过去。从节奏上讲，前三段因为有了“我走的时候”而带有了某种音乐节奏，而“走”是一个决绝的动作，是一种悲壮的情绪，情感的抒发借助了一定的言语形式，而言语形式又加强了情感的抒发。在句式的使用上，同样也能发现诗性的因子，第一段最后一句：“一切都会再有的，随着日子一天天好转。”这句话按照语法顺序，应该表述为“随着日子一天天好转，一切都会再有的”，但作者调换了语序，日常化的表达带有了文学性甚至带有了诗性。“随着日子一天天好转，一切都会再有的”，是一种生活规律，而“一切都会再有的，随着日子一天天好转”则带有了多种可能性。即使日子没有一天天好转，一切也都会再有的；反过来，即使日子一天天好转，一切也未必会再有。比如说过去，比如说历史。过去已经成为过去，即使日子一天天好转，过去也无法倒回。作者就是用这样的言语形式，表达出当时的天真，与真实的现实相比，那只能算是一种一厢情愿的幻想。

二、哲学思维：存在、时间与价值

哲学问题是难题中的难题，“从理论上讲，哲学所探讨的对象不是经验的对象而是超验的对象，例如宇宙万物的本原、存在、实体或本体，包括人在内所有存在物的来源和归宿等等”①。刘亮程的散文虽然不是哲学著作，但并未阻止他对存在、对时间、对价值进行哲学追问与思考，《今生今世的证据》同样也体现着作者的哲学思维方式。

本文的题目就是对存在的追问，而存在离不开时间，海德格尔的哲学著作，名字就叫《存在与时间》。“今生今世的证据”，证据，就是证明，“今生今世”就是人的现时存在，用海德格尔的话说就是“此在”。作者所说的“今生今世”，也有一个过去的存在视野，正因为有了过去，才证明了现在的意义。或者说现在的意义，是由过去证明的。而海德格尔的“此在”，也是有一个先行存在，他称之为“前见”。刘亮程在文中不仅抒发了一种对故园的思念之情，而且在不断追问现在的意义、活着的意义。

在《今生今世的证据》一文中，“故园”显然不再是空间意义上的概

---

① 张志伟：《西方哲学十五讲》，北京：北京大学出版社，2004，第6页。

念，也不是中国古代诗人心目中的情感意义上的概念，而是一种时间概念。“故园”中的“故”，本身就隐含着一种时间维度。现在，需要过去证明，但是人在“过去”并不知道，正如作者所说：“我走的时候，我还不知道曾经的生活，有一天会需要证明。有一天会再没有人能够相信过去。我也会对以往的一切产生怀疑。”作者说的是“没有人能够相信过去”，而不是“没有人相信过去”。后者强调的是主体对过去的怀疑行为，意为“我不相信过去”，而前者隐含的意思是：即使我相信过去，我也没有了相信过去的资本与能力。这一点恰好照应了本文的题目：今生今世的证据。

过去真的存在吗？或者说过去的存在是一种真实吗？作者在不断的追问：“现在，谁还能说出一棵草、一根木头的全部真实？”这似乎是一个认识论的哲学命题。一棵草、一根木头的真实存在，是通过其自身的存在来证明呢，还是通过语言表述？或者说，在现在的时间点上，过去的一棵草、一根木头的真实存在谁能够证明？不过在追问的过程中，作者一边寻找，一边失落。今生的证据，只能通过过去的具象来获得，而过去的事物，终会消失。作者在倒数第二段说：

> 但我却不知道这一切面目全非、行将消失时，一只早年间日日以清脆嘹亮的鸣叫唤醒人们的大红公鸡、一条老死窝中的黑狗、每个午后都照在（已经消失的）门框上的那一缕夕阳……是否也与一粒土一样归于沉寂。还有，在它们中间悄无声息度过童年、少年、青年时光的我，他的快乐、孤独、无人感知的惊恐与激动……对于今天的生活，它们是否变得毫无意义。

一个存在与时间的命题，此处转化为一个关于价值的命题。既然一切都会消失，那么“我”的过去也会消失，童年、少年、青年都已经成为过去。值得注意的是，作者不说“我的快乐、孤独、无人感知的惊恐与激动”，而是要转变人称，从第一人称转变成第三人称，人称的变化暗示着从个体之“我”转变为普遍之“他”，不仅是“我”的过去无法证明，而且是所有人的“快乐、孤独、无人感知的惊恐与激动”，都将得不到证明。

于是，一切都只能是虚无，这是一种对绝望的体验。萨特有一本哲学著作，题目便是《存在与虚无》。虚无，就是没有意义没有价值。作者在最后一段说：“当家园废失，我知道所有回家的脚步都已踏踏实实地迈上了虚无之途。”这是一句容易引起误解的句子，很多人据此认为，这篇文章的题材与故乡有关，只不过在抒情方式上不同于其他思乡的文章。实际上，作者所说的“家园”不仅仅是故乡，不仅仅是作者生活了多年的乡村，而且还是一种抽象的东西，即“过去”。在“现在”与“过去”的价值对比中，作者将正面价值给了过去，并且希望在过去中寻找曾经生活的痕迹，希望在过去中寻找今生今世的证据。但实际上，通过作者的描写、议论与抒情，我们发现过去必然会消失，就像乡村里的各种东西，有生命的或无生命的，总是处于一种变迁之中。正因为这样，作者才说“回家的脚步”迈上了“虚无之途”。这句话中，值得注意的是“踏踏实实”这个词的使用，因为它和“虚无”形成了语义上的矛盾，因为既然是“虚无之途”，为何又要“踏踏实实地迈上”呢？其实，作者用这样矛盾的句子，意在表明，过去是回不去的，就像时间不会倒流，生命不会再重来。这不正是一种哲学思维的体现吗？

三、互动与融通：情感抒发与哲学追问

在这篇文章中，诗性思维与哲学思维并非独立存在，而是处于一种互动与融通的状态中。诗性思维的存在，使得作者的玄思有了形象化的依托，既便于读者理解，又充满了文学意蕴；哲学思维的存在，使得作者抒发的情感超越了“乡关何处”的思乡思家，进入到对人类生存的思考。这一点，也是刘亮程散文的独有特征。

作者在第六段中说：“这一切，难道不是一场一场的梦？如果没有那些旧房子和路，没有扬起又落下的尘土，没有与我一同长大仍旧活在村里的人、牲畜，没有还在吹刮着的那一场一场的风，谁会证实以往的生活——即使有它们，一个人内心的生存谁又能见证？”作者非常喜欢使用“一×一×”的句式，例如一场一场的风，一场一场的梦，一截一截等。试比较“一场风”和“一场一场的风”，区别不仅仅在于语法意义上的强调，同时也是情感表达与表述节奏的区别。这是一种诗性思维的体现，同时，作者又在对过去进行不断地追问：过去的事物真的能够证明现在的意义？即使能够证明，人内心的存在如何得到证明？从见证过去，到见证现在，再到见证内心的存在，其中不仅有情感脉络，也有理性思维的脉络。

借助文学化的语言以及诗歌的形式，表达某种哲学思考，这在中西方都很常见。例如朱熹的诗句：“半亩方塘一鉴开，天光云影共徘徊。问渠那得清如许，为有源头活水来。”例如尼采的哲学著作《查拉图斯特拉如是说》。这些诗歌或著作，本身就可以当作文学作品来读，哲理诗的本质还是诗。刘亮程的《今生今世的证据》，本质上是散文，但同时又在进行形而上的哲学思考。维柯在《新科学》中还说：“只有根据先由诗人们通过感觉认识到的

那么多的平常的智慧，哲学家们后来才能通过理解把它认识成抽象的智慧。所以诗人可以看作人类的感官，哲学家可以看作人类的理智。”① 实际上，哲学家可以有诗人一样的诗性思维，诗人也可以像哲学家一样思考价值与存在。正如有论者指出的：“刘亮程先生是一位乡村哲学家。他的散文，语言是乡村的，通俗，明净，一般人都看得懂；但其内蕴却是哲学的，广远，深沉，一般人就看不懂了。”②

总之，诗性，可以让文章更加圆润；哲性，可以让文章更加深邃。从思维方式的角度重读《今生今世的证据》，可以更加深切地把握散文的主旨以及文学价值。

（本文发表于《读写月报》2018 年第 3 期）

---

① 伍蠡甫：《西方文论选》（上卷），上海：上海译文出版社，1979，第 539 页。

② 许国中：《刘亮程的〈柴禾〉不能这样考》，《语文教学与研究（教研天地）》2014 年第 1 期，第 9 页。

壶口浓缩了一个怎样的世界？

——《壶口瀑布》读解

梁衡创作于1986年6月的散文《壶口瀑布》被收入统编初中语文教材八年级下第五单元，本单元的课文都是游记。“单元导语”提出：“旅游也是一种‘阅读’，是认识世界的另一种方式。”那么，通过阅读《壶口瀑布》，跟随作者的游踪间接认识世界，便是本文的一大教学重点。本文第四段最后一句话说：“造物者难道是要在这壶口中浓缩一个世界吗？”笔者顺着这个问题，设计了另一个问题：造物者要在壶口中浓缩一个怎样的世界？

“单元导语”在阐述“游记”的文体特征时说：“通过记述游览见闻，描摹山水风光，吟咏人文胜迹，抒发作者的情思。”按照这样的提示，游记散文写的无非是“景的世界”与“情的世界”。实际上，《壶口瀑布》这篇文章不仅浓缩了景与情的世界，还浓缩了崇高与美的世界、壮美与优美的世界、情感与哲思的世界。

一、崇高与美的世界

散文第一段就说：“壶口在晋陕两省的边境上，我曾两次到过那里。”但这两次的所见所闻所感是完全不一样的。第一次是雨季，第二次是枯水季节，作者在雨季几乎什么也没看见，而在枯水季节享受了一席“视觉盛宴”。究其本质，“雨季的壶口”是崇高的世界，“枯水季的壶口”是美的世界。

在西方美学史中，“崇高”，并非道德精神的概念，而是一个与“优美”

相对应的美学概念，它是通过古罗马时代的美学家朗吉弩斯的《论崇高》一书引入美学界的。在他看来，崇高的美学特征是数量的巨大和力量的强大，威严可怕，令人惊叹，人的实践尚未征服的奇异。不过真正对崇高进行理论阐释的，是18世纪英国美学家博克。博克认为，崇高的事物有共同的特点，就是可怖。他说："自然界的伟大和崇高……所引起的情绪是惊惧。在惊惧这种心情中，心的一切活动都由某种程度的恐怖而停顿。这时心完全被对象占领住，不能同时注意到其它对象，因此不能就占领它的那个对象进行推理。所以崇高具有那样巨大的力量，不但不是由推理产生的，而且还使人来不及推理，就用它的不可抗拒的力量把人卷着走。惊惧是崇高的最高度效果，次要的效果是欣羡和崇敬。"① 德国哲学家美学家康德在《关于崇高感和优美感的考察》一文中也对这两个范畴进行了区分，他说："崇高的感情和优美的感情，这两种情操都是令人愉悦的，但却是以非常之不同的方式。一座顶峰积雪、高耸入云的崇山景象，对于一场狂风暴雨的描写……都激发人们的欢愉，但又充满着畏惧。"② 三位美学家同时指出了崇高的一个特征，那就是让人恐怖、惊惧。美则是在一个"安全的距离"范围内对审美对象的观照。

其实，笔者初读《壶口瀑布》便有一个疑问：按照一般的地理规律，雨季黄河水量大，壶口瀑布不是应该更壮观，更值得重点描绘？而枯水期的黄河水量减少，远远不如雨季的壶口瀑布更能带给人视觉与情感的冲击。作者为什么重点写了枯水季的壶口而略写了雨季的壶口呢？文章的解释是：雨季的壶口瀑布"除了扑面而来的水汽，震耳欲聋的涛声，什么也看不见，什么也听不见"，而枯水季的瀑布没有那么大的水雾，因此观察得更为清晰，更为仔细。这是事实，但也是表面现象。如果从崇高与美的区分来审视作者的两次行踪，就会读出更多的意味。

作者在雨季去游览壶口瀑布，出发前便得到其他人的告诫："这个时节看壶口最危险，千万不要到河滩里去，赶巧上游下雨，一个洪峰下来，根本来不及上岸。"句中的"危险"其实已经先在地预示着审美主体在面对审美对象时会具有一种恐惧感。当作者大着胆子下到滩里后，只是急匆匆地扫了一眼壶口瀑布的整体景象与格局，便出现了一个"可怕的警觉"，即"仿佛突然就要出现一个洪峰将我们吞没"。这样，壶口瀑布在"我"的审美感知

① 朱光潜：《西方美学史》，北京：人民文学出版社，2002，第235－236页。
② 康德：《论优美感和崇高感》，何兆武译，北京：商务印书馆，2001，第2－3页。

中，不是一个美学对象，而是一个令人恐怖和畏惧的“崇高对象”。文中“上面的水还是一股劲地冲进去，冲进去，……”中的“冲进去，冲进去，……”就不仅仅是河水本身的气势，而是与后文的“急慌慌扫了几眼”“匆匆逃离”“心还不住地跳”等心理活动形成了一种内在的照应。

在枯水季节，审美对象对“我”少了一种生命的威胁，主体也可以在一个安全的距离内对壶口瀑布进行美的观照，作者说的“我们从从容容地下到沟底”中的“从从容容”正是从崇高感向美感转变的标志。正因为有了这样一个“安全的距离”，作者不仅能够从整体上、从远处、从高处全面展现壶口瀑布的磅礴气势，也能够对瀑布的细节进行更为细致的观察，甚至不仅感知了软软的细沙，还观察了龙槽、壁石、飞沫、龙槽边沿、水雾以及脚下的石头。这也正是作者对枯水期的壶口瀑布进行重点描写的内在原因。

二、优美与壮美的世界

如果说崇高与美的区别在于是否有恐惧感的话，那么优美与壮美就是两种不同的美学形态。不过西方美学家习惯于将崇高和优美进行比较，中国美学中并没有“崇高”的概念，而是将壮美和优美对举，前者是一种阳刚之美，后者是一种阴柔之美。宋词按照风格划分的“豪放词”与“婉约词”，以及古人常说的“戎马关山塞北，杏花春雨江南”也是类似的划分。朱光潜先生也曾用生动形象的语言论述刚性美和柔性美的区别：“走进一个院子里，你抬头看见一只老鹰站在一株苍劲的古松上，向你瞪着雄赳赳的眼，回头看见池边旖旎的柳枝上有一只娇滴滴的黄莺，在那儿临风弄舌，这些不同的物体在你心中所引起的情感如何呢?”①

用这样一种划分来品味枯水季壶口瀑布景象时，我们就会发现作者为我们描绘的，也是一个壮美与优美相间的世界。例如“我”依在一块大石头上向上游看去，看到的景象是：“河水从五百米宽的河道上排排涌来，其势如千军万马，互相挤着、撞着，推推搡搡，前呼后拥，撞向石壁，排排黄浪霎时碎成堆堆白雪。”不论是“千军万马”的比喻，还是“涌”“挤”“撞”“推”“搡”“碎”等带有巨大力量的动词的使用，都为我们描绘了一幅壮美的图景。当黄河水涌入壶口时，一幅更为壮美的景象出现了：“只见那平坦如席的大水像是被一个无形的大洞吸着，顿然拢成一束，向龙槽里隆隆冲

① 朱光潜：《文艺心理学》，合肥：安徽教育出版社，1996，第219页。

去，先跌在石上，翻个身再跌下去，三跌、四跌，一川大水硬是这样被跌得粉碎，碎成点，碎成雾。”本句话中的动词“吸”“拢”“冲”“跌”“碎”等，依然是很有力度的动词，直接写出了壶口瀑布的气势磅礴。

接下来，一幅优美的图景出现了：“从沟底升起一道彩虹，横跨龙槽，穿过雾霭，消失在远山青色的背景中。”彩虹自然是由被撞碎的水雾在阳光照射下形成的，“升”字不同于此前的力量型动词，它是一个不借助外力甚至本身不含力度的动词。短暂的“优美”之后，作者又将焦点集中到壶口两边的槽沿上，不论是“涌”“轰然而下”“抖落”等动词，还是“平平的，大大的”“浑厚庄重”“猛烈”等形容词，还是“如一卷飞毯”“一卷钢板出轧”的比喻，都描绘出一幅壮美的图景。紧接着，作者又对龙槽边沿的“各自夺路而逃”的小河流进行了一番诗意的描绘：“或钻石觅缝，汩汩如泉；或淌过石板，潺潺成溪；或被夹在石间，哀哀打旋。”整齐的句式、叠词的使用、不规则的押韵等，都使得这幅优美的景象如在目前。再加上“顺壁挂下的，亮晶晶的如丝如缕”，最后与“七色彩虹”一起升华为最有诗意、最为优美的两个比喻：像一曲交响乐，一幅写意画。

壮美与优美交替呈现，恰恰是枯水季壶口瀑布的特点。试想：雨季黄河水量较大，一来是看不清壶口瀑布的真实面目，二来由于生命受到威胁而无法清晰观察，更重要的是，雨季的黄河以奔腾咆哮为主要特点，充满了力量与气势，从美学形态上看应该以壮美为主。只有枯水季的黄河水，既能在“壶口”这个特殊的地理条件下展现其壮美的特征，同时也能够展现诗意的优美，这恰恰是雨季的黄河所不具备的。正因为如此，作者在后文才会说：“至柔至和的水一旦被压迫竟会这样怒不可遏。原来这柔和之中只有宽厚绝无软弱，当她忍耐到一定程度时就会以力相较，奋力抗争。”黄河“柔和”的性格与“诗意”的图景正好形成了内在的照应，黄河壮美、优美兼备的美学特征也为后文展现其“柔中有刚”的性格奠定了基础。

无独有偶，在梁衡先生另一篇《壶口瀑布记》的类诗歌的散文中，黄河的壮美与优美再一次得到了呈现：“她顺势一跃，排山推岳，挟一川豪情，裹两岸清风，潇洒而去，又再现她的沉静，她的温柔，她的悲壮，她的大度。”一川豪情与两岸清风，排山而来与潇洒而去，不正是这两种美学形态的完美结合吗？以至于作者在文末直抒胸臆：“呜呼，蕴伟力而静持，遇强阻而必摧，绕山岳而顺柔，坦荡荡而存天地。美哉，壮哉，我的黄河。”

三、情感与哲思的世界

我国散文研究专家陈剑晖教授曾将散文分为五类：性灵散文、絮语散文、智性散文、纪实散文、说明散文。《壶口瀑布》则既带有纪实与说明的特点，同时也展现了一定的性灵与智性。梁衡先生认为，大凡看景只看人为的热闹，是初级；抛开人的热闹看自然之景，是中级；又能抛开浮在自然景上的迷眼繁花而看出个味和理来，这才是高级。[①] 他还认为散文的美有三个层次，一是描写的美，二是意境的美，三是哲理的美。这不仅是作者的散文创作理念，同时也体现在其创作实践中。[②]《壶口瀑布》也带有“景”“情”“思”完美融合的特征。

当作者描绘黄河壮美与优美的景象后说：“我突然陷入沉思，眼前这个小小的壶口，怎么一下子集纳了海、河、瀑、泉、雾所有水的形态，兼容了喜、怒、哀、怨、愁，人的各种感情。”显然，这“喜、怒、哀、怨、愁”不仅是黄河拟人化的情感特征，同时也由衷地表达了作者对黄河、对壶口瀑布的惊叹、赞美与喜爱之情。在《壶口瀑布记》中，作者也不吝笔墨，热情洋溢地抒发着对黄河的赞美：“凡河川能伸能屈，能收能藏，惟我黄河，其高峡为镜，平原飘带，奔川浸谷，挟雷裹电，即因时势而变。时滔天接地而狂呼，又拥地抱天而低言。”不过区别在于，游记散文《壶口瀑布》是在对黄河、对壶口瀑布的描写中蕴含着情感，而诗歌散文《壶口瀑布记》则多直接流露对黄河的惊异之情。

当作者写了壶口瀑布的水后，在第五段还写了“脚下的石”，其用意一来是反衬黄河水的力量与气势，二来也是为了展现黄河水“伟大的性格”：黄河博大宽厚，柔中有刚；挟而不服，压而不弯；不平则呼，遇强则抗，死地必生，勇往直前。这“伟大的性格”包含着“伟大的精神”，而“伟大的精神”无疑又蕴含着“伟大的哲理”，那就是柔与刚的辩证，柔在一定条件下向刚的转化。正如作者所说：“原来这柔和之中只有宽厚绝无软弱，当她忍耐到一定程度时就会以力相较，奋力抗争。”《壶口瀑布记》开篇就说：

---

① 向芳：《〈壶口瀑布〉的美学解读》，《语文教学通讯（初中）》2018 年第 4 期，第 63 页。

② 刘海清：《大家手笔 文人杰作——〈壶口瀑布记〉荐读》，《语文月刊》2001 年第 5 期，第 5 页。

“凡世间能容、能藏、能变之物惟有水。其亦硬亦软，或傲或嗔，载舟覆舟，润物毁物，全在一瞬之间。时桃花流水而阴柔，又裂岸拍天而狂放。”这就是“黄河的哲理”所在。

这一点并非梁衡的独创，早在两千多年前，老子就深刻地阐述了这一哲学道理。但值得注意的是，《壶口瀑布》虽蕴含哲理，但并非阐释哲学道理的哲理散文。一来，作者是将“哲理”与“物理”完美结合，并用形象化的手法将其展现。例如“整个龙槽就是这样被水齐齐地切下去，切出一道深沟”“这柔和的水硬将铁硬的石一寸寸地剁去”，柔和的水可以“切”，可以“剁”，这种悖论式的表述，正好是刚柔辩证哲理的直观体现。二来，作者阐述“黄河哲理”，更侧重于“抗争”，即面对压迫时的反抗，面对强势时的抗争，面临绝境时的勇猛，而不是抽象的“刚柔辩证与转化”。如果说道家的立足点在“柔”，那么梁衡笔下的黄河，其立足点在“刚”。“柔”是其表面形态，“刚”才是其内在精神。这也正是黄河性格的“伟大”所在。

更为重要的是，作者的思考并未停留于黄河本身，而是“借物喻人”，表面上写的是黄河，实际上也蕴含着人甚至是民族的个性与特征。正如这句点睛之笔：“正像一个人，经了许多磨难便有了自己的个性。”历经磨难成就个性，这既是人的特征，也是黄河的特征。

（本文发表于《读写月报·语文教育版》2019 年第 10 期）

叙述学与文本解读

“不可靠叙述”与叙事类文本解读

“不可靠叙述”不仅用在小说等带有虚构型的叙事类文本的解读中，也用在诸如书信、日记等非虚构类的文本中。在日常教学过程中，教师和学生也会遇到形形色色的“不可靠叙述”的内容与细节，引导学生关注“不可靠叙述”的细节，可以深入把握文本的意蕴，或者是发现叙述过程中的“漏洞”。

“不可靠叙述”最初是由美国小说理论家韦恩·布斯在《小说修辞学》里提出来的，他聚焦于两种类型的不可靠叙述。一种涉及故事事实，另一种涉及价值判断。前者主要指叙述者在叙述事件时前后不一致或与事实不相符，后者主要指进行价值判断时出现偏差。[①] 詹姆斯·费伦等人则提出了三种“不可靠叙述”的具体表现，即发生在事实/事件轴上的不可靠报道，发生在伦理/评价轴上的不可靠评价，发生在知识/感知轴上的不可靠读解。[②] 当然，在解读初中部编教材时，教师不必引入抽象的概念，但需要引导学生具体分析部分文本的“缝隙”和“穿帮处”。

---

① 申丹、王丽亚：《西方叙事学：经典与后经典》，北京：北京大学出版社，2010，第 82 页。

② 谭君强：《叙事学导论：从经典叙事学到后经典叙事学》，北京：高等教育出版社，2014，第 228 页。

一、叙述者的能力与“不可靠叙述”

叙述者的能力，指的是叙述者在故事话语层面上的叙述效度，或者说，在某些情况下，叙述者不具备感知事物或事件的能力，这是由叙事视角本身限制的。例如有一次，笔者听某教师讲海伦·凯勒的《再塑生命的人》，讲课过程中，一位同学对文本的“从母亲的手势以及家人的来去匆忙中，我猜想一定有什么不寻常的事要发生”和“下午的阳光穿透遮满阳台的金银花叶子”这两个细节产生了疑问，他说：“‘我’在文中不是盲聋哑人吗？她怎么能够看到母亲的手势以及下午的阳光呢？”

问题提出之后，其他同学纷纷表示赞同。教师暂停了其他内容的分析，引导学生先来探讨这个问题。有的学生说：“文中的‘我’和作者海伦·凯勒不是同一个人，作者是盲聋哑人，‘我’不一定也是盲聋哑人。”有的同学不同意这种说法，认为：“文中的‘我’也是盲聋哑人，这从多处细节可以看出，例如‘在我的那个寂静而又黑暗的世界里，根本就不会有温柔和同情’这句话，暗示‘我’也是盲聋哑人。”有的同学说：“这篇文章是后来写的，那时候作者早已恢复了一定的视力和听觉，所以才能写出《假如给我三天光明》这本书。”有的同学表示赞同，认为“母亲的手势和下午的阳光带有一定的虚构成分，属于作者的回忆，不是真实的记录”。

其实，同学们的讨论虽然没有提出“不可靠叙述”的概念，但他们的问题与独特的解释，已经触及“不可靠叙述”的诸多内容。再比如感知流水的片段，作者说：“莎莉文老师把我的一只手放在喷水口下，一股清凉的水在我手上流过。”既然作者无法将实际意义上的“水”与“water”这个单词联系起来，又如何能够运用“水”这个概念？

实际上，文章的作者即叙述者与“我”之间虽然有重合的成分，但也有微妙的区别。“我”是一个正在经历当时事件的主人公，而叙述者则是站在一个成年人的立场上对过去的“我”的故事的回忆与叙述。或者说，叙述者是在恢复了部分语言功能与认知能力之后，对过去的事情进行重新叙述。这就要求叙述者一方面能够还原当时的情境与心理，真实地再现过去那种迷茫与无助的心态，再现莎莉文老师“重塑”“我”生命的经历，另一方面又要站在讲述者的立场上，用某种回溯视角对过去的事件进行评论。课文的第一段，很明显就是这样一种回溯的视角，是叙述者站在现在的时间点上对1887年3月3日那天的事情进行回忆。因此不论是“母亲的手势”还是“金银花叶子”还是“清凉的水”，都是叙述者对过去的补充与想象。为了使故事更具有现场感，作者在叙述中穿插着“我”的感受与认识，而实质上这些感受与认识，也是在回忆的整体框架内进行的。

也可以说，“不可靠叙述”不一定都是文本的叙述漏洞，也可能是作者采取的一种叙述策略与手法。

二、叙述者的价值观与“不可靠叙述”

布斯认为：“由于缺少更好的术语，当叙述者为作品的思想规范（亦即隐含的作者的思想规范）辩护或接近这一准则行动时，我把这样的叙述者称之为可信的，反之，我称之为不可信的。”[①] 有时候，叙述者在文本表层的价值观念，与作品深层的内涵是不一致的，这也是“不可靠叙述”的一种表现。深入到这种“不可靠”的内部进行分析，才能读懂作者的深层意图。

布斯在《小说修辞学》中还提出了一个概念叫“隐含作者”，他认为“隐含作者”是以特定立场、方式或面貌创作作品的人，“真实作者”则是没有进入创作过程的日常生活中的这个人。[②] 在郑振铎的小说《猫》中，“真实作者”指的是郑振铎这个真实的个体，“隐含作者”则是反映在《猫》的创作及成品中的“郑振铎”，叙述者则是“我”，它们之间有联系，但也有区别。我们可以分析小说的两处细节：

第一处，“我”一直强调“三妹是最喜欢猫的”，这其实是叙述者的主观态度。但如果按照这个结论去印证三妹的行为，可能就会出现偏差。从文本上讲，三妹的“最喜欢猫”实际上是将第一只小猫视为玩物，可以逗着玩，而并没有将猫当作是生命平等的朋友。或者说，这种“最喜欢”并非出自真心，而是让猫发挥其娱乐功能。于是，当第一只小猫明显处于生病状态时，三妹没有去分析小猫消瘦的原因，而是“想着种种方法去逗它”，甚至还“特地买了一个很小很小的铜铃，用红绫带穿了，挂在它颈下，但只显得不相称”，这实际上就是漠视生命的表现。最终，在全家人的表面关心内心冷漠的处理下，“它只是毫无生意的、懒惰的、郁闷地躺着”，以至于最后病

① 布斯：《小说修辞学》，华明、胡晓苏译，北京：北京大学出版社，1987，第178页。

② 申丹、王丽亚：《西方叙事学：经典与后经典》，北京：北京大学出版社，2010，第75页。

死了。虽说猫的生病与死亡是自然规律，但家人特别是三妹的态度值得注意。

第二处，在第三只猫亡失之后，“我”心情比此前更为难过，其中有悔恨、忏悔的成分。仔细分析文本，我们会发现不论是妻子还是三妹，甚至是“我”，身上都有一些自私与残暴。就拿“我”来说，是“我”的误解直接导致“一时怒气冲天，拿起楼门旁倚着的一根木棒，追过去打了一下”，这也导致了小猫的受伤。而当真相大白之后，“我”也很后悔，内心充满了挣扎，但遗憾的是，“我”只是在内心抒发自己的忏悔之情，在行动上没有任何表现，以至于“两个月后，我们的猫忽然死在邻家的屋脊上”，这不能不说是“我”的软弱、自私导致的。除了第三只小猫，同样被“冤枉”的还有张妈。对于一只“不能说话辩诉”的小猫，“我”充满了愧疚与痛悔；但是对于“能够开口辩解”的张妈，全家人没有任何悔意，甚至都没有意识到张妈被冤枉的心情。实际上，在家人的眼中，张妈的地位比不上第二只小猫，而是与第三只小猫有点类似，但至少“我”对第三只小猫表达了忏悔之情，对张妈却一言不发。从这个意义上讲，张妈的地位甚至不如第三只小猫。

也就是说，小说中的“我”的忏悔是真实的，“自此，我家永不养猫”中包含的情感是真挚的。但这种真挚是叙述者在文本表层的“真挚”，当然也是隐含作者真实的情感。但隐含作者的“真挚”中，不仅仅有悔恨，有反思，更有叙述者未曾意识到的自私、冷漠与偏见。叙述者与隐含作者的价值取向是不完全一致的，这恰恰是布斯“不可靠叙述”的体现，只有把握这种“不可靠性”，才能够挖掘出文本更深层的内涵。

三、叙述者的视角与“不可靠叙述”

叙述视角指的是叙述时观察故事的角度。这是西方叙事学中最复杂、争议最多的一个概念。此处只是从公认的视角理论出发，结合小说《驿路梨花》进行具体分析。

《驿路梨花》是以“我”作为叙述者的，“我”既是故事的叙述者，同时也是事件的观察者、经历者和体验者。或者说，《驿路梨花》不同于《孔乙己》的第一人称回忆性视角，也不是第一人称的旁观者的视角，而是正在经历此事的“参与者”。但这个“参与者”并不是全知全能的，而是用自己的眼光观察事件，用自己的心灵体察人物，从叙述手法上讲，这是设置悬念的需要。正是因为读者只能透过“我”的角度接受整个故事，“我”所知的是读者所知，“我”所不知的读者亦不知，如果读者已知，而“我”佯装不知，这就是一种视角的错乱，是一种“不可靠叙述”了。

在故事中，老余是在边境地区生活过多年的人，当“我”和老余发现小木屋时，不论是小木屋的布置和情景，还是老余的活动，抑或是“我们”共同的活动，都是通过“我”的眼光来观察的。当“我”和老余正在猜测小木屋的主人时，小说写道：

> 正说着，门被推开了。一个须眉花白的瑶族老人站在门前，手里提着一杆明火枪，肩上扛着一袋米。
>
> “主人”回来了。……

而在彭荆风发表于《光明日报》的原文却是这样讲述的：

> 正说着，门突地一下被推开了，一个须眉花白，手里提着一杆明火枪，肩上扛着一小袋米的瑶族老人站在门前，乐呵呵地笑着：“嗬！你们先来了。”
>
> 主人回来了。……

这里有三个值得注意的细节。第一是“我”眼中的瑶族老人，且不说晚上是否能看到老人是“须眉花白”，单是“肩上扛着一袋米”就值得怀疑。“我”是如何知道老人扛的是米而不是其他粮食呢？是根据经验的推测还是先入为主的判断呢？或者是小木屋墙上的“梁上竹筒里有米”这些字让“我”产生了这样的判断？值得注意的是，瑶族老人反复称自己是“给主人家送粮食来的”。当然，这个细节没必要过于纠结，因为在老人的语境里，粮食和米或许没必要区分得那么清楚。为了不引起读者的误解，笔者建议还是将原文中的“肩上扛着一袋米”改为“肩上扛着一袋东西”，这样更有“悬念感”。

第二个是瑶族老人“出场”的情景，小说原文和教材文本都是通过“我”的视角观察的。但小说原文采用的是长句，“须眉花白，手里提着一杆明火枪，肩上扛着一小袋米”是“瑶族老人”的定语，而选入教材时，编者将其改为短句，即“手里提着一杆明火枪，肩上扛着一袋米”和老人“站在门前”成为并列的动作。从“我”的感知来看，改为短句更符合实际情况。因为在当时的情境下，“我”首先注意到的是老人站在门前，然后再感知到老人手里和肩上的东西，如果是“我”一下子感知到三种动作行为，与瑶族老人“突然闯入”的情境不符。

第三个值得注意的是，“主人”一词的标点符号问题。小说原文的“主人”是不带引号的，选入教材时，编者加上了“引号”，笔者认为这是败笔，也造成了小说的“穿帮”。从理论上讲，“我”并不知道这个瑶族老人是不是小木屋的主人，或者说，当老人出现时，“我”主观上就认定老人是小木屋的主人，在“我”的感知世界里，老人是真实的主人。因此，我眼中的主人是不能带引号的。如果加了引号，说明主人并不是真正的主人，那也意味着“我”早已知道老人并不是真正的主人，这与“我”的限制性的观察视角、参与视角是不相符合的。或者说，只有当“我”是全知全能的，并且早已知道谁是小木屋真正的主人时，主人才能加上引号，以表示特殊称谓。而从叙述手法来看，不加引号更有利于造成读者的“误会”，让故事更有悬念。加了引号之后，读者已知老人不是真正的主人，故事也就没什么悬念了。

也就是说，每一种视角都是有自己的“叙述权限”。“限制性叙事者”叙述了“全知叙述者”的叙述内容，自然会造成小说情节的不严密，这一点是需要引起师生注意的。

总之，分析“不可靠叙述”，必须区分何者是作者有意采用的叙述策略，何者是作者未曾意识到的“漏洞”，更要透过小说话语表层，去把握隐含作者的真实心理与写作意图。

［本文发表于《中学语文》（上旬刊）2019 年第 3 期］

作者视角下《伟大的悲剧》再解读

叙事主义理论兴起以来，对小说的解读出现了一种“关注叙述者”的倾向。小说是虚构的艺术，这一点区别于传记文学。在传记文学中，叙述者与作者是同一个人，因此有必要将目光转向常被忽视的“作者视角”。传记文学作者的历史观与价值观、文学功底、知识背景等，都能影响到传记的写作。

一、传记作者的价值选择

学生在阅读课文前两段时，时常会有如下疑问：

1. 当斯科特一行到达南极点时，发现挪威人阿蒙森已经提前一个月来到这里了。那么作者茨威格为什么不为阿蒙森作传，而是选择了为第二个到达的斯科特写传记？

2. 第二段写到挪威国旗时说：“挪威国旗耀武扬威、洋洋得意地在这被人类冲破的堡垒上猎猎作响。”明明是挪威人先到达了南极点，作者为什么要用“耀武扬威”“洋洋得意”等这些带有贬义色彩的词？

3. 阿蒙森为什么要在这里留下一封信，并且请第二名把这封信带给挪威的哈康国王？我们知道，阿蒙森已经顺利返回，他为什么不亲自把这个消息告诉自己的国王？

课文本身并没有给出相应的答案，要理解这些问题，廓清学生心中的疑惑，还需要了解茨威格作为传记作者的价值选择问题。在《昨日的世界》中，茨威格曾说："从来不愿意去为那些所谓的'英雄人物'歌功颂德，而始终只着眼于失败者们的悲剧。……在我的传记文学中，我不写在现实生活中取得成功的人物，而只写那些保持着崇高道德精神的人物。譬如说，我不写马丁·路德，而写伊拉斯谟，不写伊丽莎白一世，而写玛丽·斯图亚特，不写加尔文，而写卡斯特利奥。"[①] 这可以算是茨威格选择传主的独特价值标准。在作者看来，第一个到达南极点的阿蒙森在现实生活中取得了成功，在科学探险史上也有开创性的贡献，但其身上缺少一种崇高的道德精神与人格力量。查阅史料得知，阿蒙森在进军南极时，采用了"声东击西"的策略，而且，阿蒙森的探险队和斯科特的船队在南极还有过一次碰面，随后，阿蒙森一行先于斯科特到达南极点。在接受采访时，阿蒙森说："最重要的因素是探险的准备如何，你必须要预见可能出现的困难，遇到了该如何处理或者如何避免，成功等待那些井井有条的人——人们管这个叫做好运气。"字里行间透露出满满的自信甚至有一种炫耀的成分，这也解释了他为什么要给斯科特留下一封信：把信带给挪威国王是表面的，实际上是向竞争对手宣告自己的胜利！不过在当时，很多人认为阿蒙森的胜利是欺骗和不公平竞争的结果。

从价值选择来看，作为成功者的阿蒙森不符合茨威格选择传主的标准，相反，作为"失败者"的斯科特虽然是第二名到达者，但他随后在与极寒、暴风雪等恶劣气候条件下展现出来的精神品质，以及他们五个人面对死亡时大无畏的勇气，更带有悲壮的色彩。更重要的是，他们在与大自然搏斗过程中展现出来的崇高的道德品质，更值得大书特书。胜利者的价值是一种实用的、功利的价值，不一定具有审美和情感价值，而失败者们的悲剧才具有感染人、打动人的独特力量，从而具备了书写的价值。正如有论者认为："这些带有悲剧色彩的英雄，保持着崇高精神的'失败者'，大多是时代的'超人'，他们用顽强的意志在抗争，甚至不惜毁灭自我来展现其创造力，他们虽败犹荣。"[②] 因此，那耀武扬威、洋洋得意的挪威国旗，不仅是斯科特的"主观印象"，同时也是作者独特的价值审视下的话语表述。

---

① 茨威格：《昨日的世界》，舒昌善、孙龙生、刘春华等译，北京：生活·读书·新知三联书店，1991，第 187 – 188 页。

② 杨荣：《被忽略的茨威格传记文学》，《西华师范大学学报（哲学社会科学版）》2017 年第 6 期，第 64 页。

二、科学视角与文学视角

课文《伟大的悲剧》选自茨威格的《夺取南极的斗争》这篇传记，从题目上看，传记主要记述的应该是科学考察队到达南极点、征服自然的历程。既然跟科学有关，作者在创作时一定会参考大量的原始文件资料，确保传记的真实可靠。不过学生在阅读过程中，还是发现了不少疑问，例如：

斯科特回程时，一定不能偏离自己原来的脚印，以免错过之前设置的贮藏点。课文写道："在那里储存着他们的食物、衣服和凝聚着热量的几加仑煤油。"这说明事先经过了充分的准备。但为什么后文一直强调"储存在这里的煤油太少了，他们必须精打细算地使用这些最为必需的用品——燃料""再次使他们感到可怕的绝望，那里储存的燃料又是非常之少""好像故意捉弄他们似的，只留下极少的煤油，即热能"等。阅读文章可以看出，煤油可以说是他们的生命线，为什么原本有"几加仑"的煤油，结果又说"太少了"？是本来就没有储存够，还是什么原因导致的损失？

这个问题文中也没有答案。《斯科特日记》里也一直说"如果那里的油料也短缺的话，那可真是太糟糕了""如果油料继续缺乏下去，我们的希望就很渺茫了"，可见斯科特也只是知道"油料短缺"的事实，而没有掌握为什么煤油会越来越少。在他生命最后一刻写下的绝命书里，他说："是情况发生了逆转，因此我们没有理由怨天尤人，只有顺从天命。"这里的"情况发生了逆转"不仅是罕见的暴风雪天气，更重要的是油料的神秘短缺。或许，在当时的条件下，人们都无法探究油料短缺的内在原因。

茨威格依据斯科特的日记等资料，在面对这一困境时，显然也无法给出满意的答复。他只能从文学创作的角度渲染油料短缺带给斯科特一行的身体影响和心理影响，特别是心理影响，这一点从"新的痛苦和失望""感到可怕的绝望""已不再抱任何希望""新的绝望"等心理活动的描写中可以看出。实际上，油桶里的煤油原本是充足的，但焊锡材料在超低温下变成了粉末，从而导致了煤油的"神秘"流失。这一点也是作者的"盲点"，毕竟他不是具有专业现代化学知识的科学家。

三、传记作者和小说作者的身份重合

茨威格不仅是优秀的传记作家，同时也是伟大的小说家。其小说的最大特点便是对人物心理进行细致入微的剖析，这一点也是受到了弗洛伊德精神分析理论的影响。小说《夜色朦胧》《一个陌生女人的来信》《一个女人一生中的二十四小时》等，都是靠这种心理剖析打动读者。小说上的心理分析，也被茨威格熟练地运用于传记的创作中。德国当代作家马克思·封·德·格吕恩在论及茨威格传记文学时曾说："斯蒂芬·茨威格不倦地追寻着在历史事件边缘上的人物，解剖其灵魂，使某些历史插曲几乎成了一幅幅心理学图案——因为他是人之友，对他说来'人的一切并不陌生'。"[①] 这一点在《伟大的悲剧》中也有体现。

当斯科特一行达到南极点时，他们发现阿蒙森已经提前一个月到达这里，作者写道：

千万年来人迹未至，或者说，太古以来从未被世人瞧见过的地球的南极点竟在极短的时间之内即一个月内两次被人发现，这是人类历史上闻所未闻、最不可思议的事。而他们恰恰是第二批到达的人，他们仅仅迟到了一个月。虽然昔日逝去的光阴数以几百万个月计，但现在迟到的这一个月，却显得太晚太晚了——对人类来说，第一个到达者拥有一切，第二个到达者什么也不是。一切努力成了徒劳，历尽千辛万苦显得十分可笑，几星期、几个月、几年的希望简直可以说是癫狂。

这段话值得注意的有以下几点：首先，这看似是一段作者站在一定的高度对斯科特一行的评价，但仔细阅读我们发现，这并非作者的客观评论，而是斯科特一行人的心理活动。他们一方面感叹南极点在不到一个月内两次被人发现，同时又十分懊悔自己并非第一个到达南极点的人。其次，作者用的主语是"他们"而不是"他"，这就意味着这是他们五个人共同的心理活动，而不是某一个人的沉重心理。虽然斯科特在日记表达了自己的失望与遗恨之情，但这种情绪属于五个人。作者在小说中善于剖析个体的潜意识甚至是无意识、非理性的心理，但此处却是理性的"集体心理"，这一点也是特别之处。第三，作者是用长句来剖析人物心理。按照一般经验，短句适合抒发非理性的情感，其极端表现便是歇斯底里的呼喊，表现在语言形式上一定是类似祈使句的抒情语态。而长句表达的恰恰是经过理性过滤之后的情感，带有一种沉郁顿挫的克制感。就拿上述这段话来说，在面对既定事实时，他们一方面觉得自己此前的付出与努力毫无价值，并且发出了"第二个到达者

① 黄文华：《茨威格的生活与创作》，《译林》1982 年第 2 期，第 264 – 270 页。

什么也不是”的悲观论调，但他们对竞争对手阿蒙森没有情绪上的抵触，甚至还接受了一项“最冷酷无情的职责”。这正是他们的可贵之处。

有论者指出茨威格的每一部传记都是：“从心理分析的角度探入历史人物的内心世界，剖析紧张而又重要的历史瞬间，注意历史人物性格的刻画、历史生活场景的记录、心理生活和情感生活细节的解剖、事变中关键瞬间的作用等，以深厚的人文底蕴和细腻的人道同情，为我们打开了解历史、认识历史人物的新窗口。”① 这一点在《伟大的悲剧》中表现得也十分明显。作者正是捕捉到了某些重要的历史瞬间，例如埃文斯牺牲的那个“历史瞬间”，作者写道：“他们终于明白，这个苦命的人由于摔了一跤或者由于巨大的痛苦已经疯了。对他怎么办？把他抛弃在这没有生命的冰原上？不。可是另一方面，他们又必须毫不迟疑地迅速赶到下一个贮藏点，要不然……”一个简短而铿锵有力的“不”字，揭示了五个人在困境之中互相帮助、互相给予生命鼓励的精神，一个“省略号”又暗示了当时的紧张气氛以及人物的心理纠结。实际上，他们并没有抛弃埃文斯，斯科特在日记写道：“他完全被冻僵了。威尔逊、鲍尔斯和我回去拖雪橇，奥茨留在原地照顾他。我们回来的时候，埃文斯失去了知觉。我们把他抬进帐篷后，他依旧不省人事。午夜12点30分，他平静地死去了。”虽然埃文斯死去的时间略有出入，但作者在刻画其他人心理的时候，体现出了“细腻的人道同情”。

四、记录者、创作者与解释者

茨威格用抒情化的语言记述了这场“夺取南极的斗争”，事实清晰，能够真实、细致地再现历史，从这个意义上讲，他是一个记录者；但他的记录又不是“斯科特日记”的翻版，而是在叙述和描写的过程中，加入了文学化的修辞以及主观的理解与想象，从这点上讲，他又是一个创作者；在创作过程中，作者又依据自己的价值观念对事件和细节不断进行自己的评价与解读，因此他又是一个解释者。这三种身份有机地统一在《伟大的悲剧》这篇课文中。

创作者的视角，主要是指作者在事实框架之下对事件细节、人物心理、动作进行的想象式补充与描写。这一点最突出地表现在他写最后一篇日记的场景：

① 杨荣：《被忽略的茨威格传记文学》，《西华师范大学学报（哲学社会科学版）》2017年第6期，第60页。

最后一篇日记是他用已经冻伤的手指哆哆嗦嗦写下的愿望："请把这本日记送到我的妻子手中!"但他随后又悲伤地、坚决地画去了"我的妻子"这几个字，在它们上面补写了可怕的"我的遗孀"。

斯科特在日记里的最后一句话是："最后，请把我这日记，交给我的遗孀。"虽然查阅最原始的日记资料，作者可以辨认出画掉的"我的妻子"这几个字，但日记本身并没有提供更多的信息，作者更未亲眼见到斯科特写日记的真实场景，因此上述这段话就是作者依据情理的想象。"冻伤的手指"是事实存在，"哆哆嗦嗦"是情景复原，也有一定的依据，而斯科特将"我的妻子"改为"我的遗孀"，其心情是不难推测的，"悲伤"是因为自己不久于人世、再也无法与妻子见面，"坚决"是因为自己已经做好了迎接死亡的准备。而我们还可以想象，他当时写这句话的时候，内心一定充满了绝望与痛苦，甚至能够想象出妻子收到这封信之后的表现。从"妻子"到"遗孀"，写信时是"妻子"，收到信之后却是"遗孀"，这个细节带给人的心理冲击是十分强烈的。

如果说创作是感性的想象与补充的话，那么"解释"就是理性的评判与分析。评论者指出："解释不只是一种文本追求和指向，解释走到了前台，事实化入到背景，解释成了其传记文本中最重要的因素。对分析与解释的强调，一定程度上颠覆了传统传记中'事实'与'解释'之间的关系。"① 这一点在本文中也有体现，我们可以举两个细节例子来说明。

第一个是作者写到大自然的巨大威力时说："千万年来积聚的力量能使它像精灵似的召唤来寒冷、冰冻、飞雪、风暴——使用这一切足以毁灭人的法术来对付这五个鲁莽大胆的勇敢者。"这句话中的"鲁莽"一词就是对斯科特五人的评判。那究竟应该如何理解"鲁莽"一词呢？徐江教授认为"鲁莽"是作者用"极其隐晦的手法暗示了斯科特的错误"，认为斯科特穿毡鞋行军，用矮种马做脚力，导致行军速度慢，从而未能在暴风雪肆虐之前走出极地圈。② 也有的教师认为："相对于'勇于牺牲的精神'，我们更应该教育学生尽最大可能最大限度地运用智慧避免'可以避免的牺牲'，尤其要珍爱生命，要知道在错误的道路上所表现出的勇敢，其实是一种'鲁莽'，

① 杨荣：《被忽略的茨威格传记文学》，《西华师范大学学报（哲学社会科学版）》2017 年第 6 期，第 64 页。

② 徐江：《中学语文这样上——徐江新解读与教学实践》，福州：福建教育出版社，2013，第 7－8 页。

是不值得学习的。”[①] 其实，这些观点产生的根本原因是对作者所说的“鲁莽”进行了误读。结合上下文，此处的“鲁莽”不应理解为做事欠考虑、轻率，而应该理解为“有闯劲”“不惧怕危险”等，因为与“鲁莽”搭配的是“大胆的勇敢者”。

第二个是当他们得知已经不会再出现奇迹时，作者写道：“于是决定不再迈步向厄运走去，而是骄傲地在帐篷里等待死神的来临，不管还要忍受怎样的痛苦。”此处的“骄傲”也是作者对三个人在面对死亡时的精神状态与心理状态的评判。很明显，“骄傲”不能理解为“狂妄自大”或“鲁莽”，而是应该理解为“无所畏惧”“平静”等，这一点可以从“却始终没有向世界哀叹过一声自己最后遭遇到的种种苦难”看出来。

总之，从“作者视角”出发，我们可以解释学生在阅读过程中的困惑，可以把握茨威格传记文学的独特之处，更可以解读文中的诸多细节。当然，这种解读依然是建立在对文章的分析与把握基础之上的。

（本文发表于《语文建设》2018 年第 9 期）

① 安杨华：《努力揭示文本的“隐蔽意义”——〈伟大的悲剧〉研究述评》，《中学语文教学》2013 年第 1 期，第 49 页。

感知者与隐含作者的错位与重合：《最后一课》再解读

对于《最后一课》的解读，近年来出现一种新的观点，研究者从中日教材、中法教材的对比出发，并结合当时的历史事实，考证出阿尔萨斯的居民使用的阿尔萨斯语原本就是德语语系，并且建议学生在阅读时要有批判性思维，用思辨阅读的重新解读。这些观点都是学术进步的表现，但如果能结合叙事学的相关理论，我们更能发现“感知者”与“隐含作者”之间的错位与重合的线索。

一、叙述框架中的感知者：“我”眼中的世界

《最后一课》的副标题是“一个阿尔萨斯小孩子的自述”，很多文章强调了这篇小说的“儿童视角”。但实际上，叙述者“我”不仅在讲述自己的亲身经历，同时也用自己的眼光来观察世界，用自己的感官、思维来感知世界。或许，小弗朗士“自述”背后的“叙述感知”，更值得挖掘与分析。

叙事学成熟的标志，是“故事”与“话语”之间的分野。前者是事件与人物的结构，后者则是“在话语层面，叙述者与故事的关系、时间安排、观察故事的角度”[①]，或者说，叙事学探讨的不再是以前的事件、人物与环境，而是“故事是如何被讲述的”，这就涉及叙述者的问题。叙述者讲述故

① 申丹、王丽亚：《西方叙事学：经典与后经典》，北京：北京大学出版社，2010，第5页。

事，包括了观察故事的视角、叙述的空间与时间、叙述的结构与交流等。其实，所谓“叙述”，它不仅包含了观察的视角，同时还包括了讲述的声音、感知与参与故事等多种层次。法国叙事理论家热奈特在《叙述话语》一文中明确提出了“谁看?”和“谁说?”的区分，前者是“感知者”，后者是“叙述者”。他还把参与故事的叙述者称为“同故事叙述者”，把不参与故事的叙述者称为“异故事叙述者”。像《水浒传》的叙述者，就是典型的“异故事叙述者”，研究这种叙述视角时，只需要区分视角的差异，无须考虑叙述者感知故事或参与故事的层次与方式。对于这篇小说来说，如果从儿童的讲述视角，我们可以像钱理群教授那样，读出“年轻一代精神成长”的主题①，但从感知的角度看，我们或许可以读出更多内隐于文本的含义。

细节一：当“我”不想上学而到野外玩玩时，不仅听到了画眉在婉转地唱歌，还看到“普鲁士兵正在操练”，此时“我”的心理活动是“这些景象，比分词用法有趣多了”，“我”感到“有趣”的“这些景象”，显然包括普鲁士兵在操练。看到德国士兵在操练，“我”没有太大的心里波澜，反而感到很有趣，这个细节不仅可以看出“我”的儿童心理，同时也暗示“我”以及周围的人，并没有强烈的家国认同感。

细节二：镇公所的布告牌，在“我”的心目中是不祥的存在：“最近两年来，我们的一切坏消息都是从那里传出来的：败仗啦，征发啦，司令部的各种命令啦。”所谓“败仗”，肯定是“我们”这一方吃了败仗，这固然不是好消息。但是“征发”，按照课本注释“政府向人民征调人力或财务”，在“我”看来也是坏消息，一方面说明了“我”是以儿童的心理来感知的，另一方面也暗示出阿尔萨斯的人对“政府”的疏离。而“司令部的各种命令”，由于不清楚究竟是法国的司令部还是德国的司令部，这个“坏消息”的价值不易判断。如果是“法国军队的司令部”，那就更看出阿尔萨斯人并没有建立真正的家国意识，至少是不太认同法国的统治。

细节三：铁匠华希特带着徒弟在看布告，说明他们是关心时政的，但在看到“我”迟到时，如果是有强烈的家国情怀或民族意识的话，他断然不会说“用不着那么快呀，孩子，你反正是来得及赶到学校的”这样引起“我”误解的话，而是应该说：“孩子，你还不快点去学校，今天是你们最后一节课了!”这样不更能体现出自己内心的惶恐与焦虑吗?而那句略带嘲讽以至于引起误解的话，虽然从小说叙述的角度讲是设置悬念，但也从一个侧面暗示出底层民众对政府的认同感是较低的，至少没有体现出亡国时的悲痛与无助。

---

① 钱理群、孙绍振、王富仁：《解读语文》，福州：福建人民出版社，2010，第365页。

细节四：对于小说中的郝叟老头儿，很多文章也注意到了，例如他的穿着、表情以及手里的初级法语读本，笔者认为这本“书边破了的初级读本”更有挖掘的价值。“老头”与“初级读本”之间固然存在“裂痕”，但“书边破了”更能说明他对法语缺少一种认同感。因为，“书边破了”说明书不是新买回来用来“应景”的，而是以前就有但一直没有学过书上的内容，那么他为什么一直没有学呢？仅仅是因为法语的语法太难吗？

细节五：当小弗朗士意识到这是最后一课时，顿时充满了懊悔，并且在心里说：“我这些课本，语法啦，历史啦，刚才我还觉得那么讨厌，带着有那么沉重，现在都好像是我的老朋友。”语法比较难，“我”很讨厌，自然在情理之中，那么“我”为什么要说讨厌“历史”呢？是因为难吗？还是因为这也是韩麦尔先生教的科目，于是“恨屋及乌”？后文中说：“习字课完了，他又教了一堂历史。”这说明韩麦尔先生既是法语老师，又是历史老师。“我”讨厌历史，不仅仅是因为很调皮，哪门功课都不喜欢，同时也暗示出“我”缺乏对政府的认同感。

细节六：当小弗朗士背不出分词时，韩麦尔先生说：“现在那些家伙就有理由对我们说了：‘怎么？你们还自己说是法国人呢，你们连自己的语言都不会说，不会写！’”这句话也很奇怪，按道理说，法国人说法语，这是天经地义的事情，上述这句话为什么不表述为“你们还是法国人呢，你们连自己的语言都不会说，不会写”而是说“你们还自己说是法国人”？也就是说，阿尔萨斯人只是“说自己是法国人”，但内心是否对法国有认同，这一点还不好确定。

这些细节，恰恰是“我”真实感知的世界，当然也是“最后一课”前包括小弗朗士在内的阿尔萨斯人的真实状态，而“最后一课”的价值和意义正在于通过这节课，使得阿尔萨斯人对法国更具有家国认同的意识与情感。这一点，也是“我”精神成长的主要内容。

二、隐含作者：“韩麦尔先生”的人物意义

“隐含作者”的概念是美国小说理论家韦恩·布斯在《小说修辞学》里提出来的概念。从创作的角度讲，“隐含作者”就是处于某种创作状态、以某种立场和方式来“写作的正式作者”；从解码的角度看，“隐含作者”则是文本“隐含”的供读者推导的这一写作者的形象①。虽然这一概念在理论

① 申丹：《叙事、文体与潜文本——重读英美经典短篇小说》，北京：北京大学出版社，2009，第37页。

界还有争议，但至少人们都认为它与“真实作者”有区别的。詹姆斯·费伦认为：“隐含作者是真实作者精简了的变体，是真实作者的一小套实际或传说的能力、特点、态度、信念、价值和其他特征，这些特征在特定文本的建构中起积极作用。”① 也就是说，隐含作者是真实作者创造出来的“变体”。而在《最后一课》中，隐含作者的价值观念隐藏在韩麦尔先生身上。

这一点不难判断。最直接的体现便是他在语法课上讲的一番话：“亡了国当了奴隶的人民，只要牢牢记住他们的语言，就好像拿着一把打开监狱大门的钥匙。”这句话一向被认为是小说的“关键句”，也是小说的主旨所在。但在文本的字里行间，我们还发现：

首先，韩麦尔先生在教育方式上可能存在一些问题。且不说他去钓鱼的时候干脆给学生放一天假这样的事情，单是用戒尺惩罚学生的方式就能说明问题。“小弗朗士们”之所以讨厌语法、分词，与韩麦尔先生粗暴的教育方式不无关系。学生在高压下学习法语，恰恰从另一个侧面证明了人们对法语的不热爱。

其次，我们发现韩麦尔先生并不是阿尔萨斯人，他是一个从法国其他地方派过来担任阿尔萨斯地区法语教学的教师，而且一教就是40年。他承担着教授法语的责任，但效果却不是那么理想。更重要的是，如前文所说，他还教历史。国家认同的最重要的内容就是语言认同与历史认同，阻断了语言，割断了历史，就很难在一个人心中建立起国家认同的意识。这就说明，法国政府意识到了语言和历史对国家认同的重要性，于是将他派遣过来，肩负起传播法国文化的重任。

再次，韩麦尔先生在阿尔萨斯教书40年，这正是郝叟老头儿上学的时候，也可以说，小弗朗士其实就是少年时期的“郝叟老头儿”。文中还有一个细节，韩麦尔先生是“混合教学”，有的学生是高级班，有的学生是初级班，这一点从“接着又教初级班拼他们的ba，be，bi，bo，bu”可以看出。而且，文中还有最小的孩子专心画“杠子”的描写，这些最小的孩子也是韩麦尔的学生。也就是说，他的“最后一课”不仅带有告别、留恋等情感，更重要的是带有启蒙的意味，启蒙的对象包括孩子、少年、中年、老年等不同的年龄段，但这种启蒙意义最终体现在小弗朗士这样一个“摆脱了幼稚，但尚未成熟”的孩子身上了。

这才是“隐含作者”的真实意图：教师（韩麦尔先生）通过自我解剖

① 申丹：《叙事、文体与潜文本——重读英美经典短篇小说》，北京：北京大学出版社，2009，第44页。

与反思，经由“最后一课”启蒙处于“语言蒙昧”状态中的阿尔萨斯民众，使他们觉醒，使他们产生爱国情感与国家认同感。

三、错位与重合：“我”对韩麦尔先生的“想象性感知”

小弗朗士的“年轻一代精神成长”与韩麦尔先生的“文化启蒙”并不是同步的，或者说并不是一一对应的直线关系，而是有一种错位，正是这种错位感，使得文本的内涵更为丰富了。

首先，“我”在语法课上听到了韩麦尔先生说的“语言是打开监狱大门钥匙”这番话后，开始了“精神觉悟”，这种觉悟最直接的体现是在知识的接受与学习上，“他讲的似乎挺容易，挺容易。我觉得我从来没有这样细心听讲过，他也从来没有这样耐心讲解过。”“我”的收获仅仅在于法语本身的感知与学习上，还没有达到精神启蒙的高度。接下来的习字课，才使得“我”超越了知识学习，到达了精神成长的高度。其标志有二，一是写着圆体字的字帖，在“我”看来就“好像许多面小国旗在教室里飘扬”，在“法兰西”“阿尔萨斯”这些语言符号的冲击下，“我”开始将法语与国家的象征——国旗联系起来；二是当听到屋顶上的鸽子咕咕咕咕地低声叫着时，我的心理活动是“他们该不会强迫这些鸽子也用德国话唱歌吧”，这已经是具备了相当强烈的民族主义情怀，而早上的时候，“我”还认为普鲁士兵正在操练是很“有趣”的事情。

其次，当“我”在精神方面即将实现转折性的成长时，小说的一个细节又阻断了这种“成长”，也就是小说对韩麦尔先生的心理活动进行刻画的片段。值得注意的是，这并不是“隐含作者”对韩麦尔先生的心理认知，而是“我”对韩麦尔先生心理活动的“想象性认知”。小说写道：

> 四十年来，他一直在这里，窗外是他的小院子，面前是他的学生；用了多年的课桌和椅子，擦光了，磨损了；院子里的胡桃树长高了；他亲手栽的紫藤，如今也绕着窗口一直爬到屋顶了。可怜的人啊，现在要他跟这一切分手，叫他怎么不伤心呢？何况又听见他的妹妹在楼上走来走去收拾行李！——他们明天就要永远离开这个地方了。

其实，这不是韩麦尔先生的心理活动，而是“我”的想象。根据隐含作者的真实意图，韩麦尔先生此时此刻的想法，一定不会仅仅停留在“留恋”“舍不得离开”这样的浅层次，而是应该聚焦于领土的割让以及语言、文化、历史的断裂，甚至有对阿尔萨斯人的某种焦虑。但实际上，在“我”的认知空间里，韩麦尔先生仅仅是不愿意离开工作了40多年的地方，舍不得离开这个熟悉的环境，这虽然是人之常情，但不符合隐含作者的真实意图。试想：一个刚发表过慷慨激昂的对国家、对民族、对语言文化的“演说”后，其全部的心理活动只是“留恋”？

这也说明了，“隐含作者”的认知层次与“我”的成长层次有一种“错位”。当然，这种错位并不意味着“我”此前的觉醒是虚假的，而恰恰是一种蓄势，似乎是在蓄积某种力量。在小说中，习字课上完之后，作者又提到了一节历史课，略写了一节初级拼读课，这也是一种蓄势，是为最后的片段“张本”：

韩麦尔先生站起来，脸色惨白，我觉得他从来没有这么高大。

“我的朋友们啊，”他说，“我——我——”

但是他哽住了，他说不下去了。

他转身朝着黑板，拿起一支粉笔，使出全身的力量，写了几个大字：

“法兰西万岁！”

然后他呆在那儿，头靠着墙壁，话也不说，只向我们做了一个手势：“放学了，——你们走吧。”

小说以韩麦尔先生的富有冲击力的动作和语言结尾，在某种程度上强化了“隐含作者”的意图。这种意图不仅体现在“法兰西万岁”这样直白的语言表述中，同时也体现在“哽住”“拿起一支粉笔，使出全身的力量，写了几个大字”“呆在那儿，头靠着墙壁，话也不说”等具体的动作中。但正是在此时，“我”悄然离场了。原本可以大书特书“我”的心理活动，例如抒发对法兰西政府的热爱，对德意志政府的痛恨，家国意识的觉醒等，但作者却刻意“留白”了。不过，这种“留白”并不意味着“我”对韩麦尔先生的举动无动于衷，恰恰是情感浓烈到极致的“无言”与“失语”。联系此前“我”对韩麦尔先生的“想象性认知”，再结合“法兰西万岁”几个大字，相信“我”可以实现真正的精神成长了，这一点也是隐含作者的最终意图。也正是在这“空白”中，“感知者”与“隐含作者”也实现了从“错位”到“重合”，重合于家国认同与民族情感。

总之，表面上看，这篇小说写的是小弗朗士在“最后一课”中的转变，实际上隐含着“年轻一代精神成长”的主题，而在感知者与隐含作者的错位与重合中，一个“家国意识启蒙”的主题也就“浮出地表”了。

（本文发表于《语文建设》2019年第2期）

《智取生辰纲》的叙事艺术再探究

《智取生辰纲》出自《水浒传》，被选入统编初中语文教材九年级上册第六单元。“单元导语”中说“要抓住小说的主要线索，梳理故事情节”，课后“思考探究”第一题“阅读课文，梳理小说的故事情节，说说吴用等人是怎样一步步智取生辰纲的”和第三题“小说围绕着生辰纲的争夺，采取了明暗结合的双线结构。同学之间讨论：明线是什么？暗线又是什么？这样安排有什么好处”，第一题着眼于情节的梳理与概括，侧重于故事内容的把握；第三题则是探究小说的叙事艺术。对于小说暗线的问题，陆精康老师在《“〈智取生辰纲〉暗线说”质疑》一文中进行了详细的考证与分析，认为小说不存在明暗两条线。[①] 从叙述的角度分析《智取生辰纲》的艺术，前人已有研究。早在 20 世纪 80 年代，李华贵先生在《层波叠浪 珠联璧合——〈智取生辰纲〉情节结构赏析》一文中就按照故事的起因、发展、高潮、结局四个阶段对情节进行梳理与分析[②]；万永红老师在《〈智取生辰纲〉的情节艺术特点》一文中侧重分析情节的精巧与生动，认为“情节叙述有头有

① 陆精康：《“〈智取生辰纲〉暗线说”质疑》，《中学语文教学》2005 年第 1 期，第 36－37 页。

② 李华贵：《层波叠浪 珠联璧合——〈智取生辰纲〉情节结构赏析》，《南充师院学报（哲学社会科学版）》1982 年第 2 期，第 107－110 页。

尾，脉络分明，而且一波多折、用笔多变、舒缓徐迂”[①]；杨梦吟在《论“智取生辰纲”的叙事策略》一文中按照情节发展线索，分析了小说的叙事策略[②]，不过“智取生辰纲”的片段不限于教材选文，而是整个故事片段；邵子华教授在《意义在叙述中诞生——论〈智取生辰纲〉的叙事策略》一文侧重从生存伦理的角度对整个智取生辰纲的过程进行解读[③]。也就是说，对于小说的叙述层次、叙述视角、故事情节的“入情入理”性论述较少，本文依次从这三个方面展开分析。

一、叙述层次：小说叙事的空间艺术

小说中不同的人物有不同的行动，形成情节后便存在着叙事的时间与空间问题。时间主要是情节按照先后顺序的展开，但不同人物的“同时行动”就涉及叙事空间问题。古典小说《水浒传》保留了宋元话本小说的特点，说书人在同时叙述不同人物的行为时，自然就会考虑到叙述的层次问题。此处的“层次”并非实际事件发生的先后顺序，而是叙述者在同一叙事空间内的先后顺序。因为叙述者是单一的，他在叙述同时发生的行为时，势必会有先后顺序，此即为叙述层次。例如：

杨志戴上凉笠儿，穿着青纱衫子，系了缠带行履麻鞋，跨口腰刀，提条朴刀。老都管也打扮做个客人模样。两个虞候假装做跟的伴当。各人都拿了条朴刀，又带几根藤条。

在实际的故事层面，杨志、老都管、虞候、众军士一定是同时准备，但在叙述的层面上，则是按照本次行程人物地位顺序排列的。杨志一方的情节，主要涉及的也是这四类人物，作者在创作的过程中，十分注意层次的安排与搭配，这是叙述艺术的一大特点。

例如在到达黄泥岗之前的时间里，杨志和其他三类人的矛盾已经初显了。作者先写杨志和厢禁军的冲突：“如若停住，轻则痛骂，重则藤条便打，

① 万永红：《〈智取生辰纲〉的情节艺术特点》，《语文教学与研究》2011 年第 20 期，第 90 页。

② 杨梦吟：《论“智取生辰纲”的叙事策略》，《剑南文学（经典教苑）》2012 年第 4 期，第 201－202 页。

③ 邵子华：《意义在叙述中诞生——论〈智取生辰纲〉的叙事策略》，《宁夏师范学院学报》2015 年第 2 期，第 28－32 页。

逼赶要行。”再写与两个虞候的矛盾，但并未直接写杨志与老都管的矛盾。此后，作者先写“虞候诉都管”，后写“厢禁军诉都管”，老都管第一次表达对杨志的不满：“这两日也看他不得。权且耐他。”最后，作者用三句话进行总结：“那十一个厢禁军口里喃喃呐呐地怨怅，两个虞候在老都管面前絮絮聒聒地搬口。老都管听了，也不着意，心内自恼他。”这三句话，一句写厢禁军，一句写两个虞候，一句写老都管。叙写顺序与出发时相反，与途中顺序也不一样。这足以见出作者笔势夭矫，变化多端。紧接着，作者又说：“似此行了十四五日，那十四个人没一个不怨怅杨志。”金圣叹称之为“如椽之笔”，即上述三句话又归结为一句话，这就好比百川归海。于是，从重点写厢禁军和两个虞候，再到把老都管“拉”进矛盾冲突中，接着用三句话加以总结，最终又归为“十四个人没一个不怨怅杨志”。

而到了黄泥岗之后，杨志与厢禁军、两个虞候的矛盾逐渐转变为杨志与老都管的矛盾。杨志是此次押送生辰纲的头领，老都管则是梁中书和夫人安插的眼线，这两个人物产生了矛盾分歧，也就预示着生辰纲必然被劫的结局。此时，杨志对众军士的打骂、对两个虞候的斥责，都是为了给杨志与老都管的矛盾“张本”。二人的矛盾逐渐升级，老都管初称杨志为“提辖”，后直接呼其为“杨提辖”，一字之差，矛盾性质已然发生了变化。此时，厢禁军与两个虞候的行为语言全部略去。于是，叙述层次从“三方兼顾”变为“聚焦一方”，这也暗示出杨志与其他两类人的矛盾并非主要矛盾，而与老都管的矛盾才是导致此行失败的内在原因。

二、叙述视角：小说叙事的隐秀艺术

隐秀，原是诗歌批评的术语，出自刘勰的《文心雕龙》。笔者所说的“隐秀”主要是叙述人不断变换观察与感知视角。当全知叙述出现，即为“秀”；当全知叙述让位于限制性叙事，即为“隐”。中国古典小说理论虽然没有“叙事视角”的术语与理论自觉，但在实际创作中十分讲究视角的变换，而且一些小说评点家也意识到了叙述视角的问题。例如《柴进门招天下客 林冲帮打洪教头》一回中，董超、薛霸想要在野猪林结束林冲的性命，鲁智深跳出搭救林冲。作者写鲁智深的出场：“两个公人看那和尚时，穿一领皂布直裰，跨一口戒刀，提着禅杖，轮起来打两个公人。”此处已然由全知视角转化为小说中人物视角，人物视角决定了读者所能接受的内容。若是全知视角，此段应表述为：“只见鲁智深从林子里跳出来，他穿一领皂布直裰，跨一口戒刀，提着禅杖，轮起来打两个公人。”这样的话，读者的悬念就被破坏了。金圣叹评点说：“即如松林棍起，智深来救，大师此来，从天而降，固也；乃今观其叙述之法，又何其诡谲变幻，一至于是乎！”[①] 金圣叹所说的“叙述之法”，自然也包含了视角方面的变化。再比如《林教头风雪山神庙 陆虞候火烧草料场》一回写陆虞候和富安来到李小二酒店：“看时，前面那个人是军官打扮，后面这个走卒模样，跟着，也来坐下。”金圣叹批注说：“看时二字妙，是李小二眼中事。”[②] 这也暗示了此处是以李小二的视角来看二人的，李小二所看所知，自然也是读者所见所知。

在《智取生辰纲》一文中，前面部分一直是以“说书人”的全知全能视角来叙事的，不仅能够观察人物的动作行为，能听到人物的言语，甚至连“老都管听了，也不着意，心内自恼他”的心理活动也能感知。而当晁盖一方出现时，叙述视角由全知变为限制叙述，例如：“只见松林里一字儿摆着七辆江州车儿；七个人脱得赤条条的在那里乘凉。”（原著为“六个人”，教材为“七个人”，教材有误。因为此前“对面松林里影着的、在那里舒头探脑价望”的人并不在“七人”里。）这里的“只见”自然是杨志眼中所见。而当叙述“一个鬓边老大一搭朱砂记，拿着一条朴刀，望杨志跟前来”，此处以及之后的情节，已不再是杨志的视角，而是叙述者故意隐去全知视角，用一种“外视角”来观察感知。即杨志不清楚七人的身份与目的，叙述者却很清楚，为了保持故事的神秘而刻意隐瞒，直到最后一段“我且问你”。此时“说书人”的身份直接出现，并且还与读者进行交流：“我且问你：这七人端的是谁？不是别人，原来正是晁盖、吴用、公孙胜、刘唐、三阮这七个。”这个时候，叙述者又恢复了全知叙述视角。

于是从全知叙事开始，到小说中人物的限制性视角，再到叙述者可以隐去全知视角，最后恢复全知视角，这也是作者在叙事时，为了制造悬念与神秘感而采用的叙述策略。而何时用全知叙事，何处用限制性视角，与北宋“说话”的文体有关，更与情节本身的需要有关。

---

① 金圣叹：《第五才子书施耐庵水浒传》，郑州：中州古籍出版社，1985，第160页。

② 金圣叹：《第五才子书施耐庵水浒传》，郑州：中州古籍出版社，1985，第179页。

三、叙述情理：小说叙事的内在逻辑

曲折生动的故事情节几乎是所有小说家孜孜以求之事。小说叙事，既要遵循艺术真实的原则，大胆虚构，但又不能脱离生活逻辑，给人以胡编乱造之感。也就是说，虚构也要建立在某种生活情理的基础上，即使是《西游记》这样的神魔小说，也符合生活逻辑的真实。《水浒传》在这方面更为典型，不过前人更重视情节曲折的一面，对情节的“入情入理”的特点缺少分析，兹举几例加以说明。

第一，《智取生辰纲》突出了环境的“热”，但这种“热”不是一下子出现的，而是在出发前便有征兆：“此时正是五月半天气，虽是晴明得好，只是酷热难行。”此后作者不断渲染，甚至从“天上的云彩”写到“地下的石头”，正面描写与侧面刻画相结合，其中有“描热”“说热”“析热”，最典型的要数“唱热”。白胜出场时是卖酒的村夫，他挑着一副担桶边走边唱：“赤日炎炎似火烧，野田禾稻半枯焦。农夫心内如汤煮，楼上王孙把扇摇。”这首打油诗简直是神来之笔。首先，白胜作为计谋的策划者，肯定知道杨志一方目前的处境，他故意唱一首与“热”有关的歌，无疑让听者更为烦躁，这是“攻心计”。其次，白胜作为卖酒的商贩，自然希望人人都来买酒喝，他唱一首跟热有关的歌，也在情理之中。再次，这首歌的后两句“农夫心内如汤煮，楼上王孙把扇摇”又通过对比的手法进一步渲染众军士内心的“火热”。金圣叹评点说：“下二句盛写人之不相体悉，犹言农夫当午在田，背焦汗滴，彼公子王孙深居水殿，犹令侍人展扇摇风，盖深喻众军身负重担，反受杨志空身走者打骂也。”[①] 这两句是不是一定要将联想对象置于杨志身上呢？笔者认为“反受杨志空身走者打骂”属于过度阐释，但“深喻众军身负重担”却是事实。这样理解，方知白胜唱歌的妙处。这种不断渲染的手法，在“林教头风雪山神庙”的情节中也出现过。作者不断地写“雪”，写“冷”，但并非毫无征兆。当林冲与李小二相认之后，作者不经意地提了一句：“光阴迅速，却早冬来。林冲的绵衣裙袄，都是李小二浑家整治缝补。”写“雪”之前先写“冬”和“绵衣裙袄”，与《智取生辰纲》中写“热”之前先写“晴朗”，同出一理，都可以看出作者安排情节的匠心。

第二，很多教师和学者对“智取生辰纲”的过程进行了分析，感叹作者

---

① 金圣叹：《第五才子书施耐庵水浒传》，郑州：中州古籍出版社，1985，第 261 页。

布局情节之精巧。实际上，这种精巧也有内在的情理与逻辑。笔者认为，“智取生辰纲”计策的对象只有一人，那便是杨志，如何让杨志疏于防范，趁机下药，这是计策能否奏效的关键。而计策只有建立在入情入理的基础上，才不会让杨志看出破绽，这一点也是吴用计策的高明之处，自然也是作者煞费苦心的结果。首先，为了打消杨志对第一桶酒的疑虑，“七个人立在桶边，开了桶盖，轮替换着舀那酒吃，把枣子过口”，这自然是做戏给杨志看。其次，当第一桶酒饮完之后，如何将药不露声色地下到第二桶酒里？作者刻意安排了“饶酒”即讨价还价的片段。正因为第一桶酒喝得太匆忙，忘记讲价了，而白胜又说一向不讲价，于是折中的办法就是再去第二桶里舀一瓢喝，为的是让杨志看到这桶酒也是好的。再次，又有客人“节外生枝”，喝了一瓢之后还不够，还要喝第二瓢，白胜自然不应允，于是在争执中将蒙汗药巧妙下到第二桶酒中。整个过程不仅曲折生动，更重要的是合乎情理，天衣无缝。

第三，前文讲叙述层次时曾提到作者从杨志的反对者中逐渐突出了老都管，其实在杨志一方，作者刻意突出了杨志。例如：“众军谢了，先兜两瓢，叫老都管吃一瓢，杨提辖吃一瓢。杨志那里肯吃。老都管自先吃了一瓢。两个虞候各吃一瓢。众军汉一发上，那桶酒登时吃尽了。”这里既有叙述层次的问题，同时又在众人之中突出杨志，这也是符合故事逻辑的。正如金圣叹评点说：“从来叙事之法，有宾有主，有虎有鼠。夫杨志虎也，主也，彼老都管与两虞候，特宾也，鼠也。设叙事者于此不分宾主，不辨虎鼠，杂然写作老都管一瓢，杨志一瓢，两个虞候一瓢，众军汉各一瓢，将何以表其为杨志哉！故于此处特特勒出一句不吃，夫然后下文另自写来，此固史家叙事之体也。”① 突出杨志的与众不同，自然是作者叙事意图，但杨志最终还是吃了一半，原因之一是众人吃了无事，之二是天气热，自己口渴难熬，这恰恰是合乎生活逻辑之处。或者说，杨志吃酒，是他等同于众人之处；但他只吃了一半，又是异于常人之处。而正是这异于常人之处的“吃了一半”，也为后文“杨志吃得酒少，便醒得快；爬将起来”奠定了基础。

总之，叙述层次、叙述视角与叙述情理，是作者叙事艺术的主要体现。然而前文所述并非全都需要呈现于课堂教学之中，教师还需根据具体学情，适当选择合宜的解读转化为教学内容。

［本文发表于《语文教学通讯》（B 刊）2019 年第 12 期］

① 金圣叹：《第五才子书施耐庵水浒传》，郑州：中州古籍出版社，1985，第 265 页。

儿童叙述视角下的成人感知
——从《孔乙己》和《我的叔叔于勒》的解读说起

一、叙述者、观察者与感知者

在叙事学的视野中，“point of view”通常翻译为“视角”，顾名思义就是观察的角度。实际上，叙事学意义上的“视角”往往是叙述者与所述故事之间的关系，既包括了叙述者观察事物与感知事物的角度，也包含了看待事物的立场与态度。法国叙事理论家热奈特在《叙述话语》一文中明确提出了“谁看?”和“谁说?”的区分，前者是“感知者”，后者是“叙述者”。实际上，一种叙述行为，既包含了话语层面上的“讲故事”本身，而且也隐含着叙述者对事物的观察与感知。特别是第一人称叙述，就包含着两种不同的视角：一为叙述者“我”目前追忆往事的眼光，二为被追忆的“我”过去正在经历事件时的眼光。[①] 申丹教授认为有必要区分“声音”与“眼光”，因为两者来自不同时期的“我”，笔者认为这实际上就是要区分“感知者”和“观察者”。

---

① 申丹：《叙事、文体与潜文本——重读英美经典短篇小说》，北京：北京大学出版社，2009，第85页。

按照儿童与成年的区分，第一人称的叙述就包含了四种不同的视角：儿童视角下的儿童感知、成人视角下的成人感知、成人视角下的儿童感知、儿童视角下的成人感知。前两者分别是儿童和成人叙述正在发生的事情，并且从各自的角度进行感知，例如小学生的记叙文、刘心武的小说《等待散场》等。第三种情况多见于成年作家写的儿童文学作品，第四种则是成年叙述者追忆往事的小说，例如《孔乙己》和《我的叔叔于勒》。

对于教师而言，引导九年级学生梳理小说情节，从不同的角度分析人物形象，结合生活体验理解小说的主题，这些自然是教学重点。但引导学生体验不同的叙事视角带来的不同的阅读感受，也是小说教学的重要内容。例如统编教材九年级上册《我的叔叔于勒》课后“思考探究”第三题是这样设置的：“这篇小说是以若瑟夫回忆少年时代往事的角度来叙述故事的。这样写有什么好处？不妨试着变换一下叙事视角，体会一下有什么不同。”九年级下册《孔乙己》课后“积累拓展”第四题是：“这篇小说以酒店小伙计的视角叙述故事，试着换个视角简单讲述这个故事，看看效果有什么不同。同学之间交流。”其实，学生在变换视角对故事进行重新讲述时，必然也会涉及叙述者的观察与感知问题。因为视角的变化，直接的结果便是对人与事的观察结果的改变，更深层的却是叙述者对整个故事的感知变化。

二、儿童观察与成人感知

《孔乙己》是叙述者“我”在20年后追忆12岁时发生的故事，因此必然会包含儿童时期的“我”对孔乙己以及周围的人的观察，但更重要的是，“我”是带着成年人的阅历、思维、眼光、心态、情感等对故事进行“回忆性讲述”的。作为读者，我们不仅要能够体察儿童观察外物的眼光，同时更要把握成年叙述者对故事的观照，这一点是小说的主题所在，也自然是作者的创作意图所在。

小说写道：“孔乙己是站着喝酒而穿长衫的唯一的人。”这个形象显然是12岁的小伙计观察所得，在小伙计眼里，这就是一个穿着长衫而站着喝酒的顾客。但如果从成年叙述者的感知中，这显然不仅仅是一个客观存在的人物形象，而是在矛盾的语言表述下隐藏着某种深意。正如多数教师解读，“站着喝酒”说明孔乙己生活贫穷，“穿着长衫”说明孔乙己丢不下读书人的架子，孔乙己既不属于“站着喝酒的短衣帮”的群体，又不属于“踱进店面隔壁房子的长衫主顾”的群体，因此他是“唯一”的。正因为如此，孔乙己才会同时遭到这两类人的嘲讽与攻击。如此丰富的意蕴，显然不可能是12岁的小伙计能够体察的，那必然是叙述者在成年以后对孔乙己的形象进行重新审视的结果。当然，也可以说这种审视是小说作者“安排”的，这种“安排”往往是小说的创作意图所在。

叙述者接着说：“因为他姓孔，别人便从描红纸上的‘上大人孔乙己’这半懂不懂的话里，替他取下一个绰号，叫作孔乙己。”这样其实也符合儿童的观察思路。小伙计自然不是很清楚“孔乙己”名字的来历，因为只能听“别人”说，但是别人说的又语焉不详，省略了很多重要的细节。这种省略既是成年叙述者有意为之，同时也是小伙计的“盲点”。例如孔乙己的真名是什么？“别人”给他取了一个“孔乙己”的绰号，他就默认吗？一个非常在乎语言与身份的“读书人”，怎么会任由他人给自己取一个绰号？当别人第一次喊他“孔乙己”的时候，他反驳抗争过没有？为什么他默认了这个绰号？我们自然有理由推测，孔乙己最初肯定是不愿意接受这个“无厘头”的绰号，但在集体话语的强大压制下，他只能逆来顺受。这也看出，一方面周围的人对他的冷漠态度，另一方面也可以看出他自己的麻木。

莫泊桑的小说《我的叔叔于勒》里也有类似的片段。例如当全家人乘船到哲尔塞岛旅行的时候，父亲看到了两位先生请两位打扮很漂亮的太太吃牡蛎，叙述者“我”强调“她们的吃法很文雅”“父亲被这种高贵的吃法打动了”。实际上，所谓“文雅”与“高贵”是父亲的感知，这种感知恰恰包含了成年叙述者“我”的思考。因为“哲尔塞岛是穷人们最理想的游玩的地方”，那么这条船上的游客应该都是穷人，而且牡蛎并非价值昂贵之物，而是海边常见的“海鲜”，两位太太的吃法也很普通，只是怕弄脏衣服才会有的举动。这种平常的食物、平常的吃法在父亲看来却是“文雅”和“高贵”，这种“文雅”和“高贵”定然不是儿童的感知，而是既暗示了当时家里经济状况的窘迫带来的“孤陋寡闻”，同时也带有成年叙述者对父亲的婉讽。

三、儿童观察与成人批判

小说《我的叔叔于勒》原是一个“套层叙述”，但在选入教材时删去了开头和结尾，即：

开头：一个白胡子穷老头儿向我们乞讨小钱，我的同伴若瑟夫·达佛朗司竟给了他五法郎的一个银币。我觉得很奇怪，他于是对我说：这个穷汉使我回想起一桩故事，这故事，我一直记着不忘的，我这就讲给您听。事情是这样的……

结尾：此后我再也没有见过我父亲的弟弟。以后您还会看见我有时候要拿一个五法郎的银币给要饭的，其缘故就在此。

小说中的“我”对于勒的态度与父母完全不同，他不仅称于勒为“我的叔叔”，同时在把买牡蛎的钱给于勒时，用一种同情、悲悯的眼光仔细地观察了于勒的手和脸，并且还给了他十个铜子的小费。更为可贵的是，这种“给小费”的行为一直延续到“我”的成年期，并且扩大到没有亲情关系的穷人身上。一来是“我”为了弥补年幼时期由于自己能力不足而没有帮助叔叔的遗憾，二来也是将某种关爱推而广之，延伸到陌生人身上。可以说，小说的主题是为了表现“我”身上的那种对亲情的珍视以及对陌生人的人道主义关爱之情。而这个主题恰恰是在对父母的批判性审视中凸显的。

在儿童的观察视角下，父母是可以不顾及骨肉亲情的，眼里只有金钱和利益。对于勒的称呼，也是伴随着金钱关系的变化而变化的。当于勒占用了“我”父亲的部分遗产后，他是“坏蛋”“流氓”“无赖”；当于勒说自己赚了钱，并且能够赔偿父亲的损失时，他被称为“正直的人，有良心的人”；当于勒穷困潦倒一文不名时，他又成了“这小子”“贼”“流氓”。“我”的观察自然隐含着对父母的批判，特别是“我”表达了对于勒发自内心的同情并且将这种同情延续到成年生活时，这种批判的意味就更加明显了。

孙绍振教授说：“这样的视角有一个好处是，父母的语言、动作和表情的前后不一，经过孩子的眼光被放大了。”[①] 当成年之“我”来叙述整个故事时，作为读者的我们突然发现于勒其实在品行上并没有大问题，所谓的“大大占用了我父亲应得的那一部分”其实数量也没有多少，而且并非挥霍，而是用在吃住上了。甚至，父母将全家人的希望寄托在于勒叔叔身上，本身就是一种一厢情愿的幻想，这种幻想也掩盖了于勒叔叔第二封信中“漏洞百出”的破绽。在“我”的视角下，“我不敢肯定父亲对于这个计划是不是进行了商谈”“我总认为这个青年之所以不再迟疑而下决心求婚，是因为有一天晚上我们给他看了于勒叔叔的信”等主观想法与意愿，正是孙绍振教授所说的“放大”。这种“放大”恰恰是成年叙述者的批判性眼光所致。

---

① 钱理群、孙绍振、王富仁：《解读语文》，福州：福建人民出版社，2010，第419页。

鲁迅小说《孔乙己》隐含的成人批判就更明显了。作者借助成年叙述者的眼光，不仅批判了封建科举制度对人的戕害，同时也批判了人与人之间的冷漠、内心“不相通”的冷酷现实。小说中两次出现“店内外充满了快活的空气”，这既是小伙计当时的亲身感受，同时也隐含着“成年之我”对大众冷漠的批判。特别是“孔乙己是这样的使人快活，可是没有他，别人也便这么过”，这已经不是儿童的观察，而是理性的成年叙述者对孔乙己命运的同情，而同情的背后则是冷峻的批判。

四、儿童观察与成人反思

《我的叔叔于勒》和《孔乙己》中的“我”有一个共同点：他们不仅是故事的叙述者，同时也是事件的参与者、观察者。当成年的“我”用回溯性的视角叙述过去的故事时，某种过滤、反思机制便会出现。《孔乙己》中的“我”做小伙计时“附和着笑”自不必说，《我的叔叔于勒》中“全家唯一的希望”“全家的恐怖”“我们家里人”的“全家”“我们家”自然也包含了童年的“我”。多年以后，“我”再通过叙述故事达到批判目的时，也隐含着对自我与他人的反思、自省与同情。正如陈平原教授说：“对人生世相的理解，过去的‘我’不等于今天的‘我’，读者往往可以从今天的‘我’不动声色但又包含倾向性的叙述中，领悟过去的‘我’认识的局限。”①

《孔乙己》中的小伙计，在当时的故事情境中对孔乙己的态度与其他人并无不同，他不仅会“附和着笑”，从而使得“店内外快活的空气”中也有自己的“贡献”，同时对于孔乙己的格外关心视而不见、漠然置之，一句“讨饭一样的人，也配考我吗”揭示了当时的“我”对孔乙己的鄙夷之情。而当20年过去之后，“我”再回忆整个事件时，也会意识到自己也是孔乙己悲剧的制造者之一。因此，这种叙述本身便包含着一种反思与自省，甚至忏悔。有论者指出：“叙述者之所以通过长达二十年的回忆来重塑孔乙己，在不断修正回忆，填补空缺的过程中，昭示了不为人知的一面，原来自己心中的愧疚来自曾经对孔乙己犯下的过错。”② 中秋前的两三天，掌柜的突然说起孔乙己时，“我才也觉得他的确长久没有来了”，这也说明“可是没有他，

① 陈平原：《中国小说叙事模式的转变》，北京：北京大学出版社，2010，第93页。

② 韩一嘉：《“我”的忏悔与“小伙计”的逃避——兼谈〈孔乙己〉的叙事艺术》，《语文建设》2018年第5期，第52页。

别人也便这么过”中的“别人”也包括了自己在内。孔乙己最后一次到店时，其他人“仍然同平常一样”取笑他，“我”的态度却悄然发生了变化。“我”不仅没有附和着笑，而且还“温了酒，端出去，放在门槛上”，“我”还注意到“他满手是泥”，这些描述同《我的叔叔于勒》中的“我”观察到于勒的手和脸的细节一样，都带有一种悲悯之情。这种悲悯，既是儿童特有的同情，也是成年之“我”对过去之“我”的冷静反思。

《我的叔叔于勒》中的反思，不仅体现在“我”自己身上，同时也表现在“我”对父母的态度上。对于父母，“我”有批判和嘲讽，但“我”极力渲染、反复刻画当时家庭经济贫穷带来的窘状，恰恰是用一种同情的态度来理解父母的行为。王富仁教授认为这篇小说的作者莫泊桑“是以‘我’的眼光环视周围的人物的，他同情、理解于勒，也不可能不同情和理解自己的父母。他不可能站在一个旁观者的立场上嘲笑自己的父母。与此相反，小说中的大量描写都集中在对‘我’的父母的理解和同情上”①。从常理上讲，“我”的父母在金钱上的斤斤计较，最大的原因是家庭拮据。这种客观原因，也冲淡了对父母“势利”行为的认定。

至少，作为读者，不能化身为高高在上的道德评价者和审判者，认为小说中“我”的父母就是赤裸裸的金钱化身，甚至认为小说的主题是为了揭露和批判资本主义社会金钱利益至上的丑恶现实，而是应该站在故事的观察者与感知者的角度，读出某种同情与自省，提醒自己不要失去对人的真诚关爱。正如王富仁教授所说，这篇小说：“可以让一代代的儿童都不要忘记、更不能轻视自己少年时期的人生观察和人生体验，并把自己对人的自然、朴素、真诚的爱和同情保留到自己的成年，不要被现实的金钱关系所异化，因为只有这样的心灵，才是人类最健全、最美好的心灵。”②

（本文发表于《语文教学研究》2020 年第 3 期）

---

① 钱理群、孙绍振、王富仁：《解读语文》，福州：福建人民出版社，2010，第 409 页。

② 钱理群、孙绍振、王富仁：《解读语文》，福州：福建人民出版社，2010，第 412 页。

文本细节与文本解读

从“俟我于城隅”说开去
——《诗经·静女》备课启示

《高中语文·必修一》（粤教版）第四单元即诗歌单元的第一篇课文，选了《诗经》中的两首诗。第一首即《邶风·静女》，原诗如下：

静女其姝，俟我于城隅。爱而不见，搔首踟蹰。
静女其娈，贻我彤管。彤管有炜，说怿女美。
自牧归荑，洵美且异。匪女之为美，美人之贻。

笔者在备课时，读到“俟我于城隅”一句时，感觉颇为奇怪，这名男子颇为自豪地宣布：静女“俟我于城隅”！这就说明，该男子“我”早已知道静女将要或者已经在城隅等待自己了。那么，“我”是如何得知静女在等候“我”呢？很明显，应该是二人之前就已经约定好某时某刻在城隅会面。于是，一个关键问题出现了：在本次约会中，谁是主动者呢？是姑娘主动约会“我”还是“我”主动约会姑娘？很明显，应该是姑娘主动约会“我”，因为如果是“我”主动约会姑娘的话，按照情理，应该是“我”提前到达，并且表述为“我于城隅俟静女”。真实的情况应该是：二人之前一定有过约定，而且是女子主动跟男子说：“某某时间我将在城隅等你”，这样，男子才会如期赴约，并且自豪而忐忑地说：“静女其姝，俟我于城隅。”

其实，这恰恰是传统中国最原初的生活情境，无论男女，大家都自然纯朴地生活在同一片土地上，按照自然规律进行生活，没有受到礼教以及儒家思想的约束。也就是说，男权还没有占据统治地位，主流意识形态对女子的要求还没有达到用条条框框约束的地步，女子的思想意识处于一种天然自然的状态，而不是“发乎情止乎礼义”，这也就解释了本诗中女子的行为与意识。“俟我于城隅”隐含着一种表述，即是女子主动约会男子的，并且先于男子到达，这位憨厚的男孩子才会说“俟我于城隅”。这位漂亮活泼而又调皮大胆的女孩子，不仅主动约会男子，而且主动等待男子，更重要的是主动赠送男子礼物，这种行为也只有在礼教最薄弱的时代才会有，这也正是先民们真实的生活状态。

通过这句话，我们可以看出，这位“静女”是一位热情大胆、漂亮活泼同时又略带调皮的女孩子。但是，笔者在备课时，却发现了两个疑问：

其一是教材中的一幅插图，也就是“静女”的形象。很明显，教材编者将这幅插图配于本诗，是为了让读者或者学生对静女的形象有直观的形象的认识。换句话说，插图中女子的形象应该与诗歌中静女的形象保持一致。但我们仔细观察这幅插图可以看出，她的发髻垂在一边，很像“堕马髻”，即《孔雀东南飞》中的“头上倭堕髻”，她雍容典雅，略带富态，面容平和，笑不露齿，显现出一派富贵之气。她穿的衣服领口宽大，衣袖宽博，类似于汉代女子的服饰。用现在的话说，诗歌中的“静女”类似于从民间走来的“小家碧玉”，插图中的“静女”更像是出身于富贵之家的“大家闺秀”。从“自牧归荑”来看，“牧”本意为放牧牲畜，此处引申为放牧之地。诗歌中的女子很明显不是故意跑到放牧之地为男子采摘荑草的，她本身就是一位农家女子，在野外放牧时看到了美丽的荑草，于是想起了心上人，便采摘下来，约会时送给他。这一点也可以看出，插图中的女子形象与诗歌中的调皮活泼、主动大胆的女孩子形象是不太一致的。插图为后人创作，其实也在无意识之中受到了儒家伦理规范的影响，绘出了符合主流意识的女子形象，但不符合《静女》本身中女子的形象。

这一点，其实是精妙的教学启思点，教师可以请学生对照插图，自主理解诗歌，然后将插图中女子的形象与诗歌中女子的形象进行对比，引发学生的参与式讨论。这个环节的主要目的就是让学生自主理解诗歌，构建出符合诗歌本意的女子形象。由于这个启思点是将图片与文字进行对照，定会激发学生较大的热情，从而带着浓厚的好奇心和兴趣感走进文本。这种思路要比“请同学们通读全诗，理解诗歌，概括诗歌中的女子形象”之类的问题要更新颖，更能激发学生的探究兴趣。

其二就是教材对“静女”的注释。教材上将“静女”解释为“文雅的姑娘”，这也值得怀疑。“静女”，毛诗解释为：“静，贞静也。女德贞静而有法度，乃可说也。”孔颖达在《毛诗正义》里解释为：“言有贞静之女，其美色姝然，又能服从君子，待礼而后动，自防如城隅然，高而不可逾。”这显然是囿于儒家传统伦理规范对诗歌进行的曲解。朱熹在《诗集传》中注释：“静者，闲雅之意”，并且认为这首诗是“淫奔期会之诗”。“期会”并无错误，但“淫奔”以及将“静”解释为“闲雅”，依然没有脱离以“毛传郑笺正义”的儒家范畴。清代方玉润的《诗经原始》居然认为“静女”就是宣姜，即卫国夫人，并且说“故诗先述其幽闲窈窕之色”，很明显，他理解的“静”就是“幽闲”。清代的王先谦在《诗三家义集疏》中引韩诗说：“静，贞也，姝姝然美也。”即将“静”理解为“美”。最值得一提的是清代的马瑞辰，他在《毛诗传笺通释》中认为，“静”，其实是“靖”的通假字，翻译为“善”，并且引用《诗经》中的“莫不静好”“笾豆静嘉”等例子证明，“静”通“靖”，认为静女就是淑女、硕女。

现代的《诗经》注家，对“静女”的解释也是众说纷纭。程俊英、蒋见元的《诗经注析》引用了马瑞辰的说法，认为“静女”就是“靖女”，遗憾的是并没有具体解释“靖”的意思。周振甫的《诗经译注》将“静女”解释为“幽静的姑娘”。高亨的《诗经今注》将“静”注释为：“贞静，不轻佻。”樊树云的《诗经全译注》解释“静”为“娴雅安详”。

也就是说，历代注家除马瑞辰外都认为“静”含有贞静、闲雅、幽闲、幽静等意思。让我们对这些意思一一辨析。首先，“静”注释为“贞静”，是一种儒家政治化的解释，是统治者对女子的理想规定，很明显，这里面有一种男权意识。其次，“静”注释为“闲雅”“幽静”，又不太符合原诗对女子形象的描述与刻画，从诗歌本身可以看出，这位女孩子故意捉弄男子，她先于男子到达，又故意隐藏起来，并且主动赠送男子礼物，这哪里有“闲雅”“幽静”的意味？这些注释，其实都深受毛诗注释的影响，其深层的原因还是儒家的伦理道德规范对女子形象的约束，甚至，这是注释者站在儒家立场上对女子形象的想象与歪曲。更让人可悲的是，这种伦理化的注释居然影响到了现代人对《静女》的理解，甚至影响到教材对诗意的把握。

倒是马瑞辰的注释自成一家，他认为“静”通“靖”，“靖”在古代解释为“好”“善”，当然，此处的“善”并非道德品质上的善良，而是“好”。“好”在古代却含有“貌美”之意，《说文解字》解释“好”：“好，美也。”《方言》也说：“凡美色或谓之好”，所谓“是女子不好”“秦氏有好女”等。也就是说，“静女”其实应该理解为“美丽的女子”，即现在所说的“靓女”，这一点也符合诗意本身。从这首诗的整体意识来看，这应该是二人初次约会，男子对姑娘还没有进行性格与品质等方面的深入了解，姑娘给男子的应该是最直观的印象，即美丽。如果要理解为“娴雅安详”，那只能是男子的主观想象了。无独有偶，檀作文先生曾经转述北京大学中文系教授吴小如先生的观点说：“这里的‘静女’就是我们现在说的‘靓女’。”这种理解，应该符合《静女》的诗歌本意。

总之，从“俟我于城隅”的日常生活逻辑入手，探讨教材插图的女子形象与诗歌中女子形象的区别，结合诗歌本身探讨教材对“静女”的注释，从而引导学生关注文本，对教材进行大胆质疑，这正是符合新课程理念的教学手段。

（本文发表于《语文月刊》2016 年第 7 期）

破败与修复
——“阁”与“轩”的指称与《项脊轩志》的情感倾向探究

归有光的《项脊轩志》，初读无甚感觉，经历过一番风雨沧桑之后重新品读，便会回味无穷。一间阁子，两重悲喜，三位亲人，在归有光潺潺的叙述中缓缓溢出。细心的读者会发现，同样是项脊轩的物理称呼，作者有时候用“阁”，有时候用“轩”，指称的不同，其实也暗含着作者复杂的情感倾向。

一

虽然《项脊轩志》开篇就写：“项脊轩，旧南阁子也。”“阁”是一个非常生活化的称谓，其意指自然与生活层面的东西相关。不过，文本中事件的起点并非作者对项脊轩的修葺，而是“诸父异爨”，以及由此带来的乱象。阁，隔也，其字面意思就暗示了家族破败以及带来的人伦关系的破败。

南阁子，在作者修葺之前，其实就是一处破败的存在。作者写道：“室仅方丈，可容一人居。百年老屋，尘泥渗漉，雨泽下注；每移案，顾视，无可置者。又北向，不能得日，日过午已昏。”这里原本就是生活的场所，窘迫的环境暗示着物质意义上的破败。于是，南阁子的空间意义上的破败与家族内部人伦关系的破败以及家族势力的破败，正好形成了某种隐秘的关联。

正是在种种破败中，作者的回忆中出现了母亲以及老妪的形象。此时，作者既没有用“阁”，也没有用“轩”，而是用了与“阁”相类似的生活化称呼：室。所谓“室西连于中闺，先妣尝一至。”归有光 8 岁丧母，对于母亲的印象本已不深刻，10 年之后再去回忆，那就更加淡薄了。而老妪的出现唤起了他对母亲的记忆，她指出了方位：“某所，而母立于兹。”母亲站过的地方正是一种生活片段。地方的存在也会勾起一个人的思念，从这种意义上讲，某地就是某人的象征。老妪的另一番话更为揪心：“汝姊在吾怀，呱呱而泣；娘以指叩门扉曰：‘儿寒乎？欲食乎？’吾从板外相为应答。”母亲的动作以及关切的语言都表达了她对子女的关爱。这种已经逝去但又不会逝去的亲情，出现在此处，也包含了某种深刻的含义。

“泣”，并非令人绝望的、呼天抢地的悲痛，而是一种带有温情的伤感。这种温情恰好与“诸父异爨”带来的亲情撕裂形成了鲜明的对比。或者说，作者正是起用伤感的温情，试图完成对家族人伦关系破败的修复。上海师范大学中文系詹丹教授认为：“当第一段中，写作者对百年老屋通过修葺而让其焕然一新时，家族人伦的空间，也同样呈现出在宗法礼仪败坏的基础上，借助人的情感重温和意志努力来修复的可能。”① 这是文本第一重意义上的破败与修复。

二

“轩”是一个带有浓重的文人色彩的称呼，特别是与读书以求取功名密切相关。对归有光而言，“项脊轩”不仅是对远祖归道隆的追忆，因为归道隆曾经居住在江苏太仓项脊泾，而“项脊”更有一种“担当”之意，意味着自己要通过读书承担起复兴家族的重任。

在文本的第一段，作者为我们勾画出了一幅美好愉悦的读书图画，此时的项脊轩，无异于专属于作者的一方净土，一片不受外部世界纷扰的精神空间。独坐阁内，他沉迷书海，满架的书籍是他的精神食粮；漫步阁外，他偃仰啸歌，旧时栏楯在新植的兰桂竹的陪衬下熠熠闪光。白天，他与小鸟逗趣；晚间，他与月光对吟。在别人看来，这个阁子偏僻冷落，清冷孤独，可是归有光却将其当作诗意之所，尽管没有多少人光临，他还是沉浸在属于自己的精神空间里，不亦乐乎。

如果没有世俗之争，没有家族恩怨，没有功名前程，那该多好。而他并不能真正抛开家族的恩恩怨怨，或许，他还想通过读书获取功名，重新振兴

---

① 詹丹：《语文教学与文本解读》，上海：上海教育出版社，2015，第 128 页。

家族。一句“余自束发读书轩中”，包含了多少理想与期待。而大母的来访，正好与作者此时的心境产生了共鸣。她说了三句话，第一句“吾儿，久不见若影，何竟日默默在此，大类女郎也”是明说，是对作者说的，言语之间充满了关爱；第二句“吾家读书久不效，儿之成，则可待乎”是自言自语，但似乎是有意让作者听见，说我们家几代人读书都没有成功，没有人做官获取功名，那就寄托在你身上了；第三句“此吾祖太常公宣德间执此以朝，他日汝当用之”又是明说，而且还带来了一支象笏，说这是我祖父太常寺卿夏昶公所用，将来你或许也会用到它。其实，归有光一辈子也没有用到这个东西，因为他的官职太低，根本就没有多少直接面圣的机会。这句话还有一个问题，即使归有光有机会用到象笏，也不会用太常公的这支，因为皇帝会赐给专属于自己的象笏。或者说，这支象笏，顿时让归有光感到了责任的重大，读书，不仅关乎到个人的前程，更关乎家族的兴衰。一句“儿之成，则可待乎”，成了他久久难以忘怀的铭心之言。

后来，祖母也离世了，那种活着没有见到象笏发挥作用的遗憾永远无法弥补了。家道中落却无法重铸繁荣，家人的期望只能化作一缕青烟，亲人辞世渗透的悲凉，作者当然会“长号不自禁”。读书，也是一种修复的努力，修复的不仅是人伦关系，更是整个家族的命运。从这个意义上讲，“轩”或许并非那么富有诗意，反而有一种沉甸甸的责任感。这是文本第二重意义的破败与修复。

三

在文本中，“轩”对“阁”具有一种特殊的修复意义：不仅是物质意义上的修复，时间意义的修复，过去对现在的修复，同时还是人伦关系的修复，一种家族地位的修复。这段话往往容易被忽视：

> 轩东，故尝为厨，人往，从轩前过。余扃牖而居，久之，能以足音辨人。轩凡四遭火，得不焚，殆有神护者。

这段话作者连用三个“轩”字，同时也是在感情激烈动荡之后的不能自已。“久之，能以足音辨人”暗示作者在项脊轩中并未与外在的世界完全隔绝，即使是关着窗户，也时刻关注着亲人的动向，他内心并不宁静。这其实标志着某种熟悉与亲切，与前文叙述的“诸父异爨”带来的人伦破败形成了鲜明的对比，同时，也暗示了作者修复人伦关系的努力。而在遭遇火灾，项脊轩面临多次破败并且可能沦为废墟时，某种神秘性的力量出现了，“殆有神护者”，这种神秘性的力量所要守护的，恰恰是作者振兴家族、修复破败的美好愿望。

这一点，还可以从教材中删去的一段话，得到印证。这段话是：

项脊生曰：“蜀清守丹穴，利甲天下，其后秦皇帝筑女怀清台；刘玄德与曹操争天下，诸葛孔明起陇中。方二人之昧昧于一隅也，世何足以知之，余区区处败屋中，方扬眉、瞬目，谓有奇景。人知之者，其谓与坎井之蛙何异?”

这段话有自嘲的成分，但更多的是一种豪情壮志，是一种由读书而产生的自信。这种自信的价值与意义正在于其所具有的修复的功能。

四

最后一段，其实也隐含着某种修复的企图。詹丹教授认为：“这是妻子去世后，作者回忆与妻子在项脊轩的日常生活，不过关于这种相处，却没有任何细节描写，只是概括地说她‘从余问古事，或凭几学书’。”[①] 笔者不太同意詹教授的观点。实际上，如果从“阁”与“轩”的称呼角度进行探究，我们将会发现不一般的意义。

文中有一句话值得注意：“吾妻归宁，述诸小妹语曰：‘闻姊家有阁子，且何谓阁子也?’”这句话其实暗示了作者与妻子之间的感情是非常深厚的。试想，妻子只是无意之中在娘家提起了南阁子，估计谁也不会放在心上，只有多次提、反复提，别人印象才会深刻；而且，原文是“诸小妹”，这就说明妻子不止对某一个妹妹讲过，而是多次讲，逢人便讲。讲述这句平淡无奇的话有什么作用呢? 其实，在妻子看来，这是丈夫读书的地方，甚至是一个神圣的地方，虽然太简陋，但这里很幸福，而且以丈夫为自豪。“爱屋及乌”，反过来，“爱乌及屋”，皆有道理。正因为妻子对作者充满了感情，才会不断向别人提起丈夫读书的南阁子。这里，还有一个问题，作者的妻子文化程度并不高，她不会写字（“凭几学书”），更不了解什么历史文化，所以才会“时至轩中从余问古事，或凭几学书”，所以她在转述的时候，并不称这个地方为“项脊轩”，而是称为“阁子”，这也符合妻子的身份。

---

① 詹丹：《语文教学与文本解读》，上海：上海教育出版社，2015，第 129 页。

可惜，6 年之后，妻子去世了，这给青年时代的归有光再次带来了沉重的打击。“吾妻死，室坏不修”，妻子去世与项脊轩的破败相连，“乃使人复葺南阁子”一方面是自己脱离了读书以求取功名的阶段，因此称为“阁”，同时这也是对妻子的深深怀念。这其实是物质意义的南阁子被重复修葺，同时也暗示着作者不断通过回忆，修复精神伤痕的努力。文章结尾写道：“庭有枇杷树，吾妻死之年所手植也，今已亭亭如盖矣。”枇杷树这个断片不仅承载着人事变迁，而且承载着作者对于妻子的浓浓思念。同时，也是作者不断企图修复过去的象征，“亭亭如盖”的枇杷树似乎为作者的修复努力，留下了一个光明与美好的暗示。这也是文本第三重意义上的破败与修复。

从文本创作上讲，最后两段是补写，写于作者 33 岁时，距离前文的写作已经有 15 年了。对于补写，詹丹教授还认为：“当原先完成的文体作为一个完整的有机体文完意足后，因为作者自己的人生经历的发展，把这种结构性的封闭打破了，补记的加入，是对人生记录并不完整的一次修复，也是对作者心理空间的一次修复。”① 这其实是写作动因层面上的修复。

总之，《项脊轩志》纠缠着多重意义的破败与修复，不论是“喜”还是“悲”，这些情感都不是并列存在的，而是彼此之间有着隐秘的关联。通过对“阁”与“轩”的分析，我们或许可以把握到文本更深层次的内涵。

（本文发表于《读写月报》2017 年第 12 期）

① 詹丹：《语文教学与文本解读》，上海：上海教育出版社，2015，第 129 页。

从“坐在台阶上”说起

——李森祥小说《台阶》的另一种解读

关于李森祥的小说《台阶》的主旨，一线教师的解读各有差异。在笔者看来，文本中的“台阶”不仅仅作为一种“事物意象”充当着小说的线索，同时也与小说中人物的动作产生了千丝万缕的联系，特别是父亲。本文从“坐在台阶上”的习惯性动作入手，分析父亲对于青石板台阶和新台阶的不同心理与态度，进而探求文本的深层意蕴。

一

可以说，“坐在台阶上”是父亲与青石板台阶最频繁、最习惯性的动作。文中写到典型动作的句子有：

1. 父亲的个子高，他觉得坐在台阶上很舒服。父亲把屁股坐在最高的一级上，两只脚板就搁在最低的一级。

2. 盆水冒着热气，父亲就坐在台阶上很耐心地洗。

3. 大热天父亲挑一担谷子回来，身上淌着一片大汗，顾不得揩一把，就往门口的台阶上一坐。

4. 父亲坐在绿荫里，能看见别人家高高的台阶。

5. 黄昏贴近家门口时归来，把柴靠在墙根上，很疲倦地坐在台阶上，把已经磨穿了底的草鞋脱下来，垒在门墙边。

仔细品读这些句子，我们发现父亲之于台阶的动作是很单调的，也很随意。“坐在台阶上很舒服”应该是最直接的感受。当过年洗脚的时候，父亲坐在台阶上；下地干活回来之后，第一件事就是坐在台阶上休息；抽烟时，父亲也习惯性地坐在台阶上；到山里砍柴归来，父亲坐在台阶上休息。可以说，从生活意义上讲，父亲其实离不开旧的青石板台阶，台阶甚至可以看作是父亲生活意义上的依托。“坐在台阶上”的次数越是频繁，越能体现父亲与台阶之间割舍不断的联系。

但父亲对于台阶的态度却是矛盾的。一方面他离不开台阶，另一方面他却急于摆脱旧台阶，这是内在的悖论。或者说，从现实角度看，父亲与台阶之间存在着不可割舍的联系，而从理想角度看，父亲一直期望能够拥有更高的台阶。小说中对此也进行了反复的渲染，第一句就说：“父亲总觉得我们家的台阶低。”后面也提到：“‘我们家的台阶低！’父亲又像是对我，又像是自言自语地感叹。这句话他不知说了多少遍。”也可以说，“台阶”不仅是父亲生活意义上的依托，更是生命意义上的依托。父亲从内心深处认同“台阶高，屋主人的地位就相应高”的农村逻辑，于是便把建造新台阶当作毕生的追求，当作一种理想与信念，甚至当作生命价值之所在。

二

但是，当新的台阶终于建好之后，父亲与台阶之间的“坐”的动作产生了微妙的变化。小说对此有更为细致的描述。一处是：

> 而父亲自己却熬不住，当天就坐在台阶上抽烟。他坐在最高的一级上。他抽了一筒，举起烟枪往台阶上磕烟灰，磕了一下，感觉手有些不对劲，便猛然愣住。他忽然醒悟，台阶是水泥抹的面，不经磕。于是，他就憋住了不磕。

“坐”的动作与行为如同以前，照旧是抽烟，照旧是坐在“最高的一级”上，但心态已经完全变了。过去是“把烟枪的铜盏对着青石板嘎嘎地敲一敲”，现在却是“水泥抹的面，不经磕”。这种变化显然不是父亲对台阶的过度爱护所致，而是意味着生活意义上的联系已经被打断了，过去那种习惯而自然的心态，现在已经变得生硬而有隔膜了。这一点更体现在下面这个细节中：

> 正好那会儿有人从门口走过，见到父亲就打招呼说：“晌午饭吃过了

吗?”父亲回答没吃过。其实他是吃过了，父亲不知怎么就回答错了。第二次他再坐台阶上时就比上次低了一级，他总觉得坐太高了和人打招呼有些不自在。然而，低了一级他还是不自在，便一级级地往下挪，挪到最低一级，他又觉得太低了，干脆就坐到门槛上去。

农村人见面打招呼，最常见的就是“吃过了吗”，如此平常的问题父亲居然回答错了，唯一的解释就是内心过于紧张，紧张的直接原因则是他坐在了最高一级的台阶上。第二次坐上去的时候比上次低了一级，原因依然是内心不自在。于是一个颇为反常的动作出现了：一级级地往下挪，挪到最低一级。以前坐在旧有的青石板台阶的第三级上，感觉舒服而且自然，现在坐在新的台阶的任何一级，却感觉不自在。一个更为深刻的悖论出现了：建造更高的台阶是父亲毕生的理想与信念，是他人生价值之寄托，但真正建好之后，不仅失去了过去生活的从容，而且生命开始出现“不适感”。这一点跟父亲“老实厚道低眉顺眼”的性格不无关系，从父亲放鞭炮时的表现也可以看出来。一个老实本分的农民，期望通过改变台阶的高度象征性地改变自己的地位，但老实厚道的性格却又使他自觉不自觉地从内心深处抵制这种改变。而当父亲真正坐到新台阶的最低一级时，“他又觉得太低了”，这与“旧台阶时代”的心理如出一辙。因此，父亲的性格是一种矛盾性的存在。

三

不过，如若将父亲这种心态的转变归因于性格，依然过于浅显。我们还可以更深层地分析父亲“坐”的动作背后更为深层的原因。

在青石板台阶的时间段里，父亲之所以会频繁地坐在台阶上，并非台阶本身很舒服，而是因为“坐在台阶上”就意味着人生价值的实现。不论是父亲坐在台阶上洗脚、抽烟或者休息，都是在付出艰辛的劳动之后。在父亲看来，真正令人舒服的不是身体本身的舒适感，而是用劳动获取价值与尊严之后的充实与满足，是农民本身所有的价值。但这种价值还不是“终极价值”，“终极价值”便是通过建造高台阶的新屋获得更大的满足与充实。但当新屋建成，台阶造好，父亲的理想实现了，一种人生价值的“无着落感”便袭上心头。用通俗的话说就是：父亲觉得自己没用了，没有价值了。

这一点最直接的体现就是挑水的细节。当“我连忙去抢父亲的担子”时，“他却很粗暴地一把推开我”，之所以是“粗暴”，恰恰是因为父亲不想让儿子觉得自己没有用处了，他依然想用病弱的身体支撑整个人生的价值与尊严。父亲撬老屋门口的三块青石板的时候闪了腰，这是身体层面的原因，但“我”在父亲闪腰之前已经发现“父亲老了”。这就说明，闪了腰只是一种偶然现象，真正的原因是生命的衰老。

小说的倒数第四段有一个细节：

父亲闲着没什么事可干，又觉得很烦躁。以前他可以在青石台阶上坐几个小时，自那次腰闪了之后，似乎失去了这个兴趣，也不愿找别人聊聊，也很少跨出我们家的台阶。

过去与青石板台阶那种亲密的联系中断了，“闲着没什么事可干”“烦躁”的背后就是一种价值失落感。这种失落感既表现为对什么都失去了兴趣，也表现为沟通交往热情的衰减，而最直接的动作与神态则是“他那颗很倔的头颅埋在膝盖里半晌都没动，那极短的发，似刚收割过的庄稼茬，高低不齐，灰白而失去了生机”。当身体逐渐衰老，当生命失去生机时，父亲也就真正老了。

于是，过去的“坐在台阶上”，现在变成了“很少跨出我们家的台阶”。又一重悖论出现了：台阶从旧到新，从低到高，发生了巨大变化，人却与台阶的关系逐渐疏远。也可以说，台阶改变的只是外表，人改变的却是内在的精神。这种改变的深层原因只有一个，就是生命本身的衰老，以及这种衰老带来的无力感与无助感。在结尾，作者说“父亲老了”，这种“老”，是身体的衰老，是生命的衰老。从客观上讲，这是生命的自然规律，但从主观上讲，这确实令人伤感、令人无奈的事实。正如刘亮程在《寒风吹彻》的结尾说：“我围抱着火炉，烤热漫长一生的一个时刻。我知道这一时刻之外，我其余的岁月，我的亲人们的岁月，远在屋外的大雪中，被寒风吹彻。”或许，李森祥的《台阶》所要抒发的，正是这种生命的无力感。

对于这种生命的无力感，教师要善于引导学生理性对待。这种理性既不是“反其意而用之”，“无中生有”地阐发出热爱生命、积极生活等“额外主旨”，更不是完全顺从文本的含义，使学生产生一种消极应对、及时行乐的悲观落寞的情绪，而是要从审美的角度、情感的角度去体验作者在文中抒发的情感。如果说为迎合主流价值观念而过度阐释文本含义的话，那么审美的观照在于一种无功利、“入乎其内，出乎其外”的体验与审视。或者说，我们可以“分享”作者独特的人生体验与生命体验，但不能“占有”作者的情感。

四

从文体上讲，小说中的“父亲”既不是作者本人的父亲，也不是“某一个”父亲，而是普遍性与特殊性相统一的典型形象，是“这一个”与“这一类”的有机统一。或者说，作者在小说中以自己的父亲为原型虚构的“父亲形象”，是中国农村中父亲形象的代表。换一句话说，作者通过对小说中父亲形象的塑造而表达出的生命的无力感，是父亲那一代人的“集体无意识”。从这个意义上讲，小说还充满着对父辈们命运的反思。

［本文发表于《中学语文》（上旬刊）2018 年第 3 期］

“怎么了呢，父亲老了”是画蛇添足吗？
——小说《台阶》的一处细节解读

李森祥的小说《台阶》的最后一句话“怎么了呢，父亲老了”，在中国青年出版社2007年出版的小说集《台阶》的原文中并不存在。这应该是教材的编者依据文本内在的逻辑添加的一句话。对于这句话的合宜与否，一线教师多有争论。有人认为这是“画蛇添足”，限制了文本的多元化解读，不过更多的教师可能没有注意到这一细节。本文将以这句话在文学艺术上的内在价值为突破口，对小说的主旨进行新的解读。

一

李森祥的小说《台阶》在创作完成之后，本应该作为一个自足自主的文本而存在。或者说，在作者看来，这篇小说已经非常完整了，不论是父亲的形象还是小说的主题，都已臻于完善，是一个完整的艺术整体。但小说在选入教材时，编者却“自作主张”在结尾加了一句“怎么了呢，父亲老了”，个中缘由，值得深思。

首先，语文教材作为“选文集锦”，文章一旦被选入，就会附加独特的教学价值，而不仅仅具有原生价值。从这个意义上讲，教材的编者是有权利依据课程标准、教材编写意图及教材体系对文章进行删改的。小说的倒数第二段话是：“好久之后，父亲又像问自己又像是问我：‘这人怎么了？’”以问句结尾，虽然能够留给读者多元阐释的空间，但作为教材文本，总给人一种“话没说完”的感觉，也不太符合初中学生既有的阅读经验。因此，有必要对这个问题进行进一步回答，但又不能形成一种对话关系，例如“我说：‘怎么了呢，父亲老了’”。要想使句意完整，只能加一个自言自语的心理活动的句子。也就是说，“怎么了呢，父亲老了”只是“我”个人的心理活动。

其次，编者添加这句话并非毫无根据，其最直接的依据便是前文中出现的“不知怎么回事，我也偏偏在这让人高兴的瞬间发现，父亲老了”。从文本内部照应的角度看，编者用“怎么了呢，父亲老了”作为小说的结尾，也合情合理。这不仅是语言层面上的照应，同时也是一种情感体验上的照应。唯一的区别在于，在高兴的瞬间“我”发现“父亲老了”的时候，父亲并没有意识到这一点；而当建好新屋造好台阶之后，父亲已经意识到了自己生命的衰老，于是才会发出“这人怎么了”的疑问与哀叹。

可以说，从教材编订的角度看，添加这个结尾并没有太大的问题。而且原人教版、苏教版以及最新的部编本教材都保留了这种修改，这也暗示出广大师生对这个结尾是持接受态度的。

二

不过这一结尾也引来了一些争议。例如张正耀老师在《这人，到底怎么了——〈台阶〉中“父亲”的身份焦虑》一文中认为“怎么了呢，父亲老了”纯属画蛇添足，“这就把‘父亲’所受到的精神痛苦、思想折磨全部归结到年龄的增长与身体的衰老等自然规律上，而极大地忽视了小说关心农民生活状态，关注农民精神追求，关注农民人格地位与人权利益等的阅读意义和价值，严重削弱了小说的主题。”①

这其实代表着一类人的观点。在他们看来，《台阶》这篇小说关注的是农民的真实的生存状态，以及通过改变物质条件去获取地位与尊严的想法以及在现实中的遭遇，甚至“要让农民摆脱封建的狭隘的精神追求”，并且要发展生产力，尽快结束农民老牛拉破车的日子。② 如果按照这种逻辑解读，

① 张正耀：《领悟经典——语文教学文本解读 28 例》，上海：华东师范大学出版社，2017，第 36 页。

② 朱月君：《父亲为何“若有所失”——读李森祥〈台阶〉》，《语文教学通讯·初中刊》2006 年第 4 期，第 44 页。

小说中写道父亲说“这人怎么了”时，就会包含着多重含义，例如我明明造起了高台阶，但为什么没有获得人家的尊重呢？我的地位为什么没有得到应有的改变呢？我如何才能改变自己贫穷落后的状态？我追求“九级台阶”难道错了吗？等等。因此，如果添加了“怎么了呢，父亲老了”这句话，那么上述这些含义都被排除在小说意蕴之外了。

其实，要辨析这一点并不难。首先，作者创作的这篇小说，虽然客观上反映了农村的生活状况以及农民真实的一生，但小说作为文学作品，而不是社会调查报告，它是现实生活的提炼与升华。阅读小说的根本目的，并不是为了获取社会变革的建议，也不是受到某种启发，获得某种人生道理，而是经历自己所未经历的生活。倪文尖、朱羽在《重塑小说观 建构新图式》一文中认为：“好的小说恰恰把我们自己无法用语言表达的经验编织进了它的叙述之中，我们可以说是在读解别人的经验，同时也是在遭逢自己的经验。”[①] 那种试图从《台阶》中读出农村经济状况、农民生活状态的取向，不是小说阅读的正常倾向。

其次，作者李森祥在《站在父亲的肩膀上——〈台阶〉创作谈》一文中详细地叙述了自己创作《台阶》这篇小说的经历。据他叙述，他笔下的“父亲”并不是自己父亲的真实形象，而是在父亲形象基础之上通过艺术加工所创造的典型人物形象。创作《台阶》的过程不仅是一个与自己的父亲进行“对话”与“交流”的过程，同时也是对父亲形象的再发现、再认识的过程，这个过程融入了作者独特的情感体验，这种体验恰恰是别人无法代替的，也是读者无法生硬地“占有”的。作者说：“我终于明白，《台阶》给了我与真实而严厉的父亲沟通的能力。我读懂并理解了他。父亲用他的肩膀作为我人生的《台阶》，虽然我不赞成他棍棒式的教育方式，但我对他充满了感恩。”[②] 也就是说，这篇小说虽然名为“小说”，但却是一篇特殊体式的小说，即淡化情节、带有强烈的抒情意味的散文化小说。这也说明我们不能无视作者的创作意图，单纯地抓住文本中的只言片语便进行“过度阐释”，甚至读出了小说的社会学、思想史的含义。

至于“要让农民摆脱封建的狭隘的精神追求”更属无稽之谈，因为文中

---

① 倪文尖、朱羽：《重塑小说观 建构新图式》，见王荣生、李海林主编：《语文教育研究大系：理论卷》，上海：上海教育出版社，2005，第149页。

② 李森祥：《站在父亲的肩膀上——〈台阶〉创作谈》，《中国校园文学·中学读本》2007年第17期，第41页。

在谈论台阶与地位时，特意说是“乡邻们在一起常常戏称”，既然是“戏称”，又如何成为农民狭隘的精神追求呢？因此，我们只有剥离附着在“父亲”形象上的社会因素、文化因素、思想因素，才能够还原一个真实的“父亲”，一个既有特殊性的“这一个父亲”与又有普遍性的“这一类父亲”的艺术形象。

三

在我看来，教材编者添加的结尾，正是要正本清源，排除那些脱离文本本身的延伸式解读，真正从情感体验的角度认识“父亲”的形象。个中深意，则要从“父亲老了”说起。

小说中“父亲老了”是“我”作为儿子的内心独白。父亲老了，老在建造高台阶的新屋的一生追求与奋斗中。父亲“老”的过程，就是一个希望能够通过自己的劳动获得地位和尊严的过程，是一个不断实现人生价值的过程。在“旧台阶时代”，台阶与父亲的联系主要体现在劳动上。父亲坐在台阶上洗脚，而且是每年洗一次，“父亲要了个板刷在脚上沙啦沙啦地刷”，这正是劳动过后的行为动作；父亲坐在台阶上抽烟，总是在下地干活回家之后，是在砍柴归来后。旧的青石板台阶承载着父亲的价值与尊严，尽管这种尊严并没有被父亲明显注意到。但是当新台阶造好之后，父亲突然感觉“不自在”起来，一方面这与父亲“老实厚道低眉顺眼”的性格有关系，另一方面，也与父亲的日渐衰老有关，其中“闪腰”这个偶然的病痛就是这种衰老的表现。更突出的表现是父亲挑水的细节，当“我”去抢父亲的担子时，“他却很粗暴地一把推开我”，一个“粗暴”体现了父亲对自己衰老不认同的心理。不认同衰老，恰恰是因为父亲认为自己还“有用”，还有存在的价值。但当挑水的任务“由我包了”之后，父亲的表现是：

> 父亲闲着没什么事可干，又觉得很烦躁。以前他可以在青石台阶上坐几个小时，自那次腰闪了之后，似乎失去了这个兴趣，也不愿找别人聊聊，也很少跨出我们家的台阶。

父亲之所以过去能在台阶上“坐几个小时”，恰恰是因为有一种存在的意义感，特别是通过劳动体现出来的价值，而当父亲失去这种感觉之后，与“台阶”之间的关系也由“坐”变成了“很少跨出”。父亲的“烦躁”“似乎失去了兴趣”“不愿找别人聊聊”“若有所失”等表现，正是因为价值空虚，人生的存在没有了着落。

导致这种状态的根本原因，既不是什么农村生产力得不到发展，也不是农民的地位与人格没有根本改变，自然也不是偶然的损伤与病痛，而是生命的自然衰老。这是一种自然规律，作者恰恰是要表现人在生老病死这种自然规律面前的无力感与绝望感。一句“怎么了呢，父亲老了”，所包含的感慨正是对生命的独特体验。这一点正像刘亮程在散文《寒风吹彻》中说的：“每个人都在自己的生命中，孤独地过冬。我们帮不了谁。”面对父亲的衰老，“我”可以代替他做家务，承担新一轮的人生责任，但无力抗拒这种衰老，也不可能“替”父亲老去。

因此，教材编者加上的这句“怎么了呢，父亲老了”，并没有浅化、窄化小说的主题，恰恰相反，这是对小说主题的进一步深化。因此年龄的增长与身体的衰老恰恰是生命自身的规律，抒发对生命规律的无力感，正是作者的创作意图，也是这篇散文化小说独特的体式特征的体现。

（本文发表于《语文教学与研究》2018 年第 6 期）

例析《智取生辰纲》的“细针婉线之妙”

《智取生辰纲》出自《水浒传》，被选入统编初中语文教材九年级上册第六单元。本单元主要是引导学生鉴赏中国古代白话小说。古代白话小说除在故事情节、人物形象等方面取得较大的艺术成就外，还特别注重细节的揣摩。这些细节表面上看平淡无奇，学生不存在阅读障碍，实际上恰恰是阅读的“盲点”。金圣叹在评点“杨志押送金银担　吴用智取生辰纲”这一回文字时，认为“作者腕下有细针婉线之妙”①，本文拟结合课文中的相关语句，对“细针婉线”的艺术特征进行详细剖析。

一、老都管和两个虞候又将一小担财帛

有学生指出：“为什么此处又多了一担呢？而且‘11’这个数字有点不伦不类。”理解这一点需要结合前文的情节，而且这个情节是“智取生辰纲”至关重要的内容。杨志得到梁中书的赏识之后，被委以重任，负责押送生辰纲到太师府，诸多事宜已在前一天商量妥当。不料第二天临出发时，梁中书却说：“夫人也有一担礼物，另送与府中宝眷，也要你领。怕你不知头路，特地再教奶公谢都管，并两个虞候，和你一同去。”表面上是夫人也有

① 金圣叹：《第五才子书施耐庵水浒传》，郑州：中州古籍出版社，1985，第250－266页。

一担礼物，实际上于理不合。难道这十万贯礼物不包括夫人的心意？为何要另送一担？其实，这是梁中书对杨志不信任的表现，但又不便明说，于是暗中派谢都管和两个虞候监视杨志。正如金圣叹所说："视杨志过轻，则意或杨志也者，本单寒之士，今见此十万，必嚇然心动，杨志嚇然心动，而生辰十担，险于蕉鹿，夫是故以一都管、两虞候为监，凡以防其心之忽一动也。"正所谓"用人不疑，疑人不用"，梁中书对杨志抱有疑心，这是事情不成功的一大原因。而且，虽然梁中书让谢都管和两个虞候在路上听杨志"提调"，但在实际行程中三人都起到了掣肘的作用，客观上造成了杨志此行的失败。从这个意义上讲，这"一小担财帛"是整个故事情节的关键。

二、虽是晴明得好，只是酷热难行

"智取生辰纲"的一大关键是天气原因，作者在渲染"热"时，也是穿插逗引，体现了"针脚绵密"的特点。一行人刚出发时，作者说："此时正是五月半天气，虽是晴明得好，只是酷热难行。"此处先点出天气之酷热。中间不断点出"天气热了""火热般的天气"，这属于直接描写。到了六月初四这一天，作者先从上午写起："天气未及晌午，一轮红日当天，没半点云彩，其日十分大热。"这是进一步渲染，特别是"没半点云彩"着眼于"天"。等众军上路时，作者再一次写到了云彩："四下里无半点云彩，其时那热不可当。"到了正午时，作者又写道："看看日色当午，那石头上热了，脚疼走不得。"金圣叹评点"石头上热了，脚疼"说："只得一句七个字，而热极之苦，描画已尽，叹今人千言之无当也。"石头上热了，正是太阳火热的结果；脚疼，又是石头上热的结果。此时笔触从"天"到"地"，只七个字便反衬出天气的炎热。从概括性地写"酷热""火热"再到具体化地写云彩、写石头，并用"脚疼"加以反衬，作者笔力可见一斑。而且，写云彩和写石头是不能互换的，上午日晒时间不长，不会产生"石头上热了"的效果。

三、"提辖"和"杨提辖"

应该说，最初上路时，最先有意见的是众军士，其次是两个虞候，老都管是站在杨志的立场上来做众人的"思想工作"的。到了黄泥岗上时，众军士又热又累，杨志拿藤条劈头劈脑地打，老都管说道："提辖，端的热了走不得，休见他罪过。”而当杨志不听劝坚持要众军士行路并且又“拿起藤条，劈脸便打去”时，老都管喝道：“杨提辖且住，你听我说。”刚开始称是“提辖”，后来是“杨提辖”，一字之差，老都管内心的愤怒便跃然纸上。称杨志为“提辖”，带有一定的商量口吻；称其为“杨提辖”时，已经带有教训的成分了。如果直呼其名“杨志”，说明老都管的愤怒更进一层。此时，原本站在杨志一边的老都管也与之产生了矛盾。金圣叹评点说：“增出一杨字，其辞甚厉。”这也说明金圣叹注意到了“提辖”与“杨提辖”之间的微妙区别，这种区别恰恰是作者行文“细针婉线之妙”的体现。

四、杨志却待再要回言

当杨志说：“如今须不比太平时节。”老都管一下子抓住了杨志话中的漏洞，回应道：“你说这话该剜口割舌，今日天下怎地不太平？”杨志闯荡江湖，自是对底层生活有深切的体会，而老都管是梁夫人乳母的丈夫，自然是从太师府来到梁中书府，不自觉地带有“官方”背景，才会站在官方立场上指责杨志。而当“杨志却待再要回言”时，对面松林里出现了一个舒头探脑的人，把杨志的话打断了。一般读者可能会忽略这个细节，我们可以细想一下，杨志究竟想要说什么？杨志的失败，原因众多，其中与他的性格不无关系。一根藤条，暗合其性格：粗暴，没耐心。最初行路时是“早凉行，日中歇”，这一点自然不必解释，而当到了险路时，作息时间变成了“上午行，下午歇”，整个中午都在赶路，众军士自是不明白，而杨志的问题在于没有向军士们解释清楚，而是“如若停住，轻则痛骂，重则藤条便打，逼赶要行”。强压之下，众军士自然怨气满腹。此时，杨志不敢得罪老都管，面对其诘问，他“待要回言”，可惜被打断了。因为他既不可能用藤条打老都管，又不能喝骂，只能将个中情由和盘托出，把原因解释清楚。试想，如果没被打断，杨志陈述原因，以求得老都管的谅解与支持，那后文买酒时，老都管定然也会和杨志一起阻止军士，或许后果就可以避免了。

五、“枣子”和“瓢”

小说的故事情节与出现在小说中的重要“物象”密切相关，例如《林教头风雪山神庙》中的“花枪”“酒葫芦”“雪”等。物象的选用，不仅推动着故事情节的发展，为情节的合情合理性奠定了基础，同时也体现了作者的艺术匠心。《智取生辰纲》中的“枣子”和“瓢”也是重要物象。首先，枣子个头比较小，因此需要专门的工具盛拿，即小说中的瓢。从表面上看，瓢是用来盛枣子的，实际上却是用来盛蒙汗药的工具。如果将枣子换作桃子或者西瓜什么的，那么瓢就失去了应有的作用。再用瓢去舀酒，就难免被杨志看出破绽。其次，当白胜将酒卖给晁盖等人时，“只见两个客人去车子前取出两个椰瓢来，一个捧出一大捧枣子来”，也就是说他们是有散枣子用来解渴，这也合情合理。再次，当杨志一方的众军士买好酒后，发现“无甚舀吃”，于是又去向晁盖一方借瓢，晁盖他们还送了一些枣子给众军士，这就更加打消了杨志的疑虑。终于，在严密的策划下，杨志一方的人被蒙汗药蒙翻，枣子和瓢起到了不可或缺的作用。

六、晁盖等人的“表演”

《智取生辰纲》最精彩的片段莫过于晁盖等人在杨志面前演的一场“戏”，作者将第三人称全知视角转变为第三人称内视角，将整场戏安排得严丝合缝。首先，作者写“七个人立在桶边，开了桶盖，轮替换着舀那酒吃，把枣子过口”。七个人轮流喝酒，为的就是让杨志看见，以示无他。其次，白胜说：“我一了不说价，五贯足钱一桶，十贯一担。”其中，“一了”意为向来、一向，这也暗示白胜就是附近卖酒的人，与晁盖等人并不认识。再者，晁盖等人喝酒前不问价钱，当白胜说出酒价后，顺理成章地安排讨价还价的情节，于是才有了后文“一个客人便去揭开桶盖，兜了一瓢，拿上便吃”的片段，这个片段一来是讨价还价的结果，二来也是为了让杨志看到另一桶酒也是好的。最后，正因为他们有两只椰瓢，一个人舀了酒往松林里走去之后，另一个人拿着另一只瓢又去舀酒，趁机将蒙汗药下到酒中。如此环环相扣，正是作者行文“细针婉线之妙”的体现。

七、你这汉子也不晓事

杨志说：“全不晓得路途上的勾当艰难。多少好汉，被蒙汗药麻翻了。”白胜因为这句话故意不将酒卖给众军士，当晁盖等人要买酒时，白胜又故意不卖，于是七个客人说：“你这汉子也不晓事，我们须不曾说你。”这句话中“也不晓事”颇为精妙。为什么要加一个“也”字呢？原来这句话是接白胜刚才说杨志的话：“你这客官好不晓事，早是我不卖与你吃，却说出这般没气力的话来。”一个“也”字，不仅指向白胜不通情理，顺带又表达了对杨志的不满，并且是故意说给杨志听。金圣叹批道：“上文挑酒者骂杨志不晓事，故此反骂之云也不晓事，接口成文，转笔如戏。”这个细节，颇值得玩味。正因为此处，“七个客人”充当了矛盾调节者的角色，他们的话语与行为才更有力量，更能消除杨志的顾虑。后文众军士又来买酒，白胜坚持不卖，晁盖等人又发挥其“调解员”角色，“这贩枣子客人把那卖酒的汉子推开一边，只顾将这桶酒提与众军去吃。”貌似很不合理，实际上杨志早已相信这七个人与白胜没有瓜葛，这个举动的作用便成为“给白胜一个台阶”，最终促成计策的生效。

八、拿起来，只吃了一半

杨志应该说江湖经验比较丰富，戒备之心也比较强，但在吴用高明的设计下，自己也不知不觉“堕入彀中”。作者写道：“杨志见众人吃了无事，自本不吃，一者天气甚热，二乃口渴难熬，拿起来，只吃了一半，枣子分几个吃了。”杨志也是常人，自然也需要解渴，于是从“那里肯吃”变为了“只吃了一半”，这也是杨志高于老都管、虞候和众军士之处。不过这个细节与后文情节也有很大关系。正因为杨志只吃了一半，所以比众人先醒来，金圣叹也说：“前文杨志也吃酒，只吃得一半，我谓既已吃矣，何争一半，及读至此，始知前文吃少之妙，便于十五人中，先提出杨志，不与彼十四人者聚头作计，烦聒不已也。”杨志寻死不成，被曹正救下，自行离去。而老都管等人随后醒来，发现少了杨志，便将一切栽赃给了杨志。这与杨志只喝了一半酒，也有莫大的关系，而与杨志被逼落草，自然也有间接的关系。

总之，《水浒传》“字有字法，句有句法，章有章法，部有部法”，这也是古典小说独有的文体特点。教师除了梳理故事情节、分析人物形象之外，还要善于从这些细节入手，引导学生品味《水浒传》的精妙，理解其“细针婉线之妙”。

（本文发表于《语文教学与研究》2019 年第 4 期）

《卖油翁》的“笑而遣之”再解读

出自欧阳修《归田录》的《卖油翁》一文，早在20世纪40年代就被编入《开明新编国文读本》。对其主旨、人物形象的解读，可谓众说纷纭，或从宋朝社会风气角度解读，或从道家哲学角度解读，都得出了相对可靠的结论。对于“康肃笑而遣之”一句的理解，教师教学用书认为：“陈尧咨的‘笑’中有会意，有尴尬，也有解嘲，‘笑’和‘遣’也表现出陈尧咨通达爽快的一面。”① 这种解读的前提自然是，卖油翁凭借精湛的技艺以及深入浅出的道理使得心高气傲的陈尧咨心悦诚服。对此，有必要进一步辨析。

一、从“母文本系统”还原的角度解读

如果认为《卖油翁》一文的主要内容是揭示卖油翁的技艺高超和陈尧咨的心高气傲，那么文本的叙述重点自然放在传奇底层人物“卖油翁”身上，故事的主题就成了批评陈尧咨的傲慢无礼，赞赏底层人物的高超技艺以及谦虚品质。如果将课文还原到其所在“母文本系统”即《归田录》原作中，就能发现诸多问题。

首先，这篇文章并非独立的文本，而是出自欧阳修《归田录》的一个片

① 《义务教育教科书教师教学用书 语文 七年级 上册》，北京：人民教育出版社，2017，第160页。

段。叶圣陶、郭绍虞、周予同、覃必陶几位国文大师合编的《开明新编国文读本》收入这篇短文时，取名为“卖油翁”，这就导致此后读者将关注的重点放在卖油老者身上，在情感上自然也会向卖油翁倾斜，把批判的目光投给陈尧咨，标题的导向在一定程度上改变了人们的接受心理。其实，欧阳修《归田录·卷一》记录的都是帝王将相的言行，例如太祖皇帝、仁宗、钱若水、宋祁、寇准、杨亿、王曾、陶谷等，“陈康肃公善射”片段前两段记载的是仁宗皇帝的事迹，后一段记载的是宰相文彦博、富弼事迹。如下：

仁宗圣性恭俭。至和二年春，不豫，两府大臣日至寝阁问圣体，见上器服简质……

陈康肃公善射，当世无双，公亦以此自矜……

至和初，陈恭公罢相，而并用文、富二公……①

在以皇帝和宰相为叙述对象的故事中间，作者又怎会插入一段“卖油翁”这样的无名之辈的轶事呢？因此，从作者记述《归田录》的内在逻辑顺序上看，《卖油翁》的叙述重点应该是陈尧咨，而非卖油老者。而且，《归田录》记述的“名人轶事”，大都没有过于直接的贬义，作者又怎会对举世无双的陈尧咨加以嘲讽，认为其射箭技艺居然比不上卖油老者呢？

其次，陈尧咨的射箭技术究竟如何？一般人认为陈尧咨“发矢十中八九”，命中率并不高，从而对陈尧咨的射术产生了怀疑，认为老者倒油的技术比陈尧咨高很多。实际上，这是一种误解。教材中的“十中八九”没有注释，这不是说他射十次只能射中八九次，而是说射十次，能够射穿箭靶的次数是八九次。古人射箭，不仅是传统文化技艺，同时也是武术技艺。射箭方式很多，其中就有“白矢”之说，即射穿箭靶，露出箭镞即箭头。作者说陈尧咨射术“当世无双”，绝非夸张。《宋史》中也记载：“善射，尝以钱为的，一发贯其中。”② 他能够射穿铜钱，可见其射箭之力道。同时代的王辟之在《渑水燕谈录》中也记载：“陈尧咨善射，百发百中，世以为神，常自号曰小由基。”③“由基”即“百步穿杨”典故主人公、楚国大夫养由基，而“自号”也印证了《卖油翁》中的“公亦以此自矜”，同时也暗示了“百发百中”的陈尧咨不可能只是“十次命中八九次”。

---

① 欧阳修：《归田录》，北京：中华书局，1981，第 9 页。

② 许嘉璐：《二十四史全译 宋史（第十册）》，上海：汉语大词典出版社，2004，第 6 461 页。

③ 王辟之：《渑水燕谈录》，北京：中华书局，1981，第 113 页。

也就是说，以射术自矜、自夸、自豪甚至自负的陈尧咨，面对老者“自钱孔入，而钱不湿”的表演，从内心深处来讲是不以为然的。这也是陈尧咨眼中的“卖油翁”形象。因此，陈尧咨的“笑而遣之”的“笑”，应该是一种大度、包容的微笑，即面对老者的无理挑衅有一种“朝菌不知晦朔，蟪蛄不知春秋”的优越心理。

二、从文体与叙事的角度解读

从文体上讲，《归田录》属于“史料笔记”，从传统图书分类上讲，“史料笔记”既包括史部的“别杂史”，也包括子部的“杂家”，甚至包括了小说类资料。中华书局出版“历代史料笔记丛刊”，已有130多种。“史料笔记”的内容不见于正史，但又不同于《聊斋志异》之类的纯虚构文体。应该说，这类书记载的朝野轶闻和街谈巷议，介于“实录”与“虚构”之间，既以事实为基础，又经过了一定的艺术加工。欧阳修曾在《归田录序》中说：“《归田录》者，朝廷之遗事，史官之所不记，与夫士大夫笑谈之余而可录者，录之以备闲居之览也。”① 朝廷遗事，自是事实；笑谈之余，难免虚饰。对于《卖油翁》来说，既有以历史人物事迹为基础的实录色彩，同时也带有小说家的想象。因此，有必要从叙事的角度对“笑而遣之”进行解读。

首先，从人物设定上讲，要想突出故事的传奇性，使“谈笑”也能够广泛传播，最好能够拉开故事人物之间的距离，包括人物的身份、地位、性格等。《卖油翁》中的陈尧咨和卖油老者，就符合这样的“人物差距”。从身份地位上讲，陈尧咨是当世文武全才，他不仅“举进士第一”，同时射箭技艺“当世无双”，而且官运亨通，《宋史》直接记录了他40多种官职。人生经历虽偶有起伏，但总体属于名臣之列。而卖油翁，无名无姓，无官无职，属于“引车卖浆者之流”。而且，陈家在当时属于名门望族，陈尧咨的父亲陈省华是左谏议大夫，兄弟三人陈尧叟、陈尧佐、陈尧咨，世称“三陈”，陈尧叟是进士第一名，陈尧佐进士出身。这样的家世、家声、家望，和名不见经传的卖油老者相比，可谓“判若云泥”。如果是两个卖油老者比拼技艺，那无非是底层民众茶余饭后的谈资；如果是两个将军比武射箭，也不过是正常的“功夫切磋”。但如果是“身在地面”的卖油老者和“高入云端”的“小由基”陈尧咨进行手艺比拼，那自然更具有“街谈巷议”的价值。巨大

① 欧阳修：《归田录》，北京：中华书局，1981，第9页。

的身份地位差距，使得故事更有传奇性，甚至会产生一种“高手在民间”的心理落差。

其次，从故事情节上讲，《卖油翁》呈现出的故事并不复杂，但即使是篇幅不长的故事片段，也体现了情节的起伏、矛盾冲突与化解、突转等特征。陈尧咨“射于家圃”，本是一件再平常不过的日常小事，但由于卖油翁的出现，故事出现了第一层矛盾，主要体现在卖油翁的“睨之久而不去”和“但微颔之”的动作上，这属于人物的“心理冲突”。当陈尧咨注意到老者的“反常行为”后，双方出现了“言语冲突”，陈尧咨三问，老者三答，再加上精彩的动作描写，将故事推向高潮。如果故事在老者的“惟手熟尔”戛然而止，那么整个情节无异于老者单纯的“炫技式”表演。但作者又加了“康肃笑而遣之”这样一句并不引人注意的话，从情节角度看，不仅意味着矛盾冲突的化解，更是一种“突转”，就像瀑布从天而降化为平坦水脉，高温熔炉突然冷却。读者预想中的更为激烈的矛盾冲突，突然被“笑而遣之”轻轻化解，归于平淡。

从故事情节的逻辑上看，将“笑而遣之”理解为“陈尧咨惭愧讪笑，将卖油翁送走”，就会使得故事过于平淡，缺少波澜起伏的曲折性。将“笑而遣之”理解为“不以为然的微笑”，那就意味着在此前的心理冲突、语言冲突的基础上，又产生了一种“境界冲突”，即陈尧咨认为卖油老者根本不懂射箭的道理，射箭和倒油那是完全不同的技艺门类。于是故事的内在逻辑可以这样表述：当陈尧咨发现老者的反常动作之后，最初的反应是愤怒，这不仅体现在他三个问句中的“亦”“安敢”等词语中，也体现在对卖油老者从“汝”到“尔”的称呼变化上；而当他“观摩”了卖油翁的技艺之后，突然有一种释然，即认为老者也不过如此，于是大度地笑一笑，把老者打发了。

三、从“文本删节”的角度进行拓展解读

《卖油翁》中关于陈尧咨的轶事，最初是由何人发现、记录并传播，已不可考。我们姑且认为作者欧阳修既是故事的记录者，也是故事的叙述者。叙述者与作者的统一，其实是笔记体小说的一大特征，也区别于真正虚构的小说。叙述者采用的是全知叙述视角，他不仅能够细腻地体察人物的表情、动作以及心理，同时还能够超越于故事本身，对故事及人物进行评论。《归田录》“陈尧咨善射”的原文最后一句是：“此与庄生所谓‘解牛’‘斫轮’

者何异”[①]，即叙述者对整个故事片段及人物的评论，不过在选入教材时被删去了。

对于这句被删掉的句子，很多学者和老师进行了深入探究。黄震云教授在《故事讲千年，试解其中味？——欧阳修〈卖油翁〉阅读与欣赏》一文中还原了《庄子》中“庖丁解牛”与“轮扁斫轮”的故事，并与卖油翁的倒油技艺进行了对比，得出“只有通过自己的努力，把握事物的法则，顺应自然之道，才能够有所作为，才是理想的境界”的结论[②]。张存平老师在《〈卖油翁〉主旨刍议》一文中仔细对比了“轮扁斫轮”和“卖油翁”两个故事的人物关系、情节发展以及人物承载的意义，认为“这篇志人笔记小说应该是有微言大义的，从文本的最后一句可以看出，它将故事指向庄子的‘天道’哲学，有着耐人寻味的丰富内涵，当一个王朝阶层固化、思想僵化，积贫积弱却无计可施，那是违逆天道的”[③]。两位学者将本故事的主旨引向“天道”，笔者是认同的。但对于这两篇文章的结论，笔者有不同的理解。

作者在《归田录》中经常在叙事结束之后发表简短的评论，多数是对故事的简短概括，但也有对人物和故事进行道德、学问、命运等方面的评价，例如“乃知大臣功高而权盛，祸患之来，非智虑所能防也”“人性之相远也如此”“亦其性之异也”等。直接将故事本旨引向道家哲学，只“陈尧咨善射”一例。要想理解并评论作者的“此与庄生所谓‘解牛’‘斫轮’者何异”评论，首先要了解两个典故的真正含义。“庖丁解牛”典出《庄子·养生主》，其本意是表达“臣之所好者道也，进乎技矣”的哲学道理，但“道进乎技”也不排除主人公庖丁的十九年中解数千头牛的训练经历。“轮扁斫轮”出自《庄子·天道》，不过典故重心不在“斫轮”的具体动作与习惯，而在于“言意关系”。庄子认为：“语之所贵者，意也，意有所随。意之所随者，不可以言传也。”[④] 即真正的意是不可言传的，进而借轮扁之口认为圣人之言皆是糟粕。庄子借这个典故，实际上想表达“天道是不可言传”的哲理。

那么，作者说“此与庄生所谓‘解牛’‘斫轮’者何异”中的“此”，

---

① 欧阳修：《归田录》，北京：中华书局，1981，第9页。

② 黄震云：《故事讲千年，试解其中味？——欧阳修〈卖油翁〉阅读与欣赏》，《名作欣赏》2018年第12期，第91页。

③ 张存平：《〈卖油翁〉主旨刍议》，《中学语文教学》2018年第6期，第58页。

④ 王先谦：《庄子集解》，北京：中华书局，1987，第120页。

显然这个故事片段。翻译成白话便是：这件事与庄子所说的庖丁解牛、轮扁斫轮有什么区别呢？从表面上看，卖油翁倒油的“手熟”，与庖丁的“今臣之刀十九年矣，所解数千牛矣”有相似之处，卖油翁的身份与轮扁、斫轮也有相似之处，但从实质来看，这二者是有根本区别的。卖油翁与轮扁、庖丁都是从事“低贱工作”的“贱民”，但在庄子的哲学表达中，那么无名小卒、丑陋甚至身有残疾之人，恰恰是懂得“天道”与“自然”的大智者，这与欧阳修笔下的卖油翁承载的意义是完全不同的。而且，卖油翁的“手熟”仅仅是数十年反复的具体实践，与庖丁的“以神遇而不以目视”以及轮扁的“不徐不疾，得之于手而应于心”也是有根本区别的。其区别主要表现在：卖油翁展现的“手熟型”技艺是不含天道的，而真正的“天道”是不可言说的。更何况，卖油老者用“我亦无他，惟手熟尔”这样的语言来指称自己的技艺，恰恰是落入了庄子所说的语言之“筌”。而陈尧咨的射箭、愤怒，自然也达不到“天道”的境界了。即使是“笑而遣之”的释然与包容，与庄子推崇的境界相比，也根本不在一个层次上。

不过，作者引用庄子的典故时，可能并没有经过逻辑严密的理性思考，毕竟《归田录》是“笔记类”的闲谈之作。或许作者只是兴之所至，为故事结尾加上了一句哲学话语，或许是希望陈尧咨能够进一步提升自己的人生境界，力争达到“天道”的高度。

（本文发表于《语文学习》2020 年第 5 期）

《溜索》"炼字"艺术探究
——以"小"字为例

文学是语言的艺术。中国古代诗歌讲究"炼字"，甚至达到"吟安一个字，拈断数茎须""为性僻耽佳句，语不惊人死不休"的地步。西方文艺理论家贺拉斯也曾说："在安排字句时，要考究，要小心，如果你安排得巧妙，家喻户晓的字便会取得新义，表达就尽善尽美。"① 锤炼语言、遣词造句是中外文学家的一致追求。阿城就是一位十分讲究炼字艺术的当代作家，小说《棋王》《树王》《孩子王》以及小说散文集《遍地风流》等作品，在炼字方面造诣颇深。《遍地风流》中的短篇小说《溜索》被选入统编初中语文九年级下册教材。初读此文，平淡无奇，语言枯燥无味；反复读之，渐渐读出一些韵味，如同苏轼评论陶渊明诗歌时说的"质而实绮，癯而实腴"。例如作者描写瘦小汉子借溜索飞身渡江时说："嗖的一下小过去。""小"字本身作为形容词，再普通不过了，但用在此处，又倍觉新奇。教材的旁批也捕捉到这个字，提醒学生要"想象溜索的画面，体会'小'字的精妙"。课文所在单元的单元导语也要求"学习欣赏小说语言，了解小说多样化的风格"。笔者以"小"字品析为例，以"小"见大，进一步分析《溜索》的"炼字"艺术。

① 伍蠡甫：《西方文论选》（上卷），上海：上海译文出版社，1979，第100页。

首先，作者善于改变词语的固有词性，以达到相应的表达效果。“单音词的频繁使用，屡屡把单音的名词、形容词动词化，也使得小说的叙述在整体上给人以紧促感，像一只握住的拳头。阿城小说在用词上的另一特色，是把一些常用词用得十分新鲜，或者说，是把一些常用词用得极不寻常，让人觉得是第一次读到这个词。”① 正如这个“小”字，原本是形容词，在“嗖的一下小过去”一句中“小”又带有动词的特征。“横在索下的绳也一抖一抖地长出去”以及“首领眼睛细成一道缝”中的“长”“细”也是这种情况。这一点在中国古典诗词中最为常见，耳熟能详的“春风又绿江南岸”“红杏枝头春意闹”“红了樱桃，绿了芭蕉”等，都是刻意改变词语的固有词性，以实现相应的表达效果。

另外，此处的“小”不仅仅是瘦小汉子身影因远去而变小，更重要的是在“我”的意识中其身影一下子变小，即“小”不仅是普通的形容词活用为动词，而且还是特殊的意动用法。这一点在古代诗歌中也很常见。例如杜甫的《望岳》中的“会当凌绝顶，一览众山小”，本诗中的“小”又是从“孔子登东山而小鲁，登泰山而小天下”化用过来的。也就是说，活用词性的根本目的在于表达一种情绪、意念、感觉、心理等，这在阿城的其他小说中也是很常见的。例如《树王》开头写知青到了农场，肖疙瘩叫人过来欢迎：“于是走出一个矮汉子，笑容硬在脸上。”② “硬”原本是形容词，“硬在脸上”写出了人物似笑非笑、勉强挤出笑容的尴尬表情。写夏天的晚上月亮升起：“月亮已从山上升起，淡着半边，照在场上，很亮。”③ 其中的“淡”字，也是将形容词动词化，从而写出了人物切身的感觉。当然，也有论者认为：“到底是形容词还是动词呢？其实完全用不着细分。显然，二者均存的多元性更能保存美感经验的完全，更能使我们迹近浑然不分主客的存在现象本身，更能准确地表达一种真实的印象和感受。”④ 确实如此，对于阿城的小说语言，不能进行生硬的语法分析，而是要透过词性的变化，去把握事物的质感以及人物的感受。

---

① 王彬彬：《阿城小说的修辞艺术》，《文学评论》2014 年第 4 期，第 174 页。

② 阿城：《阿城精选集》，北京：北京燕山出版社，2015，第 37 页。

③ 阿城：《阿城精选集》，北京：北京燕山出版社，2015，第 38 页。

④ 苏丁，仲呈祥：《论阿城的美学追求》，《文学评论》1985 年第 6 期，第 59 页。

其次，“小”字凸显了小说语言的质感。俄国形式主义文论家什克洛夫斯基在《作为手法的艺术》中说：“艺术之所以存在，就是为使人恢复对生活的感觉，就是为使人感受事物，使石头显出石头的质感。艺术的目的是要人感觉到事物，而不是仅仅知道事物。艺术的技巧就是使对象陌生，使形式变得困难，增加感觉的难度和时间长度，因为感觉过程本身就是审美目的，必须设法延长。艺术是体验对象的艺术构成的一种方式；而对象本身并不重要。”① 这就是“陌生化”的观点。文学作品的“陌生化”效果的产生，主要靠语言。文学作品中的描写语言，是直接指向外界事物的，作家常常用形容词、成语或修辞手法等，力争在语言表达的对象和外界的实际事物之间建立一种真实感、相似感，这就是常说的“形象化”。不过有的时候，修饰成分过多，于是往往会过度关注形容词、成语的概念意义，遮蔽了我们通过语言触摸外界事物产生的真实感受，就像是在人与事物之间造设了障碍物。

阿城写小说，当然也离不开成语、形容词，只是尽量减少这些词语的使用，力图避免语言和事物的质感被阻挡。例如“嗖的一下小过去”一句，要形容瘦小汉子用溜索过江的动作与速度，汉语中的词语可以说是不计其数，但阿城偏偏选用了一个“小”字，一个最普通最平常的字眼，但恰恰是这个“小”字，把瘦小汉子过溜索时的迅疾以及镇定从容写出来了。有评论者指出：“最普通的字眼也就是最富有质感的字眼，它能够把我们重新带入到对事物的最原初的感觉，从而产生无限的生发性、再生性。阿城可谓深得其中的真谛，用最普通的字眼描绘事物的原初质感成为阿城的美学追求。”② 试想一下，如果作者用“迅疾”“飞快”“迅雷不及掩耳”等修饰语，这些形容词或修饰语会把读者的关注点转移到词语本身的含义上，读到“迅疾”，我们不会再去关注词语描写的对象，而会把注意力放在“迅疾”本身的含义上，这样的话，事物的质感就没有直接呈现给读者。再比如，“鲜艳的旗帜”和“鲜红的旗帜”，前者把人的思维引向抽象，后者则呈现出“红色”的具体质感。

---

① 什克洛夫斯基等：《俄国形式主义文论选》，方珊等译，北京：生活·读书·新知三联书店，1989，第66页。

② 王彩萍：《阿城：语言节制与汉语写作之美——儒家美学对当代作家影响的个案研究》，《海南师范大学学报（社会科学版）》2008年第1期，第72页。

作者对“小”字也情有独钟。接下来有连续两次用到了这个字，即“三条汉子一个一个小过去”“这岸的汉子们也一个接一个飞身小过去”。与“小”字类似的还有“横在索下的绳也一抖一抖地长出去”，“长”字看似平常，其实写出了绳子不断被拉长的具体状态。再比如写溜索：“那索似有千钧之力，扯住两岸石壁。”一个“扯”字，把静止的溜索动态化了，而且不是普通的动作，而是展现了一种巨力、猛力。“扯”字还出现在“几个汉子笑着在吃烟，眼纹一直扯到耳边”一句中，此处的“扯”字也凸显出了眼纹的质感，让人一下子体会到了汉子饱经风霜的粗犷。

最后，“小”字写出了故事中人物的感受，这种感受又转化为读者的阅读想象。“嗖的一下小过去”，与其说是从瘦小汉子的角度写自身的动作，不如说是从小说中人物的角度来写，似乎有一个观察者目不转睛地盯着瘦小汉子，瘦小汉子跳入溜索，其身影在观察者眼中一下子离去了，距离的增加使得那个身影一下子变小了。而读者自然也会跟随着观察者的目光，去想象瘦小汉子在溜索上的状态与动作，文字的视觉效果也就表现出来了。读者对“小”的体悟，自然也不局限于“小”字本身，而是会产生一种类似于观影的真实的动态感。试想，如果换成其他动词，例如“嗖的一下射出去”或“嗖的一下弹出去”，这两个动词也能表现出瘦小汉子动作的迅速，但没有表现出瘦小汉子在观察者眼中的后续状态，没能够延长读者的艺术感受，因此艺术性不如“小”字。

“阿城的笔似乎是一根魔杖，驾驭语言象玩着语言的魔术，平常再普通再平常的字，到了他的笔下，放到他的句子中，都能变幻出奇异的光彩。”①这种“奇异的光彩”，在很大程度上就是真实自然地突出了人物以及读者的感受。再比如写首领的表情：“首领眼睛细成一道缝，先望望天，满脸冷光一闪。”写首领的眼睛用“细”字，也写出了眼睛在读者想象中的状态，达到了一种简约传神的效果。如果换成“眼睛眯成一条缝”，仅仅写出了一种动作，而没有表现出首领眼睛带给“我”的视觉印象。上文中“几个汉子笑着在吃烟，眼纹一直扯到耳边”中的“扯”字，实际上也是写出了“我”的感受。

---

① 邓杰、柳宏：《神奇·腐朽·神奇——试论阿城小说的语言艺术》，《扬州师院学报（社会科学版）》1988年第4期，第36页。

总之，阿城在小说创作时十分讲究“炼字”，普通平常的字眼，通过某种词性变化后，能够凸显事物的质感，能够表现出故事中人物的感受，进而强化读者的审美体验，达到一种“陌生化”的效果。

人物形象与文本解读

印证式解读文学作品的误区及纠偏

一、印证式解读的理论误区

在文艺理论批评家的视野里，文本是一个自足独立的有机整体。从古希腊时期的柏拉图、亚里士多德到古罗马时期的贺拉斯，到古典主义时期的布瓦洛，到德国古典美学家黑格尔，到浪漫主义时期的柯勒律治，一直延续到英美“新批评”，尽管他们的主张略有差异，但基本观点就是文学作品应该是一个整体。

英国浪漫主义文论家柯勒律治曾经对诗进行过一种定义式的描述：“如果是给一首符合诗的标准的诗下定义，我的答复是：它必须是一个整体，它的各个部分相互支持、彼此说明；所有这些部分都按其应有的比例与格律的安排所要达到的目的和它那众所周知的影响相谐和，并且支持它们。”① 各部分相互支持、彼此说明，这就是作品内部统一性的标志，同时也说明了“诗”这种文学体裁在内部具有相互印证、相互阐释的功能。这也为印证式解读奠定了理论基础。其实，有机整体论并没有理论问题，但如果认为文本内部的要素之间只存在“统一”这种关系，而忽略了文本内部的“矛盾”

① 刘若端：《十九世纪英国诗人论诗》，曹葆华等译，北京：人民文学出版社，1984，第67页。

甚至“错位”等关系，文本解读自然会出现一系列的偏差。

首先，文本是一个统一的有机体，但内部并不是简单的协调与统一，而是充满了复杂的矛盾，甚至是不能实现“统一”的矛盾。布拉格结构主义学派的代表穆卡洛夫斯基认为：“结构概念是基于由于诸多部分的相互关系所形成的一个整体的内在统一：这种统一不仅是通过正面的关系、吻合与和谐——而且通过矛盾与冲突。”[①] 这也说明文本内部除了统一性，还会有矛盾冲突。而印证式解读是建立在文本内部有机统一的基础之上的，当它面对文本内部的冲突与矛盾时，解读功能以及解读效果就要大打折扣了。

其次，文本，特别是文学类文本，往往带有作家强烈的主观特征。但作家的情感因素与文本的形式等理性约束产生矛盾时，文本内部也会呈现一系列的错位。有时候，创作意图不适应人物性格的发展逻辑，这在小说中最为常见；有时候，作家的创作动机在中途也会转换。“开始构思时，作家大体上都有一种动机，可是在物化过程中，由于某种外在刺激的作用，或从材料中发现了新东西，作家会产生一种新动机。”[②] 这在文学创作的过程中十分普遍。作家的创作意图不是十分明确的情况下，印证式解读也会出现偏差。

再次，印证本身是一种逻辑思维，即通过对照比较，证明与事实相符。但在文学创作过程中，理性因素固然存在，而感性因素、情感因素也不容忽视。特别是在抒情散文、抒情诗等带有作家强烈的主观感情的文体实践中，感性因素更为突出。用逻辑证明的思路，去剖析作家的情感脉络，也会出现某种错位与偏差。

特级教师邓彤曾经批评过一种“人物分析论证化”的倾向，他说：“这个人物是坚强的，请同学们找一找哪一个细节表现人物的坚强？哪一个动作体现了人物的悲伤？这种事多不多？这种解读小说的方式是什么方式？我称之为‘给论点找论据’的方式。……人物分析论证化是一种妨碍小说解读的很不好的现象。”[③] 印证式解读与此有点类似，因此需要特别警惕。

二、案例一：《故都的秋》的感情基调

郁达夫在这篇散文里明确说：“北国的秋，却特别地来得清，来得静，

---

① 韦勒克：《近代文学批评史》（第七卷），杨自伍译，上海：上海译文出版社，2006，第535页。

② 童庆炳：《文学理论教程》，北京：高等教育出版社，2015，第161页。

③ 王荣生：《小说教学教什么》，上海：华东师范大学出版社，2015，第13页。

来得悲凉。”很多教师认为，既然作者都如此表述了，那么弥漫在散文中的情思与心境，自然也是“悲凉”了。于是按照一般的教学逻辑，就应该围绕“清”“静”“悲凉”这些“文眼”，去逆推其在文章中的具体表现，结果便是找到了几幅秋景图。当景物与心境一一照应之后，自然就是分析手法，联系文章的写作背景，进行手法分析与情感升华。

这就是一种典型的印证式解读，其最大的问题在于忽视了文本的文体特征。这是一篇抒情散文，而且是带有强烈个性特征的散文，有写景、有抒情、有议论，也符合不少人心目中的“形散而神不散”的散文体特征。但这并不是一篇逻辑严密的论说文，文章的意脉遵循的不是形式逻辑和生活逻辑，而是情感逻辑，如果将作者所说的“情感”与文章中的景物描写严格地一一对应，那就犯了脱离文体特征的错误。“清”可以说是作者心境的暗示，也可以说是北平新秋的特征，而“静”则是一种主观感受，“悲凉”的主观性更强烈。这三者之间本来就不是并列关系，从文章中找与之相对应的句子，无疑是缘木求鱼。

从文本的实际表现看，文章段落读不出太多的悲凉之气。作者将重点放在了秋的“味道”上，写出了某种“清”与“静”的味道，而不是抒发某种悲秋之情。文章的部分段落，特别是倒数第三段，不太像写景散文的文体要求，更像是现代文学史上特殊的“闲话风”的小品文，类似于周作人、林语堂笔下的“闲话体”散文。据郁达夫的儿子郁飞回忆，《故都的秋》是郁达夫应《人间世》社王余杞邀写成于1934年8月17日晨的。在《叙〈人间世〉及小品文笔调》一文中，林语堂阐述了小品文的文体特征：“认读者为‘亲爱的’故交，作文时略如良朋话旧，私房娓语。此种笔调，笔墨上极轻松，真情易于吐露，或者谈得畅快忘形，出辞乖戾，达到如西文所谓‘衣不纽扣之心境’。”①《故都的秋》中的倒数第三段，更是这种闲话体小品文的代表。似乎是在表达某种观点，但又经不起逻辑的推敲，似乎是在流露某种情思，但又飘飘忽忽，最终用某种逻辑指向性不太明确的词句来表达。例如“足见有感觉的动物，有情趣的人类，对于秋，总是一样的能特别引起深沉、幽远、严厉、萧索的感触来的”这些句子里，我们读出的秋的味道，与作者说的“悲凉”，出入是比较大的。

多数教师会重点分析描写秋蝉的段落，借以印证作者所说的“悲凉”。例如有教师解读说：“蝉鸣吹响了秋的号角，同时也唱响了生命的挽歌。柳

① 林语堂：《林语堂文选（下）》，北京：广播电视出版社，1990，第22－23页。

永有‘寒蝉凄切，对长亭晚’的句子，可见秋天的蝉鸣并不似盛夏般激烈，多少有些生命将终的凄婉，没落。蝉到了秋天生命已经走到尽头，那么联想到人，人生的短暂，自然有种悲凉的感觉。”这样的解读思路无可厚非，但却脱离了文本具体的情感语境。首先，作者笔下秋蝉的“衰弱的残声”，虽带有生命的没落感，但作者并未以悲凉的心境来观照，并没有着力渲染秋蝉的悲鸣，而是用一种闲散的写意的笔法，对秋蝉的残声进行审美观照。作者说秋蝉的残声“更是北国的特产”，又说“无论在什么地方，都听得见它们的啼唱”，还说嘶叫的秋蝉“简直像是家家户户都养在家里的家虫”，作者写出的不是秋蝉生命将尽的特征，而是着力渲染其日常普遍性，即地点上的普遍性与生活上的普遍性，前者是多，后者是常见，前者是数量，后者是心境。

也就是说，以“北国的秋，却特别地来得清，来得静，来得悲凉”特别是“悲凉”作为需要证明的结论，从文本中寻找相关段落进行分析验证，这种思路以及得出的结论，都是值得商榷的。

二、案例二：《记梁任公先生的一次演讲》的人物形象

梁实秋笔下的梁启超的人物形象，无疑是教学的重点内容。在分析梁启超的人物形象时，多数教师引导学生从“有学问，有文采，有热心肠”三个角度进行概括，但事实上，梁实秋笔下的梁启超，最大的性格特点是“有真性情”，或者说，文本的文字层面体现出来的是“有学问，有文采，有热心肠”，但“真性情”才是最核心的指向，文本中所有的细节都指向了这一点。

例如梁启超演讲的开场白，他先是“走上讲台，打开他的讲稿”，然后向台下“一扫”，开场白也十分简单，但充满了意趣。第一句“启超没有什么学问”，明显是谦虚。后一句话“可是也有一点喽”，不仅显示了其学术上的自信，一个“喽”字略带调侃，实际上其学问哪止“一点”，这句话就写出了其深厚学问之下的真性情。而在演讲过程中，他的表情丝毫不加掩饰，总是将真实的情感、动作与神态展现在听众面前。作者说：“先生的讲演，到紧张处，便成为表演。他真是手之舞之足之蹈之，有时掩面，有时顿足，有时狂笑，有时太息。”这是其真性情最突出的表现。梁启超的演讲，实际上是学术报告，讲究理性，但即使如此也不能掩盖其真实的内心世界。“表演”，此处明显不是贬义词，“手之舞之足之蹈之，有时掩面，有时顿足，有时狂笑，有时太息”展现了一个李贽笔下的“赤子”形象。外在的动作正是内心的表征，无拘无束的表演正是内心真实的流露。当演讲内容触

动了内心之悲时，他便“痛哭流涕而不能自已”，甚至当众“掏出手巾拭泪”；而当演讲内容触动了内心之喜时，他便“于涕泗交流之中张口大笑了”。

作者笔下的梁启超，作者回忆中的片段与各种事例，都指向了性格方面的“真”。当然，也有教师认为，作者说的“热心肠”实际就是“真性情”，即认为，文章写的演讲的内容，所举的例子没有一个能够证明任公学术造诣的深厚，而更多的是证明任公作为一个学问家的真性情罢了。所以，这个“热心肠”应指梁启超演讲过程中所表现出来的“真性情”①。其实，“热心肠”与“真性情”虽有相似之处，但其区别也是很明显的。笔者认为，“热心肠”侧重于其政治热情，而“真性情”侧重于性格特征。二者之间亦有联系，“热心肠”中能够体现其“真性情”。

也有的教师在概括人物形象时，出现了只抓一点、不及其余的倾向，盲人摸象，忽视了文章的整体。例如有的教师抓住第二段中的“他的讲演是预先写好的，整整齐齐地写在宽大的宣纸制的稿纸上面，他的书法很是秀丽，用浓墨写在宣纸上，十分美观”这句话，得出了梁启超治学严谨的形象特点。虽然这个细节能够体现梁启超的这方面的特点，但其根本目的是形成对比，凸显“读他的文章”和“听他的演讲”的区别，从而将重点落在“听他的演讲”这个点上。或者说，预先写好讲稿这个细节是为真正的演讲服务的，其本身并没有独立的意义。因此，治学严谨并非本文中梁启超的主要形象特征。再比如有教师抓住“先生博闻强记，在笔写的讲稿之外，随时引证许多作品，大部分他都能背诵得出”一句话，得出了其“博闻强记”的结论，这也是有问题的。因为这个片段本身也不具有独立价值，它存在的目的是为后文写“用手指敲打秃头”的典型细节服务的。这些教学表现，其实都是印证式解读过程中发生的偏差与错位，与邓彤老师批评的“给论点找论据”的现象是一致的。更为严重的，这些分析脱离了人物形象的“整体性”，是对文本的割裂性理解。

当然，笔者并不是说“印证式解读”的思路没有任何可取之处，在某些情况下，印证式解读能够训练学生整体把握文本的概括能力以及思维能力，但更多时候，我们需要的是警惕这种解读方式的误区，从更宏观、更深刻的角度看待文学作品的“整体性”。

（本文发表于《学语文》2018 年第 4 期）

---

① 陈新春：《“热心肠”需冷眼观，“真性情”要深涵咏——〈记梁任公先生的一次演讲〉备课札记》，《甘肃教育》2011 年第 12 期。

古典叙事诗中人物形象价值的重新审视

在中学语文教学中，对人物形象的概括与分析，很多教师陷入了“标签+印证”的误区，即先给人物贴上诸如善良、聪明、坚强等标签，然后再引导学生从文本中寻找相关句子进行分析，印证自己的结论。在对人物进行终结性评价时，有时会出现过度阶级化和道德化的倾向。面对这种情况，我们应该摈弃陈旧的结论，直击文本，以文本为依据，对人物进行价值方面的审视与判断。

一、《氓》的女主人公有性格缺陷吗?

《氓》是《诗经》中为数不多的叙事诗之一，同时也是一首弃妇诗。即作者以弃妇的口吻叙述自己爱情婚姻的不幸，控诉男子的始乱终弃以及封建礼教的不合理性。很多人在分析造成《氓》中女主人公的悲剧时，往往会归结于男子的负心以及社会制度的不公平，进而认为女主人公是“阶级社会中千千万万受压迫受损害的妇女命运的缩影”，在道德评价上，人们往往对“氓”进行道德批判与指责，对女主人公抱以同情。例如程俊英先生的《诗经注析》有这样的反问：“本诗通过氓和女两个形象的鲜明对比，谁真谁假，谁善谁恶，谁美谁丑，不是很清楚吗？当时男女不平等的社会真实面貌，不是如在目前吗?”① 但是，当回归文本，我们不禁反思：这种婚姻悲剧与女主人公真的没有任何关系吗?

“氓之蚩蚩”，教材注释“蚩蚩”为“笑嘻嘻的样子”，也有理解为“忠厚的样子”。王先谦在《诗三家义集疏》中认为：“蚩蚩为戏笑之貌，此妇人追本男子诱己之时，与己戏笑，己悦之而以为美也。”氓表面上是“抱布贸丝”，其实是醉翁之意不在酒，他的真实目的是接近女主人公，趁机求爱，这就说明他是有很多心眼的，而女主人公只是被氓的表面所迷惑，在没有进行深入了解其道德品质的情况下便“芳心暗许”。她把氓送过淇水，可见其痴情，但是古代讲究“父母之命，媒妁之言”，而氓没有合适的媒人，女主人公不得不推迟婚期。氓异常恼怒，而在这个决定自己终身大事的关键时刻，女主人公失去了原则，没有坚守底线。通过“兄弟不知，咥其笑矣”，我们可以推测女主人公在决定嫁给氓时，一定受到过家人的阻拦，当她被遣回家时，才会遭到兄弟的嘲笑。虽说“父母之命，媒妁之言”并不是天经地义的信条，但女主人公这种轻易放弃原则的不理智行为也是值得反思的。氓的“愤怒”也为后文“言既遂矣，至于暴矣”埋下了伏笔，可惜女主人公当时并没有意识到这一点。在订婚到出嫁的这段时间里，女主人公并没有冷静反思自己的决定，而是望眼欲穿等待氓前来迎娶，在进行占卜之后，便匆匆成婚了。“尔卜尔筮，体无咎言”，我们无意谴责女主人公的迷信行为，但这实质上也是一种不理智的一厢情愿的行为。我们可以得出结论说：女主人公对婚姻是不太慎重的，这也为自己埋下了悲剧的种子。

而当女主人公被抛弃回家时，她依然没有认清悲剧产生的根本原因，只是想当然地认为一切都是自己年老色衰导致的：“桑之落矣，其黄而陨。”这也从反面证明在她心目中，容貌是维持婚姻的命脉，而容貌衰老是引起氓“二三其德”的主要原因。当她在一味谴责氓的忘恩负义时，丝毫没有认识到自己性格上的软弱、冲动、天真幼稚等缺陷。我们不能苛求她能够站在政治与经济的角度，分析男女不平等的社会根源，但至少应该反思一下自己的性格缺陷。

二、焦仲卿是积极勇敢的抗争者吗?

作为爱情婚姻悲剧，《孔雀东南飞》在中国诗歌史上留下了浓墨重彩的

① 程俊英等：《诗经注析》，北京：中华书局，1991，第170页。

一笔，而刘兰芝、焦仲卿的形象更是耳熟能详。长期以来，焦仲卿一直是爱情的忠贞守护者，是一个“坚强得足以把苦难当作快乐来感受”的勇士[①]，但事实果真如此吗？

以往的解读，往往先对人物进行二元对立的阶级划分，焦母就是专制者，焦、刘则是反抗者，故事就是反抗家长专制的血泪史。这种解读忽视了家庭的日常行为，忽视了家庭成员作为普通人的一面，甚至忽视了母子、兄妹亲情，这其实是脱离文本的表现。故事开篇，刘兰芝向丈夫诉苦，倾诉心中的委屈与苦闷，这是很正常的。作为丈夫，焦仲卿一来没有“调查”兰芝的话是否属实，二来没有与妻子进行有效沟通，而是直接面对母亲，兴师问罪：“儿已薄禄相，幸复得此妇，结发同枕席，黄泉共为友。共事二三年，始尔未为久。女行无偏斜，何意致不厚？”面对婆媳矛盾，他没有居中调停，而是一味强调妻子的价值与重要地位，这是一种负气的行为，没有任何沟通的意向，甚至站在妻子这边指责母亲，将矛盾的责任方全部推给母亲。且不说焦母确实行事专断，即使是普通的母亲，听到这番话心里也会不舒服吧？焦仲卿其实是一个情商很低的人，他开口便会把话说绝，不给对方台阶，甚至让对方无从辩解，如此性格只会激化矛盾。果然，焦母很不高兴，但还是站在焦仲卿的角度着想，而焦仲卿再次激化矛盾：“今若遣此妇，终老不复取。”家庭自此便无可挽回。其实，婆媳矛盾根本不是同一个话题，兰芝埋怨“三日断五匹，大人故嫌迟”，焦母埋怨“此妇无礼节，举动自专由”，而焦仲卿根本没有意识到这个问题，没有在母亲与妻子之间充当沟通者与润滑剂，而只会在冲动中失去消除误会的机会。当焦仲卿再次面对兰芝时，又一次单方面地将责任全部推给母亲：“我自不驱卿，逼迫有阿母。”并且把母亲对兰芝的评价原封不动地“照搬”给妻子，这一点从刘兰芝说“奉事循公姥，进止敢自专”可以看出。这再一次证明焦仲卿在处理家庭问题时，没有沟通的智慧，虽说家庭破裂，焦母有不可推卸的责任，但焦仲卿的性格也有问题。

面对母亲的暴怒，他选择了退缩，“卿但暂还家，吾今且报府”，通过后文“府吏闻此变，因求假暂归”得知，焦仲卿是可以“请假”的，而在家庭矛盾不可调和的情况下，他的主意是“卿但暂还家”，他的选择是“吾今且报府”，这两者都是极其不负责任的行为。“不久当还归，誓天不相负”，这是典型的轻诺寡信，因为他并没有十足的把握改变母亲的想法，所谓“不

① 宋诗文：《焦仲卿性格再认识》，《内江师范学院学报》，1989 年第 1 期。

久当还归”只是一厢情愿的美好愿望罢了。

当听闻兰芝再嫁，焦仲卿闻讯赶来，在没有了解事情真相的前提下，直接对兰芝进行讽刺性的谴责：“贺卿得高迁！磐石方且厚，可以卒千年；蒲苇一时纫，便作旦夕间。卿当日胜贵，吾独向黄泉！”焦仲卿低情商、绝对化的沟通方式再一次得到证明，一来他没有站在兰芝的角度思考问题，没有为兰芝的幸福与未来考虑，二来他根本没有想自己能够改变什么，既然无可挽回，为什么阻拦兰芝开始新生活呢？细读文本，我们发现兰芝头脑异常冷静，她认为“虽与府吏要，渠会永无缘”，无奈之下才答应再嫁，虽然不是出自本意，但至少没有自寻短见之心。而在焦仲卿的讽刺与负气下，刚烈的兰芝选择了结束生命，焦仲卿为此也要负一定的责任吧。

从日常生活的逻辑还原文本，可能会打破对美好爱情的憧憬，结论自然不是那么完满，但依据文本与生活逻辑，焦仲卿确实不似一个坚定的反抗者，其性格中有不理智的冲动因子、有低情商的沟通匮乏、有不考虑对方的任性负气，甚至还有某种自私的成分，这些在分析悲剧成因时，笔者认为也不能完全忽视。

三、琵琶女是被损害的下层劳动妇女吗？

白居易的《琵琶行》，是其感伤诗的代表，琵琶女的形象更是令人深刻，她高超的弹奏技艺、沦落天涯的悲苦命运，都引起了人们的同情。人们也将琵琶女作为“受侮辱和受损害的下层劳动人民”的代表，并且认为“通过这个形象，深刻地反映了封建社会中被侮辱、被损害的乐伎们、艺人们的悲惨命运”①，甚至在同情琵琶女的同时，对她的商人丈夫进行无情谴责。事实果然如此吗？

应该说，琵琶女的形象是虚构的，这一点古人已有论述。南宋洪迈《容斋随笔》卷七“琵琶行海棠诗条”曾评价：“白乐天《琵琶行》一篇，……予窃疑之。唐世法虽于此为宽，然乐天尝居禁密，且谪宦未久，必不肯乘夜入独处妇人船中，权从饮酒，至于极弹丝之乐、中夕方去；岂不虞商人者它日议其后乎？乐天之意，直欲抒写天涯沦落之恨尔。”清人赵翼在《瓯北诗话》中更是认为：“（乐天）身为本郡上佐，送客到船，闻邻船有琵琶女，不问良贱，即呼使奏技，此岂居客者所为，岂唐时法令疏阔若此耶？盖特香

① 萧涤非、程千帆：《唐诗鉴赏辞典》，上海：上海辞书出版社，1983，第882页。

山借以为题，发抒其才思耳。”二人都认为白居易只是借琵琶女的形象抒发自己的迁谪之恨，不过不得不说，白居易的虚构能力令人怀疑，至少，他笔下的琵琶女不是受压迫的下层劳动妇女。

琵琶女原是京城人，家住蛤蟆岭，本是长安倡女，不过此处她并非娼妓，而是从事歌舞的艺人。年轻时度过了一段花天酒地、纸迷金醉的生活，等“暮去朝来颜色故”，只能嫁给一位商人。商人为她赎身，脱去贱籍，成为普通民妇。而对于这一切，琵琶女并未感激，相反却埋怨丈夫“重利轻别离”，虽然商人地位不高，但至少为她提供了后半生的安定生活。商人做的是小本生意，从“前月浮梁买茶去”看出他需要亲自进货，无奈之下只能留琵琶女在空船上，这也是生活所迫，但她并不理解。面对陌生的白居易，她不仅倾诉沦落江湖之痛，同时还“梦啼妆泪红阑干”，而引发其伤感之情的缘由居然是“夜深忽梦少年事”。这里的“少年事”，指的就是她年轻时在教坊受人追捧的红极一时的奢靡生活，所谓“曲罢曾教善才服，妆成每被秋娘妒。五陵年少争缠头，一曲红绡不知数。钿头银篦击节碎，血色罗裙翻酒污”。这能说她是受侮辱受损害的底层人民吗？如果说是教坊、公子哥儿等损害了她，她又怎能津津乐道此事并且想起这些繁华往事而在梦中哭泣呢？她的哭泣显然不是年轻时的“受侮辱受损害”，而是如今繁华不在，自己独守空闺的寂寞。她所留恋的是过去的生活，却忘记当下的存在。而那位茶商，更不可能损害和侮辱她，相反，是出于爱或生活，给琵琶女提供了一个家，一个避风的港湾。

总之，直击文本，是分析人物形象的第一选择。而在具体分析时，要警惕二元对立的阶级分层，警惕政治和道德对人物本身的遮盖。还原文本，还人物以本来面目，然后再从“典型”的角度进行评判，无疑是最佳选择。

（本文发表于《学语文》2017 年第 4 期）

一个被忽视的人物

——略论《林教头风雪山神庙》中的“管营”

《林教头风雪山神庙》不仅塑造了林冲、陆虞候等主要人物形象，也勾勒出了李小二的热情与善良、差拨的利欲熏心与毒辣。在正与邪的斗争中，一系列偶然因素导致正义战胜了邪恶，陆虞候、富安、差拨都倒在了林冲的刀枪之下，但也有一条“漏网之鱼”，那就是“案件”的策划者——管营。通过分析这个经常被人忽视的小人物，不仅可以透视当时的官场生态，深刻体会《水浒传》官逼民反的社会主题，同时也能领略作家高超的叙事技巧与艺术才能。

一、“管营”的贪财与畏权

“管营”只是一个符号，和差拨一样，不仅没有名字，而且作者“吝啬”到连姓都不肯给他，这就说明他在《水浒传》中的地位比不上“血溅鸳鸯楼”中的张督监，更比不上“江州闹法场”中的黄文炳。当然，作者用“管营”这个职务称呼一个具体的有血有肉的人，显然是有用意的，其用意在于将个体“脸谱化”，以点带面，通过刻画“一个人”而使读者了解“一群人”和“一类人”。

管营第一次出现，并非正面现身，而是通过其他犯人之口出现：“此间管营、差拨都十分害人，只是要诈人钱物。若有人情钱物送与他时，便觑的你好；若是无钱，将你撇在土牢里，求生不生，求死不死。若得了人情，入门便不打你一百杀威棒，只说有病，把来寄下；若不得人情时，这一百棒打得个七死八活。”“十分害人”，正是牢城里的犯人对管营的概括，“只是要诈人钱物”道出了管营的贪财本性。管营所贪的，一是钱物，二是人情，前者就是金银财物，后者是社会关系。社会关系的缔结，无非是财物、权势以及江湖影响，这里的“人情”当然也不是普通的人物情分，而是社会关系的投影。

此时的差拨，不仅得了自己的五两银子，还暗中扣下了林冲原本送给管营的十两银子中的五两，只将五两银子和柴进的书信交给管营时，管营只是淡淡地说：“况是柴大官人有书，必须要看顾他。”简单的一句话，令人回味无穷。管营不仅认可了差拨对林冲是“英雄好汉”的评价，同时也认可了林冲遭到陷害的事实，当然，这不是最主要的。最主要的有两点，一是有金银财物贿赂，二是有柴大官人的书信。管营的“况是”，意在言外，一切已无须言明。这一点也可以看出管营不仅贪财，而且特别虚伪狡诈。

当管营与林冲“合演”了一出戏之后，作者写道：“那管营、差拨得了贿赂，日久情熟，由他自在，亦不来拘管他。”这句话可以看出，在牢城里，评价是非善恶的标准不是罪行本身，不是律法条文，而只是钱。管营与柴进的交情，作者没有明说，实际上也是建立在金钱的基础之上的。也难怪林冲感叹：“‘有钱可以通神’，此语不差。”这就是当时真实的官场生态。

管营和柴进的交情是建立在金钱的基础之上的，但也不排除管营对柴进江湖地位与江湖影响的畏惧，这是一种“人情”，但柴进毕竟不是官场中人，他们之间的“交情”一旦遇上真正的权势，就会不攻自破。这一点集中反映在酒店密谋的情节里。

陆虞候与富安邀请管营一起商议如何暗害林冲，他们的资本有两个，一是高太尉的权势，二是大把的金银。在高太尉面前，管营只是一个可有可无的小人物，对于高俅的权势，管营焉有不畏惧之理？这种权势是通过一封书信体现的：“李小二急去里面换汤时，看见管营手里拿着一封书。”高俅要杀害一个人时，根本不需要自己出面，只需要派几个下人带着自己的书信，就可以置人于死地，当时的社会黑暗，可见一斑。

面对高太尉的重金贿赂与炙热权势，管营在柴进与高太尉之间，选择了后者。当一种建立在更大更高利益上的交情出现时，管营与柴进的“人情”便宣告结束。我们甚至可以想象，即使高俅没有重金贿赂，而是通过书信直接下达命令，相信官营也不会反抗。因为在一个腐败的体制中，一个人对权势的畏惧是没有底线的，更何况是管营这样没有底线的人。

二、“管营”的工作与职责

在《林教头风雪山神庙》中，有一个容易被忽视的细节。陆虞候、富安来到沧州，到李小二的酒店准备密谋暗害林冲，于是便差遣李小二去请管营和差拨，作者写道："李小二应承了，来到牢城里，先请了差拨；同到管营家里，请了管营，都到酒店里。"

这是一个十分耐人寻味的细节，一般的作家对这个细节是不会刻意雕琢的，可能会不假思索地写成："李小二应承了，来到牢城里，请了差拨和管营，都到酒店里。"这样的表述也合情合理。但文似看山不喜平，平常的情节，作者也要讲究"曲折"，这正是作者的精心与匠心的体现。当然，这个细节的特别之处还不在于情节的波澜与曲折，而在于对官场生态的暗示。

差拨职位低，因此要在牢城里上班，而管营作为"牢城之主"，却可以待在家里。虽然作者并没有明说陆虞候差遣李小二的具体时间，但我们可以想象管营的生活状态。由于没有律法的约束，牢城里的规则就是"有钱通神"，那一切事务就会变得简单明了，作为职位最高的管营，自然也就无事可做，只能在家里享清闲了。一方面，这是当时社会等级森严的暗示，职位的高低与工作的时间、状态完全不一样；另一方面，管营在"上班时间"居然不在"单位"，而是在家里，不论他是否有事，他的"工作态度"可见一斑，而且我们有理由相信，管营一定是"长期不上班"的。那当时的官场与社会组织的"腐烂"，在一个小小的管营身上体现出来了。正是如此众多的"管营"造成了官场的腐败，反过来说，正是因为缺乏律法约束、缺乏监督的官场机制造成了如此众多的"管营"的存在。这从某种层面上，恰恰印证了本书"官逼民反"的社会主题。

到了后文，陆虞候、富安、管营、差拨四人密谋，定下的毒计是要烧死林冲，我们可以推测，这条计策的制定者一定是管营。差拨不具备这样的"智谋"，陆虞候和富安毕竟人生地不熟，只有管营，深谙此处的情形与门道。而令人发指的是，管营想出的计策居然是用烧毁草料场，换取林冲的性命，不可谓不下本钱。按照常理，看管草料场也在管营的职权范围内，而且草料场这种物资对军队的重要性不言而喻，可是管营为了取林冲性命，甘愿严重渎职，不顾自己的职责，烧毁了草料场。可见，在金钱与权势面前，其他一切，包括职责、他人的性命，都可以统统不要。只有这样的官场体制，才会产生管营这样的"腐败分子"。

三、"管营"的毒辣与心机

管营的性格，不仅狠毒，而且很有心机。在火烧草料场的情节片段中，如果没有偶然事件，林冲必死无疑。陷阱是连环的，林冲负责看管草料场，如果被烧死，那“万事大吉”，如果侥幸逃脱，那就是“渎职”，因为他没有看管好草料场致使火起，这也是死罪。这就是管营的“工于心计”之处。

当然，这种性格在小说中的另一个细节上也可以看出来。当陆虞候、管营等四人定下毒计之后，管营并没有立即付诸行动，而是等了五天。这一点就耐人寻味了。从林冲一方来讲，他从李小二口中推测来人是陆虞候时，表现是“大怒”，“离了李小二家，先去街上买把解腕尖刀，带在身上。前街后巷一地里去寻”。而作者特意交代：“牢城营里都没动静。”果然，林冲寻了三五日之后，没有一点关于陆虞候等人的消息，“街上寻了三五日，不见消耗，林冲也自心下慢了”。林冲失去防范之心之后，管营他们才开始了行动。实际上，管营并不知晓林冲的行为，他只是“小心驶得万年船”，将事情做到滴水不漏，使计划天衣无缝，务必能够将林冲置于死地。这一点可以看出管营心机之深。

这分明是将林冲往死路上推，但管营居然说得冠冕堂皇，找不出任何破绽：“你来这里许多时，柴大官人面皮，不曾抬举得你。此间东门外十五里有座大军草料场，每月但是纳草纳料的，有些常例钱取觅，原是一个老军看管；如今我抬举你，去替那老军来守天王堂，你在那里寻几贯盘缠。你可和差拨便去那里交割。”管营的“心机”又一次显露，他处处为林冲着想，甚至抬出了柴大官人，让林冲无从分辨事情的真伪，只能听从这种安排。而当林冲询问李小二时，李小二也有一点疑惑：“这个差使又好似天王堂。”也就是说，看守天王堂和看守草料场并没有本质的区别，假如没有附带的“好处”，林冲必然会怀疑其中有奸计，但此时看守草料场可以得到一些“额外收入”，而且这个职务是“肥缺”，平常还需要行贿才能得到。那么，看守草料场的理由才会更加充分，林冲也就更不会防范。

一条毒计就这样产生了，林冲在不自知的情况下逐渐走向了死路。整个事件的罪魁祸首，除了高俅，就是管营。但事情的结局出人意料，管营安然无事，后文也没有提到管营的结局，而在前“冲锋陷阵”的差拨死在了林冲的花枪下，这岂不是巨大的讽刺？或许，这与林冲的性格有关，如果换作是快意恩仇的武松，他一定会回来杀掉管营，以泄心头之恨。林冲的性格保全了生命意义上的管营，但官场生态也让朝廷渐渐走向了衰亡。

（本文发表于《语文教学研究》2018 年第 2 期）

抓住文本“裂痕”，再辨人物形象
——以《孔雀东南飞》中“刘兄”形象为例

《孔雀东南飞》和《木兰诗》被称为“乐府双璧”。不论是人物形象的刻画还是娴熟的叙事手法，都对后代的叙事诗产生了巨大的影响。作为一曲爱情悲歌，《孔雀东南飞》引发了后人无数的嘘唏嗟叹。在对焦仲卿和刘兰芝抱以同情之时，也对焦母和刘兄进行了无情的挞伐，将二人视为封建礼教和封建家长专制的代表人物，同时认为，是焦母和刘兄逼死了刘兰芝。但当我们抛开成见，直击文本本身，却发现了不一样的“刘兄”。

一、裂痕：诗歌文本的“小序”与“正文”

《孔雀东南飞》出自南朝徐陵编订的《玉台新咏》。《大唐新语》记载：“梁简文为太子，好作艳诗，境内化之。晚年欲改作，追之不及，乃令徐陵为《玉台集》，以大其体。”这句话里的《玉台集》就是《玉台新咏》，句中的简文帝就是萧纲。不过对于《孔雀东南飞》产生的时代，学术界还有不同的看法。有学者认为其产生于汉代末年，有的学者经过考证，认为《孔雀东南飞》是南朝时期的作品。孰是孰非，还有待于辨析，但它的“乐府诗”的文体性质可以确证。

乐府诗产生于民间，实际上就是民歌，是劳动人民世世代代传唱的作品。《孔雀东南飞》的“本事”，应该就是民间口耳相传的故事，产生之时是“徒歌”，即是既没有标题、序文，也没有明显的语言修辞的作品。而乐府作为音乐采集的部门，搜集到类似的“徒歌”之后，自然要进行一番修饰，甚至要根据某种意识形态的需要进行改编。徐陵在《玉台新咏序》中说：“无怡神于暇景，惟属意于新诗。”这里的“新诗”，实际上就是“艳歌”，即以男女爱情为主要内容的宫体诗。徐陵对于这首民歌，不仅进行了整理，最主要的是还在诗前加了序言：

汉末建安中，庐江府小吏焦仲卿妻刘氏，为仲卿母所遣，自誓不嫁。其家逼之，乃投水而死。仲卿闻之，亦自缢于庭树。时人伤之，为诗云尔。

序言也引发了不小的争议，例如“汉末建安中”的时间问题，“庐江府”的地点问题，刘兰芝的姓氏问题，等等。而在序言与正文、序言与诗歌本事之间，存在着一些微妙的裂痕。序言中所说的“焦仲卿妻刘氏”，在正文中却没有相应的印证，正文中没有一处直言兰芝姓刘，有学者认为“兰芝”应该姓“兰”，所谓“说有兰家女，承籍有宦官”，为什么不是“说有刘家女”？类似的“裂痕”，还存在于兰芝的兄长身上。序言中明确说：“其家逼之，乃投水而死。”这就与正文中的故事出入很大。因为在正文中，兰芝已经决定接受太守家的求婚，虽然不太情愿，但也没有造成“投水而死”的后果。

序言中的“其家”，读者自然而然地认为就是兰芝的兄长，于是刘兄也就“名正言顺”地成为逼死兰芝的罪人。“仲卿闻之，亦自缢于庭树”，这句话隐含的逻辑就是：当焦仲卿听说兰芝被“其家”逼死之后，选择了自缢身亡。而刘兄，自然也要为焦仲卿的自缢承担部分责任。而正文的故事逻辑却是：当兰芝被遣还家，自知与焦仲卿复合无望，在兄长不客气的劝解下，无奈之下选择了改嫁，而焦仲卿对兰芝出言讥讽，指责她违背誓言，兰芝羞愤投水身亡。实际上，序言所叙述的“故事”是《孔雀东南飞》的整理者对民间故事的概括，类似于“导读”。既然是概括，自然会省略很多细节，也会加上自己的主观理解，而概括之后的事件不论与真实的民间故事还是与正文的故事主体之间，必然会出现不相照应之处。这种文本内部的裂痕，影响到了后人对刘兄的价值评判。

二、标签："性格"与"品行"的误评

刘兄被认为是害死刘兰芝的凶手，是多方面原因造成的。最主要的就是，长期以来社会政治解读的模式影响了对刘兄形象的客观评价。在这种解读模式下，刘兄作为个体的人已经被忽视，作为某种封建理念的代表被凸显。于是，刘兄成了封建家长专制的代表人物，在家里一言九鼎，高高在上地统治着母亲与妹妹。久而久之，人们似乎对"文本中的刘兄"已无探讨的兴趣，只信奉"抽象观念的集合体的刘兄"。

这种概括就是将人物"标签化"，其逻辑如下："其家逼之，乃投水而死"说明刘兄是逼迫兰芝放弃生命的罪魁祸首，那么刘兄自然也是拆散青年男女美好爱情的罪魁祸首，而刘兄奉行的是封建家长专制那一套观念，那么他自然就是封建观念的代表人物。在"反封建"的社会意识下，刘兄成为人们批判甚至挞伐的对象，也就不足为奇了。其实，"标签化"的最大特点就是省略了论证的过程，在作为真实的"生命个体"的刘兄与作为观念的"抽象个体"之间，逻辑联系被有意无意地忽视了。标签盛行之处，往往是理性分析最薄弱的环节。马克思在1859年致拉萨尔的信中，谈到拉萨尔的剧作《弗兰茨·冯·济金根》时说："你就得更加莎士比亚化，而我认为，你的最大缺点就是席勒式地把个人变成时代精神的单纯的传声筒。"这个论断也成为马克思文艺理论中的"典型论"的来源之一。当个人变成了"时代精神的单纯的传声筒"，那么个人本身的性格、行为、生活细节等便被"概括化"与"省略化"了。

更为重要的是，后人在评价刘兄的形象时，无意中混淆了个体的"性格特征"与"品行特征"。性格，是一种社会交往中的稳定的心理特征，是一种人格与气质的表现，更多带有先天性；而品行是人的行为品德，是道德方面的概念，并非天生的特征。在《孔雀东南飞》中，刘兄共出现三次，前两次是从兰芝口中说出的："我有亲父兄，性行暴如雷，恐不任我意，逆以煎我怀。""我有亲父母，逼迫兼弟兄。"兰芝对兄长的评价自然也会影响到后人的观点。值得注意的是，"性行暴如雷"更多的是一种性格特征，与道德品质之间并没有直接的因果关系。性格暴躁的蛮横的人，不一定是道德上的小人，更不一定是制度上的坏人，或许只是有心理缺陷的人。如果混淆了二

者的区别，对于刘兄的评价，就会出现偏差。

在诸多对刘兄形象的评论中，“势利”无疑得到了广泛的认可。既然刘兰芝嫁的是太守的儿子，荣华富贵自不必说，刘兄自己也会跟着沾光，或者说，他正是出于这个目的才逼迫刘兰芝嫁给太守的儿子的。不过，细读文本，笔者的阅读感觉与直觉体验并非如此。

正面分析刘兄在文本中直接谈到的一番话，这番话也是理解刘兄形象唯一的直接的证据。他说：“作计何不量！先嫁得府吏，后嫁得郎君，否泰如天地，足以荣汝身。不嫁义郎体，其往欲何云？”“作计何不量”，不一定就是蛮横的逼迫，或许是善意的规劝，只是态度不好而已。刘兰芝被休弃回家，与焦仲卿的复合基本没有希望，那她的出路无非有二：一是改嫁，二是走上绝路。作为兄长，刘兄难道会选择让兰芝走第二条路吗？不可能。从情理上讲，兰芝改嫁，无论从世俗功利还是人情物理的角度，都是最现实、最为恰当的选择，从这个意义上讲，刘兄建议甚至逼迫兰芝改嫁，并没有不妥。那既然要改嫁，就有很多现实的考虑。在与焦仲卿复合无望的情况下，刘兄自然希望妹妹能选一个“富贵之家”，这也不能说明刘兄就是势利小人。作为家长，希望妹妹有一个幸福的富裕的家庭，过分吗？况且刘兄说了：“否泰如天地，足以荣汝身。”嫁给太守之子的最大受益者是刘兰芝，刘兄是否跟着沾光那是另一回事了。

因此，在笔者看来，刘兄有他自己的缺点，有他自己的世俗之处，但他不是恶人，他只是没有走进兰芝的内心世界，没有尊重兰芝的真实意愿，他只是遵循着世俗的婚姻原则而已。

三、还原：故事文本中的真实“情境”与“过程”

序言中的“其家逼之，乃投水而死”，影响甚远，前文已经提到，这与真实的故事之间存在着出入。当我们用“还原”文本的方法，去探寻故事的本来面目时，结论可能与以往的定论之间有差异。

读《孔雀东南飞》，笔者一直有一种感觉，刘兰芝并不想死，或者说她从来没想过用极端的方式结束自己的生命。与焦仲卿的愤怒与赌气相比，兰芝是一个极其冷静的人。当得知被遣已成定局时，在听了焦仲卿单方面的许诺之后，她说：“勿复重纷纭。往昔初阳岁，谢家来贵门。奉事循公姥，进止敢自专？昼夜勤作息，伶俜萦苦辛。谓言无罪过，供养卒大恩；仍更被驱遣，何言复来还！……时时为安慰，久久莫相忘！”在她看来，自己本身并没有太大的罪过，自己容貌姣好，德才兼备，勤劳能干，并不像婆婆所说的“此妇无礼节，举动自专由”，自己做到这样的地步，依然不能够得到婆婆的青睐，以后还能怎样做，才能令婆婆改变对自己的偏见呢？或者说，她对于未来，其实是没有信心的，所谓“何言复来还”，这种没有信心，不仅是对婆婆的态度没有信心，更是对焦仲卿的许诺没有信心。

正是因为头脑异常冷静，所以兰芝才说“时时为安慰，久久莫相忘”，从这句话，我们并没有读出来丝毫想要殉情的意思，她隐含的意思是说，即使以后有了各自的生活，即使生活再不如意，也不要忘记对方。也就是说，在保持对焦仲卿的深情厚爱的同时，她也保留了继续生活的余地与空间，虽然这种生活并不是她想要的。

回家以后，听了兄长的话之后，兰芝回应说：“理实如兄言。谢家事夫婿，中道还兄门。处分适兄意，那得自任专！虽与府吏要，渠会永无缘。登即相许和，便可作婚姻。”兰芝答应改嫁，有刘兄的逼迫吗？有！但不完全是。其中有一句“虽与府吏要，渠会永无缘”，意思是说虽然与焦仲卿已有约定，但就目前的形势来看，与丈夫见面的机会非常渺茫。这一点并不是刘兄强加给兰芝的认识，而是兰芝自己客观地分析与冷静地判断之后得出的结论。这也说明，兰芝做出选择，并非完全出于兄长的逼迫，而是出于自愿，虽然这种自愿带有无奈的成分。可以想象，如果焦仲卿在得知兰芝改嫁的消息后没有再出现，兰芝已经开始了另一种生活，即使这种生活再不如意，相信她也不会在答应改嫁之后，再用跳水自尽的方式反抗兄长的“逼迫”。

然而，命运无常。一向懦弱的焦仲卿，闻讯而来，并且对兰芝说：“贺卿得高迁！磐石方且厚，可以卒千年；蒲苇一时纫，便作旦夕间。卿当日胜贵，吾独向黄泉！”他一开口，满是讽刺与挖苦：祝贺你步步高升，攀上富贵之家。你之前说爱情如磐石，如蒲苇，可是磐石无转移，而蒲苇却不堪一击。笔者在想，此时的兰芝，最痛苦的或许已经不是改嫁给太守之子，而是自己深爱的人不了解自己的内心世界，如果说婆婆与兄长不理解自己，还情有可原，但若说焦仲卿，一直深爱着的也深爱自己的丈夫居然也不理解不体谅自己，兰芝的孤独可想而知。兰芝听了这番话，肯定会大失所望，心灰意冷。果然，兰芝说：“何意出此言！同是被逼迫，君尔妾亦然。黄泉下相见，勿违今日言！”兰芝说出这番话时，已经有了自杀的念头，但这种念头不是焦母给的，也不是兄长给的，而是焦仲卿给的。

按照这样的故事发展逻辑与进程，真实的故事与序言中的“其家逼之，乃投水而死”有很大的出入。这也从另一个侧面说明，后人加在刘兄身上的“罪名”，很多是不实之词，或者说是一种文学的想象而已。

总之，不论是把握诗歌的思想内涵还是分析人物形象，都要直面文本，从文本本身出发，从文本内部的“裂痕”与“矛盾”之处入手，还原事件与人物的本来面目。

（本文发表于《语文教学研究》2018 年第 4 期）

《藤野先生》的“三重错位”观照

孙绍振教授曾说：“文学是人以感情为核心的包括感觉和智性的动态变幻艺术。所以说，文学是人的情感表层和人的智性的深层学问，小说中人与人之间的关系，就是让人的表层瓦解、深层暴露，使人与人的感情发生错位的过程。”① 其实，散文中人与人之间的心理、情感也会发生错位。除此以外，人物的思想、文本的话语方式也会出现错位。对于鲁迅先生的回忆性散文《藤野先生》的主旨，长期以来就有“爱国情怀”与“师生情谊”的争议，现在习惯上认为既有“师生情谊”，又表现了作者的“爱国情怀”。关键问题是，这两种情感究竟是什么关系？“既……又……”的句式说明两者是并存关系。实际上，二者之间存在着一定的错位，它们既不是融合在一起的，也不是独立存在的。

一、心理错位

“我”从东京到仙台，内心经历了从失望到迷茫的过程。目睹了身在东京的清朝留学生的丑态后，“我”来到仙台就读于医学专门学校。彼时的“我”，内心孤独而又敏感，更重要的是，此时有一种特殊的民族自尊心。因

① 孙绍振、孙彦君：《文学文本解读学》，北京：北京大学出版社，2015，第 299 页。

此，即使受到了特殊的优待，也将原因归于“物以稀为贵”的俗世规律。正是在这样的境况下，作者和藤野先生有了数次较为亲密的往来。藤野先生对待鲁迅的心理，自然也有“物以稀为贵”的因素，这一点从他后来写的《谨忆周树人君》中“在异国的天空，东京那里也有很多的中国留学生，但在仙台，前面已说过只是周君一人，所以想来谅很寂寞”① 可以看出。于是，师生之间的交往，在心理层面就产生了错位。

错位之一在于，藤野先生是出于师者的责任感，为“我”修改了讲义，而“我”的心理是“很吃了一惊，同时也感到一种不安和感激”。“不安”是因为藤野先生只为一百余人中的“我”修订了讲义，让“我”有一种受宠若惊的感觉，而且这种关爱比起其他人生活上的照顾来更为突出；“感激”是因为藤野先生并没有因为“我”是弱国子民而充满歧视，而是平等对待，甚至优待有加。

错位之二在于藤野先生的学术探究精神与“我”的国民心理之间会有龃龉甚至矛盾。藤野先生对于学术，可以说是一丝不苟，精益求精，“血管移了一点位置”，他都要严肃地指出来。这种精神在当时并未引起“我”的认同，作者归因于“那是不太用功，有时也很任性”，实际上这正是一种“差不多”的国民心理。胡适在1924年就曾写了一篇《差不多先生传》，来讽刺这种“差不多现象”。这种心理实际上就是“国民性弱点”“劣根性”，也是鲁迅毕生与之斗争的对象。当时作者的心理主要是“弱国心理”，对国家以及民族文化有一种内在的敏感性。这也有了“我”的“为难的时候”。藤野先生对中国女人裹脚的问题很关心，不过并非出于文化歧视，而是学术研究精神以及对中国女性关心使然。但这种精神并未获得“我”的认同，反而引起了“我”的“为难”，原因就在于，“我”认为裹脚是中华文化中愚昧落后的东西，即使是在学术层面讨论，也触碰到了“我”的民族自尊心。

错位之三在于“我”和藤野先生对中国传统文化的态度有微妙的区别。在《谨忆周树人君》一文中，藤野先生说：“我少年的时候，曾承福井藩校出身的野坂先生教过汉文，一方面尊敬中国的先贤，同时总存着应该看重中国人的心情。”② 正因为如此，他才会说“我因为听说中国人是很敬重鬼的”，他用的是“敬重”一词，而不是“相信”“迷信”之类的词语，这也暗示了藤野先生对中国传统文化的尊敬之情。但藤野先生说完之后，“我”

① 子通：《鲁迅评说八十年》，北京：中国华侨出版社，2005，第193页。

② 子通：《鲁迅评说八十年》，北京：中国华侨出版社，2005，第193－195页。

的反应却被省略了。不过可以推测的是，“我”的反应不是谈论裹脚话题时的“为难”，自然也不可能赞同藤野先生关于“中国人敬重鬼”的结论，唯一的解释就是用“失语”的方式表达内心的不认同。而藤野先生居然顾忌作者当时的文化背景，这对作者而言，又是一种莫大的关爱。

作者与藤野先生的“心理错位”主要发生在“当时”，而当作者用回忆的笔触展现这种错位时，就实现了某种特殊的表达意图，即突出强调藤野先生“过去”的学术精神对自己“现在”的巨大影响。

二、观念错位

人物的心理错位往往是观念错位的表现形式。随着岁月的推移，“我”与藤野先生的交往也日渐密切，这种深层的“观念错位”就表现出来了。谈论裹脚话题之后，作者写到了两件对自己影响较大的事情，一是“匿名信事件”，一是“幻灯片事件”。正因为这两件事中表现出来的情感倾向，很多学者和教师认为《藤野先生》的主题是“爱国情怀”。有论者认为：“这两件事不仅是鲁迅弃医从文和藤野先生分别的直接原因，更重要的是，给藤野先生作了反面的衬托：藤野先生对鲁迅的关怀，是发生在这样的心理背景之下——不但是在失望中苦苦追求，而且在追求中常常受辱；是发生在这样的社会背景下——日本举国都在歧视中国人，中国人自己也麻木不仁。”[①] 论者将这两件事当作藤野先生对作者关怀的“心理背景”，笔者认为这样解读不够准确。

其实，这两件事与藤野先生并没有直接的关系。尤其是“幻灯片事件”，藤野先生根本没有出场。值得注意的是在“匿名信事件”中，“我”是“将这事告知了藤野先生”，但奇怪的是，藤野先生并没有直接回应，作者也没有提及。按照常理，在这种对作者影响重大的事件中，藤野先生的态度、反应、举动都是至关重要的，作者是不可能轻易忘记的。作者在文中没有记述藤野先生的表现与反应，只能说明“我”所关注的重点与藤野先生有本质的区别。藤野先生的关注焦点在医学研究，对于这些生活事件反应不是很灵敏。当“幻灯片事件”发生以后，“我的意见却变化了”，而藤野先生对此事以及“我”当时的观念变化一无所知。这一点在《谨忆周树人君》中得到了印证：“周君在学校确是待了一年左右就不见了。现在想起来，无论如

① 朱则光：《〈藤野先生〉教学设计》，《中学语文教学》2011 年第 1 期，第 49 页。

何，研究医学总不是他由衷的目的罢。”[①]

“我的意见却变化了”的具体内容在《〈呐喊〉自序》中有更为详细的说明：“我便觉得医学并非一件紧要事，凡是愚弱的国民，即使体格如何健全，如何茁壮，也只能做毫无意义的示众的材料和看客，病死多少是不必以为不幸的。所以我们的第一要著，是在改变他们的精神，而善于改变精神的是，我那时以为当然要推文艺，于是想提倡文艺运动了。”[②] 这种想法是专注于学术研究的藤野先生所无法理解的。而“我”当时也并未向藤野先生袒露自己全部的内心世界，原因恐怕就在于双方在观念上的“错位”吧。

值得注意的是，这种“错位”也存在于“过去”。鲁迅写作本文时，这种“错位”已转变为“统一”，即作者意识到藤野先生的学术精神对“小而言之”的中国以及“大而言之”的学术的价值，并且用“伟大”这样的庄重之词来评价藤野先生的精神。最终，这种精神成为“我”开展文艺运动、用文字改变国民精神的源动力。

三、话语错位

有教师认为：“鲁迅对藤野先生真挚的感激怀念之情，鲁迅的爱国主义思想情愫，明暗两条线索贯穿全文的行文特点，幽默讽刺、意蕴深邃的语言特色，应是《藤野先生》的核心教学内容。”[③] 用“幽默讽刺、意蕴深邃”概括本文的风格，似乎不太准确，应为“幽默讽刺与意蕴深邃并存的语言风格”。钱理群教授也注意到这两种不同的叙述语调，他说：“在写自己的生存境遇时，用的是调侃的语调；而在写藤野先生时，如上文所说，用笔就严正起来。”[④] 笔者认为这种区分也不太准确，因为作者最初接触藤野先生时，也用到了调侃的语调，只不过这种调侃充满了善意，而不是恶意的讽刺。例如“冬天是一件旧外套，寒颤颤的，有一回上火车去，致使管车的疑心他是扒手，叫车里的客人大家小心些”，就不是严正的叙述笔调。

这其实就是不同的话语风格在同一篇文章中的存在形态。《藤野先生》

① 子通：《鲁迅评说八十年》，北京：中国华侨出版社，2005，第194页。

② 鲁迅：《鲁迅全集》（第一卷），北京：人民文学出版社，2005，第439页。

③ 雒世全：《〈藤野先生〉核心教学内容的确定》，《语文教学与研究》2019年第2期，第33页。

④ 钱理群：《〈藤野先生〉：鲁迅如何写老师》，《语文建设》2009年第9期，第15页。

写清朝留学生，用的是批评性的讽刺笔调；写“我”刚到仙台以及初见藤野先生时，用到的是调侃性的笔调。真正发生转变的事件是藤野先生修改讲义。不过此后的“严正笔调”也有不同的表现形式：叙述语调时而轻松时而沉重，议论语调则充满情感力量，抒情语调又带着一种深情与沉重。

叙述语调：叙述“匿名信事件”，多用轻松调侃笔调，例如：“结末是我便将这托尔斯泰式的信退还了他们。”叙述“幻灯片事件”则用沉重语调，例如：“在讲堂里的还有一个我。”叙述与藤野先生分别之后的光景则语带感伤，例如：“经过的年月一多，话更无从说起，所以虽然有时想写信，却又难以下笔，这样的一直到现在，竟没有寄过一封信和一张照片。”

议论语调：“匿名信事件”后，作者议论说：“中国是弱国，所以中国人当然是低能儿，分数在六十分以上，便不是自己的能力了：也无怪他们疑惑。”“所以”“当然”的悖论中含有愤激之情。写到藤野先生对“我”的影响时，则用排比的句式，表达自己的崇敬感激之情。

抒情语调：写“我”与藤野先生分别，“从他那一面看起来，是一去之后，杳无消息了”，满怀惜别的感伤；写讲义遗失，“责成运送局去找寻，寂无回信”，则又充满了无尽的遗恨。文末几句话，更是精彩，“每当夜间疲倦，正想偷懒时，仰面在灯光中瞥见他黑瘦的面貌，似乎正要说出抑扬顿挫的话来”，似是叙述，又饱含深情。

但“调侃”与“严正”又是相对的。前文对清朝留学生的“调侃讽刺”中，渗透着作者“严正”的批判之意；后文的“严正语调”中，也不乏“爱国青年”“正人君子”之类的讽刺之意。从这一点上讲，语调的错位是表面的，其内在实现了逻辑的统一。

（本文发表于《中学语文教学》2020 年第 2 期）

文本解读的教学维度

文本解读：核心素养与关键能力

王荣生教授曾经谈到，目前语文教学流行的“文本解读”，其实是“鉴赏者取向”式的阅读和“语文教师备课样式”的阅读。他比较了中国和日本的教学大纲之后得出结论说：“从大纲的主导取向看，我国语文课程中的阅读取向，是养成学生（鉴赏者）的阅读姿态、阅读方式，而日本语文课程中的阅读取向，则是养成学生（解读者）的阅读姿态、阅读方式。”① 也可以说，文本解读能力的培养，是语文课程研究的重要组成部分，同时也体现着语文教师教学的关键能力。

一、语文学科核心素养与文本解读

语文一向被认为是理解与运用祖国语言文字的课程，但后来在工具性与人文性的论争中，语文课程的性质逐渐模糊，以至于2003年的《普通高中语文课程标准》只说：“语文是最重要的交际工具，是人类文化的重要组成部分。工具性与人文性的统一，是语文课程的基本特点。”其实，工具性与人文性都不是语文课程的根本性质，二者的统一是语文课程的“基本特点”，这一点课标讲得很清楚。一直到2011年，《义务教育语文课程标准》才对语文课程的性质“一锤定音”：“语文课程是一门学习语言文字运用的综合性、实践性课程。”也就是说，语文课程的性质就是语言文字运用，学生学习语

① 王荣生：《语文科课程论基础》，上海：上海教育出版社，2005，第211页。

文就是要学习语言文字的运用。这一点在 2017 年版的《普通高中语文课程标准》里也有表述："语文课程是一门学习祖国语言文字运用的综合性、实践性课程。工具性与人文性的统一，是语文课程的基本特点。"

因此，学习语言文字的应用，就是语文课程的核心任务。但在如何学习这个点上，语文教育研究者又有分歧。一种观点认为应该传授各种语文知识，所谓"字词句篇语修逻文"，即掌握了这些知识，自然能够理解和运用语言文字。甚至有极端的做法是完全抛开教材，只给学生讲各种"语文知识"，并通过"阅读理解"进行强化训练。一种观点是"不宜刻意追求语文知识的系统和完整"，而是通过多种途径培养学生的实践能力。对工具论与知识核心论的反驳，又使语文教学走向了另一个极端，即重视人文精神的启迪，淡化甚至抛弃语文知识的教学。不论是哪种倾向，共同特点就是对教材文本缺乏理性的理解，对文本缺少有效的解读。注重知识，难免将文本视为知识点的"聚宝盆"，教学就是要从中提取这些知识，然后传授给学生；注重人文性，难免将文本视为人文思想的载体，以至于"得鱼而忘筌"，获得情感熏陶与人文启迪的同时，将文本遗忘了。

2017 年版的《普通高中语文课程标准》中提出了语文的学科核心素养，即语言建构与运用、思维发展与提升、审美鉴赏与创造、文化传承与理解。这四大素养，可以说是语文教学内容的导向。问题是，对四大素养的培养，依然要通过文本的解读与教学来实现，不能脱离文本另起炉灶去讲思维与文化的内容。不论是语言建构与运用、思维发展与提升，还是审美鉴赏与创造、文化传承与理解，都要建立在对文本的充分解读与透彻理解的基础之上。例如：如何在语文教学中实现文化的传承与理解？并不是要在文本之外"补充"文化知识或背景材料，而是要在对文本的理解过程中体现对文化的理解。宋代人写词，对金国和蒙古的称呼多用"胡""番"等字，岳飞的"壮志饥餐胡虏肉"、陆游的"胡未灭，鬓先秋，泪空流"、刘辰翁的"笛里番腔，街头戏鼓"等，对于"词"中的文化意味，既要读出词中包含的爱国主义情感，同时也应审慎地辨别其中隐含的文化歧视与偏见。

具体到语言建构与运用，就不仅仅是传授给学生一些语法与修辞的知识，而是要在文本解读中建构学生的语言知觉与修辞图式。王宁先生曾说："语文教学是通过言语作品来进行语言能力的培养的，要通过他人的言语作品培养出自己的语言能力，必须经历语义与文意的相互联系和相互转化的双向过程。"① 朱自清的《荷塘月色》的第四段，是建构语言的最佳范例。例如"像闪电般，霎时传过荷塘的那边去了"一句中的"传"，教师可能会引

① 王宁：《汉语语言学与语文教学》，《中国社会科学》2000 年第 3 期。

导学生从形象化的角度去鉴赏，或者运用换词法，比较“闪”“划”“吹”与“传”字的区别。但这种鉴赏式解读，不能够揭示“传”字的内在机理。笔者上课时，就请某一排学生一个挨一个站起来，不要同时站，然后再请这排同学依次坐下去，其他同学观察之后立刻就明白了。“传”是有方向性的，是从一个地方快速到达另一个地方，在荷塘中产生“传”的效果，只能是叶子依次倒下或者依次站起来，这种情况只有风吹过的时候才会产生，而且风是从某一个方向吹过来，吹到另一个方向去。值得注意的是，这里的风，只能是微风，不能是狂风。如果风很大，叶子肯定是杂乱无章地颤动，就像教室里的同学各自在自己座位上自我抖动一样，那就不能产生“传”的效果了。这个“传”字，这就与前一句中的“微风过处，送来缕缕清香，仿佛远处高楼上渺茫的歌声似的”有了某种照应。也就是说，单纯地“就传论传”，并不能把握这个词的内在机理，只有将其置入到整个语言环境中，才能构建出关于“传”的语言图式。而学生所习得的，也并不是这个字的运用之妙，而是一种独特的言语表达的形式。

二、语文教学的关键能力与文本解读

语文教学的能力包括多重层面的含义，例如对教学内容的把握、设计教学流程、运用一定的教学方法、与学生的对话交流等。但笔者认为，对教学内容的开掘与把握能力，是语文教师教学的关键能力。

王荣生教授曾说：“一堂好的语文课，在我们看来，主要的标志是教学内容正确并使学生有效地获取相应的经验，在这样的前提下，课堂组织散漫一点，教学中出现一些弯路插曲，都是常态，无伤大雅。”① 语文学科与其他学科的最大区别在于教学内容的不确定，理科类学科的教学内容是直接呈现在教材中的，而作为文选型教材的语文课本，并没有直接呈现教学内容。因此，教学内容的合宜与否，就成为语文教学成败的关键。这也为语文教师提出了很大的挑战，甚至要为每一篇课文“教什么”而绞尽脑汁。过去一段时间，教师把语言学、文艺学、文章学的相关内容作为教学内容，甚至把这些学科的教学方法当作语文教学方法，这种学科迷失，最大的误区就是对教学内容理解不到位。

那么，教学内容究竟从何处建构？唯一的路径依然是文本。教师要通过文本解读，在解读文本的过程中依据语文课程内在要求与学生的经验水平共同确定内容。具体来说，文本解读是教学内容的来源，语文课程的性质与要

① 王荣生：《听王荣生教授评课》，上海：华东师范大学出版社，2007，第21页。

求是教学内容的旨归，学情则起着重要的“筛选”和“过滤”的作用。我们以林庚先生的《说“木叶”》为例，描述这篇文章教学内容确定的过程与方法。

通过整体把握文本以及参考注释资料，我们确定这篇文章的体式是文艺评论类的实用文。解读这类文章，不仅要读懂文章、把握作者的观点、理解文章出现的概念术语特别是专业术语，而且还要运用文本的分析方法以及写作手法，对其他文学作品进行类似的解读，这一点也是其“实用价值”所在。文章围绕古代诗词中的“木叶”意象，通过与其他相似意象的比较，来阐述某种诗歌原理。那么，进行文本解读的第一步，便是要把作者引用的诗句挑出来，抓住与“木叶”相关的关键词，在理解这些诗句的基础上，理解作者引用这些诗句的用意，为把握作者的核心观点奠定基础。其次，是要解读关键语句，特别是那些直接表达自己理论观点的句子。这些句子在无形之中也造成了阅读障碍，我们有必要将这些句子挑出来，一一解读，重点把握文中出现的“专业术语”。再次，还要从段落结构与文章的脉络角度进行文本解读，明确文章的写作方法与思维方法。当通过对文本进行系统解读之后，再根据实用文的体式特征以及学生的实际困惑，确定本文的教学内容为：①抓住所引诗句，着重理解与“木叶”有关的关键词。②抓住关键词句，着重理解论述文的“专业术语”。③整体把握，分析作者的写作思路以及写作方法。至于这样的教学内容能否取得共识，还不好确定，但至少确定的过程有一定的学理依据，而不是想当然。

三、语文教师专业发展与文本解读

研究语文课程的性质，确定语文的教学内容，这些都是语文教师专业发展的重要内容。而文本解读的能力，与这些内容有着千丝万缕的联系。可以说，语文教师文本解读的功底与能力，决定着语文教师的专业水准。

语文教师的文本解读，是一个辩证的存在。首先，如果陷入“语文教师”的思维定式，完全按照长期形成的“解读框架”，那么这种解读就会脱离语文教学的本质。其次，如果完全按照普通读者的身份去解读，完全不考虑语文教学的特殊目的，那也不符合现实。那么，语文教师究竟应该以何种身份与姿态进行文本解读呢？我想答案既不是“语文教师”，也不是“普通读者”，而是理性的研读者。这种“研读者”的身份，首先带有普通读者的特点，又要经过教师身份的过滤，最终形成一种“穿越”二者身份特点的理性解读者。对于这些不同的身份，王荣生教授进行了很好的概括：“语文教师文本教学解读的三种身份，首先，作为读者进行常态阅读，尊重自己的阅读理解和感受；其次，作为研究者，分析文本的关键点；最后，作为语文教师，明确了解学生阅读的困难点。”① 也可以这样讲，文本解读，首先要不带“前见”地作为普通人去触摸文本，与文本展开真切的对话；其次是依据文本的体式特征去研读文本，确定文本的教学内容；再次是通过教材文本去教学，以实现语文课程的意图与目标。亦即，文本解读，应该是一个系统工程。

语文教师作为研读者，在解读文本时，不仅要“入乎其内”，深入全面把握文本内部的要素、结构以及言语表达形式，而且还要“出乎其外”，结合原著文本、互文文本、教材注释系统、练习系统、名家解读等，对教材文本进行理性观照。笔者曾对契诃夫的小说《装在套子里的人》进行过一番研究，即将删改后的教材文本与删改前的原著文本进行对比阅读，从而对布尔金的形象以及小说的主旨有了更为深刻的认识；同时，又改变了过去只注重小说的故事情节、人物形象、环境描写“三要素”的框架，从叙事学的角度对教学内容进行重构。对于文本的个别细节，只要进行对比阅读，就会得出不一样的结论。例如当别里科夫躺在卧室的帐子里时，“厨房里传来叹息声——不祥的叹息声”，一般人会认为这是别里科夫疑神疑鬼的幻觉。实际上，小说中确实存在着一个厨子：“于是雇了个六十岁的老头子做厨子，名叫阿法纳西，这人傻头傻脑，爱喝酒，从前做过勤务兵，好歹也会烧一点菜。这个阿法纳西经常站在门口，两条胳膊交叉在胸前，老是长叹一声，嘟哝那么一句话：‘眼下啊，像他们那样的人可真是多得不行！’”这段话被删去了，不过这也可以看出别里科夫听到的叹息声并非是幻觉，而是阿法纳西的“长叹”，但“不祥的叹息声”却是别里科夫的心理反应，之所以“不祥”，是因为他“生怕阿法纳西来杀他”。这个细节也可以看出别里科夫性格中的极端封闭的一面②。对于这样的解读，其实并不需要多么高深的专业理论知识，只需要扩展解读的视野与范围即可。不过，这种并不艰深的工作，就是语文教师“研读者”身份的体现。

总之，文本解读既是落实语文课程标准与学科核心素养的关键，同时也是研发教学内容的关键，而语文教师专业发展的基础工作便是进行合理有效的文本解读。这一点应该成为未来语文教师前行的方向。

（本文发表于《学语文》2018 年第 6 期）

---

① 王荣生：《阅读教学教什么》，上海：华东师范大学出版社，2016，第 52 页。

② 郭跃辉：《小说的叙述逻辑——〈装在套子里的人〉删节研究》，《语文月刊》2017 年第 7 期。

“文化传承与理解”离不开对具体文本的解读与把握

“文化传承与理解”，是高中语文学科核心素养之一，也是国家推进传统文化教育的重要抓手，自然也是立德树人的应有之义。实现文化的传承与理解，不仅要靠文化常识的补充，更要通过文本解读，准确把握文化的内涵与价值，进而将其落实在课堂教学中。也就是说，文化的传承与理解，离不开对具体文本的解读与把握。

一、误区：将文化理解为“文化常识”

在近几年的高考语文试卷中，传统文化成为试题命制的维度之一。很多题目都直接或间接地与文化建立起联系，尽管很多文化内容，考生未必能够准确感知与把握，但作为一种文化滋养，这种方向还是值得肯定的。不过，在感知文化内容时，不论是考查的要求还是题目的设置，都有一种将文化等同于“文化常识”的趋势，这一点集中体现在考试大纲中“了解并掌握常见的古代文化知识”上，这个点同时也外化为古诗文阅读题目中的“文化常识类”选择题。

例如2017年全国Ⅰ卷的第11题：下列对文中加点词语的相关内容的解说，不正确的一项是（　　）

A. 以字行，是指在古代社会生活中，某人的字得以通行使用，他的名反而不常用。

B. 姻亲，指由于婚姻关系结成的亲戚，它与血亲有同有异，只是血亲中的一部分。

C. 母忧是指母亲的丧事，古代官员遭逢父母去世时，按照规定需要离职居家守丧。

D. 私禄中的“禄”指俸禄，即古代官员的薪水，这里强调未用东乡君家钱财营葬。

这些文化常识，与文言文内容的理解确实有较大的关联，特别是D选项，能够将具体的文化知识与文本内容相联系。但题目中涉及文化内容，还停留在知识的层次上。对于这些知识的要求，又停留在“识记”的层次上。或者说，考生能不能做对这道选择题，与是否理解文本并不存在必然的关系，题目本身是游离于文本的，题目与文本的联系仅仅在于这些知识点出自文本。

这种命题导向，导致教师在课堂教学中，往往重视作家以及背景的介绍，对于文本中的文化常识，也特别重视。只是这种重视依然停留在“识记”的能力导向上。甚至教学重点并不在于学生能否理解这些文化术语与文化概念，而是能否记住这些概念的所指。这种教学，依然是脱离文本的“自说自话”。例如对于《兰亭集序》的教学，在文化内容的教学上，如果仅仅满足于学生了解了兰亭会的内容、王羲之的书法、特殊的节日与风俗等，还没有真正实现“文化的传承与理解”的要求。实际上，该文体现出的“生死观”与魏晋玄学之间的存在若即若离的关系，以及王羲之本人的价值态度与传统道家思想的区别，才是准确把握文本深层内涵的主线。作者在文中对道家文化的态度，就是“传承与理解”的最好诠释，其生命价值观中，有传承的成分，也有反思的成分。如果要实现有效的文化教学，就要超越“陈述性知识”的识记阶段，上升到对文化现象的理解与反思上。当然，作为高考试题，由于受到多重限制，采取识记考查的形式，也情有可原。在其他试题，例如全国Ⅱ卷的作文题中，就明显含有“文化传承与理解”的导向。这种导向，也应该落实到课堂教学中。

对于文化而言，它不仅仅是文化知识，更重要的是文化内蕴、文化精神、文化理念。我们所要传承的，除了知识，更重要的便是这种精神层面的内容。或者说，我们要将文化知识内化为学生的文化精神。这一点，只能建立在对文本本身的透彻解读上。例如荀子的《劝学》中：“积土成山，风雨兴焉；积水成渊，蛟龙生焉；积善成德，而神明自得，圣心备焉。”对于这句话的解读，仅仅将其当作是某种论证说理的手法，还不能揭示古人独特的言语表达习惯与形式。当从文化传承的视角进行观照时，我们便能读出更多的内蕴。作者的本意是“积善成德，而神明自得，圣心备焉”，即从道德修养的角度阐述“学”的巨大作用，这句话前面的“积土成山”与“积水成渊”，与道德意义上的“学”还不太一样，它们仅仅是作为一种类比或隐喻存在的。这是中国独特的“比兴文化”，或者说“比兴传统”，朱熹在《诗集传》中解释“比”为“以彼物比此物”，解释“兴”为“先言他物以引起所咏之辞”。这一点与“关关雎鸠，在河之洲，窈窕淑女，君子好逑”是很相似的。这其实是一种“诗性思维”的方法，即运用诗歌逻辑进行说理。这种“诗性思维”不仅存在于荀子的文章中，在庄子的散文中体现得更为明显。

二、从文本出发，实现文化的传承与理解

笔者发现，在文化内容的课堂教学中，还有一种不良的倾向，那就是教师讲解文化内容时，完全抛开了文本，大量引入文化史、文学史的知识，将这些“课外知识”作为文本解读的佐证材料，有的教师还美其名曰“围魏救赵”，这也是有问题的。文化内容的教学，可以适当补充外围材料，但其立足点与着眼点还是文本，教师也不能脱离文本进行文化内容教学，更不能将课上成“中国文化史”之类的选修课。

例如笔者在讲《诗经·静女》这首诗时就发现，诗中有一些细节不太符合传统的文化理念，后人的解读更是脱离了文本，完全成为图解儒家思想的工具。这首诗中的“静女”，实质上就是漂亮的女子，后代解读者却依据儒家伦理道德规范将其理解为“娴静的女子”“优雅的女子”“娴熟的女子”等，这就是脱离文本的文化解释。要想廓清这些“误读”的成分，唯一的办法便是回到文本本身。诗歌是以男子的口吻写的，他开篇就说：“静女其姝，俟我于城隅”，初读无甚意味，就是叙述一件平常的约会之事。但换一个角度解读，便可以问：“我是如何知道静女在城隅等候我的?”这种解读直接将分析的触角指向男女性别文化。也可以说，后代的解读者无不是从男性中心主义的立场出发，按照男性对女性的“美学期待”与“道德期待”对女性进行文化定位。但在《静女》这首诗中，静女的形象与后代解读者的解读完全不同。因此，按照儒家文化的惯例去解读，是读不通的，而试图在《静

女》中实现儒家文化的传承，更无异于缘木求鱼。实际上，《静女》所描述的男女约会场景，正是基于一种民间文化的立场，或者说，是儒家文化还没有浸淫到每一个人的血脉之时的真实的文化状态。如果教师没有意识到这种区别，脱离文本本身，完全按照后代解读者的结论进行课堂教学，那就大错特错了。

当然，古诗文阅读是一个相对宏阔的概念，文体不同，阅读要求自然也不同，文化教学的重点自然也有所区别。对于浅易的文言文，例如人物传记，结合文本识记一定的文化知识也无可厚非，但是对于古代优秀的散文与诗词，文化知识的传承就不是解读的重点，而是要透过具体的知识，把握文本的文化内涵，包括人物的精神。比如在《孔雀东南飞》的解读上，很多教师乐此不疲地从字里行间寻找刘兰芝被休弃回家的真实原因，并补充大量的文化常识，如“七出”婚俗等，用以分析婚恋悲剧的文化原因。这其实就是典型的“喧宾夺主”，正确的做法自然是回到文本，从文本中人物的言行、作者的态度与叙述语言中，把握人物的精神内蕴。至于刘兰芝为什么被休弃，并非本文的解读重心。不过此处说的“解读”，主要是课堂教学范围的，不包括文学史解读或学术解读等。

三、在文本解读中贯穿批判性思维

“文化传承与理解”中的“理解”一词，正是区别于“传承”的一种表述。理解，不仅仅是解释与还原，更是依据某种观点对文化进行价值判断。这也要求我们在解读文本时，不仅要“入乎其内”，把握作者的表达意图与文本的言语内容，更要“出乎其外”，对文本中的文化倾向进行理性审视，这一点就需要借助批判性思维的方式。

我们再从高考试卷上的文言文试题说起，人物传记中的人物，一般都是正面人物，其身上承载着可贵的文化性格与品格，人物的精神对后世也会发挥类似于“榜样效应”的作用。但实际上，历史上的人物并不是绝对地十全十美。个别考题，为了照顾到人物的“完美性”，故意删减词句，甚至不惜将传主塑造成道德圣人。这种文化传承的方式，就是缺少批判性思维的表现，而学生所收获的，除了一堆死气沉沉的虚词实词语法知识外，剩下的就是千篇一律的概念化的人物形象。这样的命题导向，要实现“文化的传承与理解”，进而将传记中人物的精神内化为学生的文化品格，那就难上加难了。

再比如陶渊明的《归园田居》，教师指导学生解读“误落尘网中，一去三十年”时，往往会抓住“误”字，请学生反复品读，进而把握陶渊明当时极度悔恨的心情，从而与回归故园时的喜悦形成对照。而且，教师还会联系“尘网”“羁鸟”“池鱼”等意象，请学生琢磨作者的情感变化。这些尚属紧密结合文本，解读、概括出的结论。但有的教师，就会从本文出发，大讲中国古代官场的黑暗与知识分子的操守。其实对于这个问题，笔者认为应该用批判性思维进行分析。首先，这首诗是“隐居”的文化母题对后世诗人的影响的典型体现。后世诗人，无不在入世与出世之间反复徘徊，既“身在江海之上”，又“心居乎魏阙之下”，这也是中国古代文人的一道独特的风景，也为我们留下了一大批流传千古的名篇。其次是如何正确对待“立功”与“自由”之间的矛盾冲突，在这个点上，切不可对“功业价值”进行过度批判，而应该辩证看待二者的得失，在立功、自由、人生价值、精神享受等价值观念中做出理性的选择。也就是说，即使从文本出发，解读出了某种情感，依然也要进行理性评判。特别是涉及文化的传承时，更要慎之又慎，不能误将文化的封闭保守性，作为今日学生的圭臬。

再比如，当教师讲到苏轼时，一般都会请学生注意到苏轼身上的“乐观旷达”的精神品格，这种精神品格无形之中成为学生的学习对象。但问题是，我们所要传承的，并不是“乐观旷达”四个字的概念意义，更不能脱离苏轼的追求与情怀去引导学生传承“乐观旷达”的品质，如果是这样的话，这节课也就转变为德育课。如果运用批判性思维，引导学生去思考：用“乐观旷达”来概括某篇诗文或某类诗文中的苏轼形象，是否准确？苏轼的“乐观”是对什么事情的乐观，其“旷达”的对象又是什么？苏轼的“乐观旷达”是一种“思想性格”还是“情感性格”？不同的诗文中，苏轼的“乐观旷达”有何具体的表现？等等。当这些问题一一辨析清楚之后，我们才能更好地从苏轼及其文本出发，准确把握“乐观旷达”的具体所指。

总之，“文化的传承与理解”既不能停留在知识教学的层面上，也不能脱离文本成为一种孤立的存在，更不能忽视“理解”的关键导向。或者说，“文化的传承与理解”视角下的古诗文教学，应该以文本为核心，将文化知识、文化精神、文化内蕴、文化评价有机统一到文本解读与课堂教学中来。

（本文发表于《新世纪智能》2018 年第 11 期）

在“结论”与“文本”之间建立有效关联

一

最近，笔者接连听了几节统编教材七年级下册的阅读教学课。欣慰的是，教师大都改变了过去那种“介绍背景—整体感知—语言品味—主旨探究”的教学流程，采用了问题解决、小组合作探究、任务导引等多种教学形式，并有意识地引导学生关注文本、解读文本。令人遗憾的是，教师对文本的解读、教师对学生解读文本的指导存在着一些偏差。兹举两例：

片段一：

《紫藤萝瀑布》教学：小组合作分享——紫藤萝的美表现在哪里？

小组1：我们认为课文第二段“紫色的大条幅上，泛着点点银光，就像迸溅的水花。仔细看时，才知道那是每一朵紫花中的最浅淡的部分，在和阳光互相挑逗”一句话写出了藤萝的灿烂和美感。

小组2：我们认为“花朵儿一串挨着一串，一朵接着一朵，彼此推着挤着，好不活泼热闹”写出了藤萝的生命之美。

小组3：“每一朵盛开的花就像是一个小小的张满了的帆，帆下带着尖底的舱。船舱鼓鼓的，又像是一个忍俊不禁的笑容，就要绽开似的”，这句话运用了比喻、拟人等修辞手法，写出了紫藤花热烈开放的画面。

小组4：“这里除了光彩，还有淡淡的芳香，香气似乎也是浅紫色的，梦幻一般轻轻地笼罩着我”，用通感的手法渲染出一种朦胧、梦幻的气氛。

学生能够回归文本，从文本中找相应的语句，并通过朗读、感知等方法去体会藤萝之美。但通过学生的回答可以发现，他们仅仅是在“结论”“手法”与“文本”之间构建简单的对应关系。“花朵儿一串挨着一串，一朵接着一朵，彼此推着挤着，好不活泼热闹”写出了藤萝的生命之美，那么，这句话究竟是如何写出藤萝的特点呢？学生有感知，但不能用清晰明确的语言表述出来。

片段二：

《老王》教学：合作探究思考——从文中哪些叙述或描写中看出老王是个怎样的人？

生1：从第二段“有个哥哥，死了，有两个侄儿，‘没出息’，此外就没什么亲人”，看出老王身世悲惨。

生2：从老王说“我送钱先生看病，不要钱”看出老王是一个仁义善良的人。

生3：从第四段“看见一个破破落落的大院，里面有几间塌败的小屋”看出老王生活很贫困。

生4：从文中老王送冰的情节看出，他是一个朴实憨厚的人。

生5：在送鸡蛋的情节中，老王说“我不是要钱”，在听到“我”的解释后就“站着等我”，说明他是一个善于为他人着想的人。

生6：从第三段“有人说，这老光棍大约年轻时候不老实，害了什么恶病，瞎掉一只眼”看出老王是一个受人歧视的人。

教师的提示中有“从文中哪些叙述或描写中”，这是引导学生回归文本本身，从原文语句中概括老王的形象，而学生对老王形象的概括也相对准确。不过在“形象”与“文本”之间，缺少了语言这个桥梁。没有对语言的品味与解读，学生获得的只是一些理性化、概念化的表述，对人物形象也就没有真切的感知了。

二

类似的教学片段还很多，整节课看起来气氛热烈，学生回答问题踊跃，但真正的语文学习并没有发生。对于手法类问题，学生获知了一些陈述性知识；对于概括类问题，学生满足于理性化的结论；对于赏析类问题，学生也只是从原文中获取既定的结论或概念。这样的学习方式，本质上是“获取知识”，而不是“建构知识”。

语文能力的培养，语文知识的建构，应该是一个动态的过程。语文学科核心素养中“语言建构与应用”中的“建构”，“思维发展与提升”中的“发展”，“审美鉴赏与创造”中的“鉴赏”，“文化传承与理解”中的“理解”，都是动态性、过程性的动词。这也说明，学生核心素养的培养，也应该是动态的过程。同理，学生的阅读素养也应该是在对语言的理解、品味、鉴赏的过程中形成的。没有对语言文字的感知与理解，就不可能有真正的语文学习的发生。例如《紫藤萝瀑布》第二段“紫色的大条幅上，泛着点点银光，就像迸溅的水花。仔细看时，才知道那是每一朵紫花中的最浅淡的部分，在和阳光互相挑逗”这句话，学生仅仅感知到美、陈述出美是远远不够的，因为缺少了语言理解与品味的过程。“紫色的大条幅”，为什么是“大条幅”？将藤萝比作“大条幅”恰当吗？作者此前将藤萝比作“瀑布”，此处为何改变了喻体呢？“泛着点点银光”，哪里来的“银光”？为何将藤萝花比作“水花”？“迸溅”写出了藤萝的什么特点？这句话中的“那”指的是什么？“在和阳光互相挑逗”写出了藤萝花什么特点，写出了作者什么样的心情？有了这样的“过程性理解”，学生对紫藤萝花的美的感知才会更为具体。

其实，对于这句话，我们应该引导学生从三个层面进行赏析。第一是形象层面，例如紫花最浅的部分，在阳光的照射下，于是发出了“点点银光”；银光的颜色、形态与水花有相似之处，所以作者将其比作“迸溅的水花”。第二是语言层面，例如“泛着点点银光”中的“泛”字，其本意是“漂浮”，银光像是漂在紫色条幅上，动态感十足，和后文的“迸溅”“挑逗”一致。“迸溅”带有一种力量，似乎不是人看到了阳光下的花，而是花闯入了人的视线中，这恰恰写出了藤萝花的生命力。第三是情感意蕴层面，“挑逗”原本带有一种轻浮之意，此处是“贬义褒用”，并且将花拟人化，写出了花的活泼、调皮特征，自然也是暗示花开得很盛。此处的“挑逗”写出了作者轻松愉悦的心情，为后文写对生命的态度奠定了基础。当然，这三个层面的划分，只是分析上的便利，其本身是不可分割的。

这也恰恰说明，“文本”与“结论”之间的有效关联，就在于师生对文本的解读，或者说师生与文本之间展开充分、有效的对话。教师没有文本解读的意识和能力，自然无法引导学生对文本的理解。解读也好，对话也好，都离不开最直接的载体，即文本的语言。从文本中得出了简单直接的结论，只是对语言进行了内容上的理解与概括，对于文学类文本而言，仅仅做到这一点还不够，而必须要通过“言语形式”这个载体去把握“言语内容”。例如对于“修辞手法”的学习，那不仅仅是识记、理解手法本身，还要与文本紧密结合起来。对于《紫藤萝瀑布》中的“每一朵盛开的花就像是一个小小的张满了的帆，帆下带着尖底的舱。船舱鼓鼓的，又像一个忍俊不禁的笑容，就要绽开似的”，把盛开的花比作“张满了的帆”，船舱本来就是喻体，但作者又将船舱进一步比作“忍俊不禁的笑容”，不仅是将“喻体”进行“再比喻”，同时又将具体事物进行抽象化比喻。作者之所以将紫藤萝的花和花苞比作“帆”和“船舱”，正是一种“接近联想”，与整篇文章“水”的比喻有内在的一致性。

三

在“文本”与“结论”之间构建有效的关联，根本措施在于加强教师对文本的理解与感悟。语文的“学习力”不仅仅体现在学习兴趣、学习动力、学习方法与策略等方面，更重要的是学生对文本的感知、体味与解读。培养学生语文学习力，其前提是教师对文本有“先行理解”。除此以外，教师还应该从以下几个方面入手强化“文本”与“结论”的有效关联。

一是结论之后追问“为什么”。学生通过回归原文，得出了结论，这仅仅完成了“是什么”的工作，而当学生知晓“是什么”之后，还要继续追问、探讨。例如学生通过把握“有个哥哥，死了，有两个侄儿，‘没出息’，此外就没什么亲人”这句话，得出了老王身世悲惨的结论。从言语内容层面上看，学生获知的信息确实是“老王几乎没有什么亲人”，但从“言语形式”的角度分析，老王为什么不直接说“有个死了的哥哥和两个没出息的侄儿”，而是要用“有个哥哥，死了，有两个侄儿，‘没出息’”这样的表述方式呢？教师如果能够进一步去追问的话，学生的分析着力点就不仅仅在“提取信息，得出结论”上，而是注意到文本的言语表达形式。“有个哥哥”，给人一种希望感，原来老王还有亲人，但紧接着说“死了”，又给人一种失望感，原来老王没有亲人；“有两个侄儿”又给人希望感，虽然哥哥去世了，但毕竟还有侄子，而“没出息”又给人失望感，原来老王还是没有亲人。再比如，从第四段“看见一个破破落落的大院，里面有几间塌败的小屋”看出老王生活很贫困，结论到此还不能算完。教师还需要继续引导学生结合“荒僻”“破破落落”“塌败”等词去感悟文本，并且结合“问起那里是不是他的家。他说，住那儿多年了”进一步分析，老王没有直接回答那是不是自己的家，而是说“住那儿多年了”，说明在他内心深处不认为那是自己的家，虽然有房屋但是没亲人。这也说明老王不仅仅是贫困，同时还很孤独。也正因为如此，老王才会把杨绛一家人当作亲人来看待。如果继续分析的话，当“我”看到“老王蹬着他那辆三轮进大院去”的时候，并没有跟他打招呼，而只是在坐着他的车闲聊的时候才问那是不是老王的家，这说明“我”并没有把老王当作亲人看待。这个细节还说明，杨绛一家与老王住的地方并不远，但在老王病重甚至去世之后，都没有去看望他，这也更照应了文末的“愧怍”。这样去层层追问的话，学生对这句话的感知就不仅仅是“贫困”这样的结论了。

二是要善于借助教材的“助学系统”。新的统编版语文教材，不仅是语文课程内容的载体即“课本”，还是学生学习的载体即“学本”，同时也是教师教学的载体即“教本”。教材的助学系统，包括单元导语、预习提示、思考探究、积累拓展、读读写写、旁批、阅读提示等，不仅提示着某篇课文的教学内容，也有对教学方法的点拨。例如《紫藤萝瀑布》课后“思考探究”第二题：

根据括号中的提示，揣摩下面的语句，体会写景状物的妙处。

1. 每一朵盛开的花就像是一个小小的张满了的帆，帆下带着尖底的舱。船舱鼓鼓的，又像是一个忍俊不禁的笑容，就要绽开似的。(化静为动)

2. 这里除了光彩，还有淡淡的芳香，香气似乎也是浅紫色的，梦幻一般轻轻地笼罩着我。(多感官互通)

3. 紫色的瀑布遮住了粗壮的盘虬卧龙般的枝干，不断地流着，流着，流向人的心底。(物我交融)

这道题指向的教学内容是“体会写景状物的妙处”，与一般的句子赏析不同的是，本题已经给出了鉴赏的方向，即类似于知识点的表现手法。也就是说，教材已经给出了“文本”与“结论”，学生要做的就是思考二者之间的关联，即如何从文本的语句通向“结论”。不少教师在教读本文时，未能注意到课后题目的导向，只满足于学生对“手法”概念的解答。例如上述第2句话中的“多感官互通”即通感，这句话是如何打通不同的感觉？“香气”为什么也是浅紫色的？“梦幻”如何能够“笼罩着我”？这些问题都需要去思考，而不仅仅判断出该通感是嗅觉和视觉之间的互通。

三是改变过去的命题导向与设问方式。以前试卷上涉及人物形象类型的试题，多数直接问“文中××是一个怎样的人物形象，请结合原文概括分析”，学生的答案自然是“人物性格+原文句子”，这种设问方式导致学生必然省略概括的过程，题目名义上考“概括能力”，恰恰忽视了学生的思维过程。同样道理，“联系全文，简要分析第④段在文中的作用”的问法就不如“简析第④段在内容和结构上分别有什么作用”，当题目将“作用”具体化为“内容和结构上的作用”时，学生的注意力不再是静态知识或答题模式，而是真正地理解文本的思维过程。《老王》课后“思考探究”第一题就是绝佳范例：

读完这篇课文，也许你会联想到下面这些词语：穷苦、命运、平等、尊重、同情、人道关怀……你能结合课文内容，围绕其中的一两个词语谈谈感受吗？

题目已经将“结论”和盘托出，学生要做的就是找到原文，在抽象化的结论和原文语句中建立关联，这样就将学生导向了真正的感悟、品味与思考的过程。

总之，要培养学生的语文思维能力，唯一的方法就是从文本出发，在理解语言、鉴赏语言的过程中，既能够实现语言的建构与运用，同时促进学生在思维、审美、文化等方面的提升。

（本文发表于《教育科学论坛》2020年第5期）

利用教材注释，巧设讨论支点

——以《〈诗经〉两首·氓》为例

以往的教材对某一句话或者某一个字的注释比较单一，从某种程度上讲，这增加了语文教材的权威性，但是也带来了教材独断性的特点，限制了教师和学生的思维。粤教版语文教材的编写者在对古代诗歌进行注释的时候，采取了相对开放的形式。对于某个字的注释，编写者将几种不同的说法汇集到一起，不再设置所谓的“标准答案”，这不仅为拓展学生的思维提供了新的视角，而且为教师设置讨论问题的支点提供了素材。

例一　蚩蚩是“忠厚”还是“笑嘻嘻”？

教材是这样注释“氓之蚩蚩”中的“蚩蚩”的：“通‘媸媸’，笑嘻嘻的样子。一说是忠厚的样子。”

问题设置：这两种解释关系到氓的人物形象问题，请根据背景资料，联系上下文，谈谈“蚩蚩”翻译为“笑嘻嘻”和“忠厚的样子”，哪种更符合诗歌本意?

背景资料：

（1）韩诗：蚩蚩，志意和悦貌。

（2）毛诗：蚩蚩，敦厚之貌。

（3）孔颖达《毛诗正义》：谓颜色敦厚，己所以悦之。

（4）朱熹《诗集传》：蚩蚩，无知之貌，盖怨而鄙之也。

（5）马瑞辰《毛诗传笺通释》：蚩蚩盖极状其痴昧之貌。

（6）王先谦《诗三家义集疏》：蚩蚩为戏笑之貌，此妇人追本男子诱己之时，与己戏笑，己悦之而以为美也。

学生答案一：我认为应该是“笑嘻嘻的样子”，这从后文可以看出。氓表面上是“抱布贸丝”，其实是醉翁之意不在酒，他的真实目的是接近女主人公，趁机求爱，这就说明他是有很多心眼的，“笑嘻嘻的样子”正好与他这个特点相符合。

学生答案二：我也认为应该是“笑嘻嘻的样子”，因为“笑嘻嘻”并不是一个褒义词，这说明了氓的性格中有轻浮的成分，这就为后文写他变心埋下了伏笔。

学生答案三：我不同意以上两位同学的说法，我认为应该是“忠厚的样子”，这里的“忠厚”更多是一种伪装，女孩子在考虑婚姻大事时会从安全感的角度考虑，氓伪装成忠厚的男人，正是为了骗取女主人公的芳心，于是结婚之后，氓变心了，女主人公斥责氓说“士也罔极，二三其德”。这句评语正好说明氓刚开始是忠厚的性格。

学生答案四：其实从女性心理学上讲，女孩子更喜欢花言巧语的男子，所谓“男人不坏，女人不爱”，氓的“笑嘻嘻”的特点能够吸引女主人公。老师给出的第六条材料也说明了这一点：“此妇人追本男子诱己之时，与己戏笑，己悦之而以为美也。”氓一副笑嘻嘻的样子，毕竟获取了女主人公的好感。这更加符合人物的性格。

学生答案五：从人物性格的发展性看，我认为解释为“忠厚的样子”更有意义。氓刚开始的时候忠厚老实，但是结婚之后却变心了，氓的性格不是固定的，而是不断发展变化的，这也符合生活常理。小说理论家福斯特在《小说面面观》中提到了两种人物，一种是“圆形人物”，一种是“扁平人物”，前者的性格是丰富变化的，后者是单一固定的，我认为氓就是一个“圆形人物”。

学生答案六：刚才的同学给我很大的启发。我们能不能这样认为：氓表面上很忠厚，但是也会耍一些小花招，这就从多个侧面塑造了氓的形象，给读者一种立体的而非平面的感觉。

教师总结：大家说的都很有道理，做到了“持之有故，言之成理”，能够密切联系文本进行分析，能够关注背景资料并且结合现实生活进行推断，能够从文艺理论的角度对人物性格进行深入剖析，视野开阔，答案具有理论深度，这是难能可贵的。

例二　布是“钱币”还是“布匹”？

教材是这样注释“抱布贸丝”中的“布”的：“古代钱币的名称。一说是布匹。”

问题设置：“抱布贸丝”一句中的“布”翻译为“钱币”还是“布匹”？这个问题看似无关紧要，其实有助于我们对文本的深入解读。

背景资料：

（1）齐诗：以缗易丝。

（2）毛诗：布，币也。

（3）郑笺：币者，所以贸买物也。季春始蚕，孟夏卖丝。

（4）桓宽《盐铁论》：市朝而无刀币，各以其所有易所无，抱布贸丝而已。

（5）孔颖达《毛诗正义》：此布币谓丝麻布帛之布。币者，布帛之名，故《鹿鸣》云“实币帛筐篚”，是也。

（6）马瑞辰《毛诗传笺通释》：布与丝对言，宜为布帛之布。

（7）王先谦《诗三家义集疏》：金钱皆为币，是钱可称“布”，又可称“币”。

学生答案一：我觉得应该是“钱币”，我们政治刚刚学习了一般等价物，既然是“抱布贸丝”，“布”当然就是作为一般等价物的“钱币”了。

学生答案二：我不同意你的看法，因为除了一般等价物交换之外，当时还存在着物物交换的形式，既然是“物物交换”，那“布”为什么不能是“布匹”呢？

学生答案三：我不同意你的观点。物物交换是最低级的交换形式，只存在原始社会中。诗歌产生的年代已经是周代，那时候已经出现一般等价物了，物物交换的形式早已不存在了，因此我觉得是“钱币”。

学生答案四：我不同意上述同学的观点，他们都把注意力放在了政治经济层面，忽视了文本本身，因为无论是商品交换还是物物交换，前提条件是双方存在着生意关系，而诗歌中氓和女主人公根本不存在这种关系，那为什么不能抱着“布匹”呢？或许，这是一种特殊的定情信物呢。

学生答案五：我同意刚才同学的说法，我们对于字词的理解应该立足于课本，不能信马由缰。我认为理解“布”的意思取决于动词“抱”，作为宾语的“布”的谓语是“抱”，既然是“抱着”，“抱着布”还说得过去，“抱着钱币”就说不过去了。

学生答案六：我同意刚才同学思考问题的角度，但是仅仅是从“抱”这个动词解释“布”，我认为也是片面的。因为根据背景材料和常识，古代有一种钱币是刀币，刀币也可以“抱着”，那“布”为什么不能翻译为“钱币”呢？

教师总结：大家刚才的讨论或者说论辩很激烈，给我很大的启发。我很赞叹大家思维的开阔，能够将别的学科的知识拿过来分析语文问题，这就说明我们的知识结构比较完善，思维比较开阔，古人说：“他山之石，可以攻玉。”讲的就是这个道理。我更赞同后几位同学的观点，对文本的理解和解释一定要立足于文本本身，外在的社会政治只能当作辅助分析手段，它不能够代替对文本本身的解读。

小结：将教材中的注释设置为讨论点，不仅能够激发学生的讨论甚至是辩论热情，训练他们的语言表述能力，更能够启迪学生的思维与智慧，鼓励他们多角度理解文本，从而实现对文本的深层次解读。

（本文发表于《课程教学研究》2013 年第 10 期）

在多重对话中解读《孤独之旅》中的“孤独”

2011年版的《义务教育语文课程标准》提出：“阅读教学是学生、教师、教科书编者、文本之间对话的过程。”[①] 这种对话，并非任意两项之间的随意对话，而是在教师引导学生与文本、教科书编者以及原作者的对话过程。阅读的实质就是读者理解文本，与文本展开对话，而教学意义上的阅读，就是把握教材文本“意义”的过程。这个“意义”，应该包含四个层面的内容：一是作者意义，即作者在文本中的表达意图；二是文本意义，即文本通过词句呈现出来的意义；三是编者意义，即教材编者为达成一定的课程目标“赋予”文本的意义；四是读者意义，即读者实际上从文本中获得的意义。这四个层面的“意义”是相互关联、交叉的，作者意义与文本意义会有重合，文本意义与编者意义也会重合，教师的解读既会呈现编者的意义，也应带有学生的视角。对教材文本《孤独之旅》中的“孤独”，也应该从上述四个层面进行解读，即在与文本、作者、教材编者的多重对话中把握“孤独”的意义。

① 中华人民共和国教育部：《义务教育语文课程标准（2011年）》，北京：北京师范大学出版社，2011，第22页。

一、在与文本的对话中把握“孤独”

对于小说中的“孤独”，不少教师是从线性时间的意义上引导学生进行理解的，例如杜小康刚离家时的孤独、到达目的地之后的孤独、暴风雨之中和之后的孤独感等。这样的理解符合题目中“旅”字的含义，不过既然“孤独”是教材文本的关键词，那就有必要从纵向角度梳理孤独的成因以及在文中的具体表现。从文本来看，杜小康的“孤独”成因主要有：

离家的伤惋。不论在现实生活中还是在小说中，“离家”一直是“孤独”产生的原因。小说中的杜小康，原本有一个富裕和睦的家，但在“一落千丈”之后，他不得不跟着父亲到远处去放鸭。小说开头写杜小康看不见油麻地时，居然对父亲说：“我不去放鸭了，我要上岸回家……”此处的“居然”含有出乎意料之意。杜小康原本是一个很成熟的、有责任有担当的孩子，即使如此，在突然离开家时，他一时也无法接受这个现实。这是孤独感的开始。而当真正的孤独感悄然袭来、无法摆脱时，杜小康最突出的表现依然是“想家”，“并且日甚一日地变得迫切，直至夜里做梦看到母亲，哇哇大哭起来”，他在梦里发出的呼喊是“我要回家……”即使身边有父亲，他依然感觉到孤独，因为没有家。

环境的陌生。如果说家意味着熟悉，离家则意味着陌生感的产生，这种陌生感也是孤独产生的重要原因。离开油麻地后，作者将“熟悉”与“陌生”置于了同一个叙事空间内，一边是“熟悉的树木、村庄、桥梁……都在不停地后退，成为杜小康眼中的遥远之物”，一边是“已经是陌生的天空和陌生的水面”。在二者的对立叙述中，孤独感开始慢慢产生了。小说原作中还有一句话被教材编者删去了，即“有时，也会路过一个村庄，但，无论是杜雍和还是杜小康，都没有特别强烈的靠岸的欲望。因为，村庄是陌生的。它们与陌生的天空和陌生的河流并没有实质性的区别。”可见，陌生感一直伴随着父子俩。

内心的恐惧。恐惧伴随着孤独，孤独也伴随着恐惧，这一点在杜小康身上表现得也很明显。当他们来到芦荡时，看到芦苇如绿色的浪潮直涌到天边时，“他害怕了——这是他出门以来第一回真正感到害怕”，这种害怕显然是环境带给他的压力。此后，即使“吃完饭，杜小康才稍稍从恐慌中安静下来”，但“这一切无论如何也不能完全驱除杜小康的恐慌”。有孤独，才会有恐慌，而当父子俩心里明白“他们已经根本不可能回避孤独”之后，他们

"再面对这一缕炊烟，就不会再忽然地恐慌起来"。直面真正的孤独之后，恐慌也就无处容身了。这其实也说明，真正的孤独不是战胜或消除的，而是需要去直面的。

交流的障碍。有交流，自然不会感到孤独，真正的孤独就是与自我相处。在到达目的地后，杜小康开始还能与父亲说说话，不过"奇怪的是，他和父亲之间的对话，变得越来越单调，越来越干巴巴的了"，慢慢地，连必要的对话也省略了。作者写道："言语被大量地省略了。这种省略，只能进一步强化似乎满世界都注满了的孤独。"言语的省略，表现在文本中就是侧重描写杜小康的心理变化，人物对话少之又少。小说原作中还写了"他们还各自创造和共同创造了许多消解孤独的办法"，例如捡雁蛋、堆芦苇塔、编小笼子、捉纺织娘等，在这些行为中，言语也被省略了。

其实，真正的孤独是无法消解的。在小说中，与其说杜小康战胜了孤独、克服了孤独，不如说是他在孤独体验中得到了成长，从而能够直面生活中的磨难，也能够在暴风雨来临时能够勇敢地独自寻找鸭群。真正的成长就是在与自我的相处中、在完成孤独的过程中，能够坦然面对环境的恶劣与生活的挫折。或者说，不论是离家的伤惋、环境的陌生，还是内心的恐惧、交流的障碍，都是孤独的"负面成分"，只有直面孤独甚至尊重孤独，这些负面成分才会转化为成长的"正向因子"。对于教师而言，学生对主人公杜小康的"孤独"不能仅仅停留在"相似生活经历的梳理"上，也不能停留在"获取了某种人生教益"上，而是要深入文本的字里行间，去理解、体验甚至分享主人公的"孤独"。

二、在与教材编者的对话中把握"孤独"

《孤独之旅》被收入统编语文教材九年级上册第四单元，本单元的主题是"少年时代"。"单元导语"说："少年时代，我们开始睁大眼睛看世界，品尝生活的甘美，也经历着成长的苦涩和无奈。"《故乡》是以回溯性的视角，将"少年之我"置于"成年之我"的视野中进行观照；《我的叔叔于勒》则是以儿童视角来观察家庭与世界；《孤独之旅》则是以他人的眼光来看少年的成长。于是，《孤独之旅》的文本内涵已经在"少年时代"的单元框架中得到了凸显。在课后的"阅读提示"中，编者也说："这是一篇描写少年成长之路的小说。"作为少年的杜小康，在经历家庭变故之后辍学并且随父亲去放鸭，一场暴风雨之后突然感觉自己"长大了，坚强了"，这就是成长。而且，孤独体验在成长中具有十分重要的作用。这也是《孤独之旅》作为“教材文本”的阐释框架。

作为一个“教学文本”，师生要在相对固定的时间与空间里对文本进行解读，这也需要将主题进行“集中化”处理，甚至“剪除”“忽视”无关紧要的枝叶与细节。这一点无可厚非。不过作为自读课文，教师还是有必要引导学生感知小说更为丰厚的意蕴。

首先，将主题抽象为“少年成长之路”，势必会将“孤独”作为“成长”一大元素，例如作者在后文说：“那是一个荒无人烟的世界。天空、芦荡、大水、狂风、暴雨、鸭子、孤独、忧伤、生病、寒冷、饥饿……这一切，既困扰、磨难着杜小康，但也在教养、启示着杜小康。”正是在“孤独”中，少年杜小康才实现了成长，这样的解读实质上是将“孤独”作为“成长”的附庸，剥夺了“孤独”在小说中独立的存在价值。小说中直接写“孤独”的有这两个句子：

1. 日子一天一天地过去了，父子俩也一天一天地感觉到，他们最大的敌人，也正在一步一步地向他们逼近：它就是孤独。

2. 后来，父子俩都在心里清楚了这一点：他们已根本不可能回避孤独了。

值得注意的是，作者并未单纯写杜小康的孤独，而是写“父子俩”的孤独。于是一个疑问出现了：如果说渲染杜小康的“孤独”是为了突出其“少年成长”的主题，为什么要刻意点出“父子俩”的孤独呢？实际上，作者不仅要突出“孤独”在少年成长中的意义，更重要的是揭示出人类普遍存在的精神状态。正如作者所说：“人生是悲剧性的。每个人在生命中总会遭受到各种厄运，在厄运面前，人总要表现出一些风度，而人生的悲剧性正是通过人面对厄运时的优雅风度体现出来的。孤独便是人生厄运的一种，而孤独又是人成长过程中的一个重要因素，没有孤独，人生就失去了深度和质量。孤独可以给人以空间，让人更好地思索这个世界以及人与人、人与世界、人与自身之间的关系，深刻审视自己的内心世界，从而不断完善自我，最终在孤独中完善美丽人格。”① 这样的创作意图就不仅仅是“描写少年成长之路”的单一主题能够概括的。

---

① 路舒程、曹文轩：《在孤独中完善美丽人格》，《语文教学与研究》2006 年第 30 期，第 6 页。

其次，教材文本的题目是“孤独之旅”，题目显然是编者所加，小说原作的题目是“红门”。编者给教材节选文本命名为“孤独之旅”，是很恰当的。这不仅是因为“孤独”在原小说的相关章节中出现的次数很多，多达11次，而且是因为“孤独”确实是作者想要表现的主题。但小说的主题原本应是多元化的，特别是像《草房子》这样既带有散文化又带有哲理性的小说，其意蕴是多重的。但编者将原文进行改动时，有意地删去了与“孤独”关系不大的片段，从实际操作上讲，这无可厚非。不过这种删减在突出“孤独”的同时，也弱化了文本意蕴的丰厚性。例如小说中还有几处写“漂”的句子：

1. 小船就在风的推动下，不由自主地向前漂去。速度缓慢，懒洋洋的。

2. 这种似乎失去了主意的漂流，一直维持到夕阳西下，河水被落日的余辉映得一片火红。

3. 因为还未到达目的地，今天晚上的鸭子不可能有鸭栏。它们只能像主人的船一样，漂浮在水面上。

4. 鸭们十分乖巧。也正是在夜幕下的大水上，它们才忽然觉得自己已成了无家的漂游者了。

前三句在选入教材时被删掉了，前三个句子中的“漂”的消失，往往使读者对第四句话中的“漂游”视而不见。从表面上，“漂”是写实的，不论是小船还是鸭子，“漂”就是它们真实地游走于水面上的状态；实际上，作者并非纯粹写实，而是加入了拟人化的表现，例如“不由自主地向前漂去”“失去了主意的漂流”“只能像主人的船一样”等，特别是未被删去的第四句中的“无家的漂游者”，更非纯粹写实，而是一种暗示甚至象征，即用小船与鸭群的漂游象征人生的漂泊状态。作者所说的“厄运”中，其实也包含“漂泊”这样的无根的状态。这一点，恰恰在编者的“删改”中被弱化甚至被忽视了。

三、在与作者的对话中把握“孤独”

对于杜家的厄运、杜小康的人生经历以及杜雍和的人物形象，也有教师和学生提出了疑问。例如有论者指出：“杜小康的遭遇在今天是不允许发生的，因为剥夺未成年人受教育的权利是一种违法行为，必须受到应有的惩罚。在已经实施义务教育法的今天，如果还要让学生去效仿逆来顺受的杜小康，则是在开历史的倒车。"[①] 从文学的社会意义上看，这样的解读是合理的。但是从艺术与美学的内在原理上看，小说中"杜小康"不等同于现实中的"杜小康们"，不能一味用现实逻辑去苛求文学作品的内在价值。对于这一点，与作者进行有效对话，就可以避免类似的"误读"。

在《在孤独中完善美丽人格》的访谈中，作者曹文轩认为："'悲悯情怀'其实是我创作时的一个心理想法。我觉得现代的孩子已经没有什么同情心了。我就希望用作品唤回他们失落的情感。在我看来，文学是表达感情而非思想的。文学的意义在于为人类提供良好的人性基础。文学首先给了人类道义感，其次，文学有一个任何意识形态都不具备的特殊功能，这就是对人类情感的作用。"[②] 也就是说，作者塑造杜小康的人物形象，并非唤起人们对义务教育学段辍学现象的注意，而是唤起读者对小说人物不幸遭遇的悲悯与同情。《孤独之旅》也是一样，学生在读完小说之后，最大的收获并非发现了某种社会弊病，也不是收获了"苦难使人成长"的抽象道理，而是在阅读过程中因人物的经历而感动，在阅读中丰富自己的情感体验。倪文尖教授曾说："我们现在的语文教学，就是要读小说，而不是读主题。我们所要的是读，是读的过程，是阅读过程中的喜怒哀乐、酸甜苦辣，是充分的体会、感受和移情。"[③] 特级教师邓彤也说："教小说的最好的境界是让学生若有所思、若有所悟、怦然心动、潸然泪下，而又说不出来，我觉得这是最高境界。"[④] 这些观点与曹文轩提倡"古典的美学观"是有相通之处的。

当然，这并不是说文学与"思"没有任何关系。"文学是表达感情而非思想的"，这个结论用在小说上显得有点绝对。文学对人类情感有作用，对人类的"思"也有作用，邓彤所说的"若有所思"讲的就是这个道理。其实在《孤独之旅》中，有很多句子既带有浓浓的诗意，也带有深沉的哲理。例如"船首是一片均匀的、永恒的水声"，"均匀"容易理解，但为什么是"永恒的水声"呢？理解"永恒的水声"，就不仅仅需要情感体验，更需要理性分析。这一点更突出的表现就是作者对"前行"的哲理意蕴的挖掘。作者说："前行是纯粹的"，又说：

---

① 杨先武：《从〈孤独之旅〉的教学看批判性思维的缺失——兼评曹文轩的〈孤独之旅〉》，《语文学习》2015 年第 12 期，第 8 期。

② 路舒程、曹文轩：《在孤独中完善美丽人格》，《语文教学与研究》2006 年第 30 期，第 7 页。

③ 王荣生：《小说教学教什么》，上海：华东师范大学出版社，2015，第 78 页。

④ 王荣生：《小说教学教什么》，上海：华东师范大学出版社，2015，第 17 页。

杜小康已不可能再去想他的油麻地。现在，占据他心灵的全部是前方：还要走多远？前方是什么样子？前方是未知的。未知的东西，似乎更能撩逗一个少年的心思。

为什么作者说“前行是纯粹的”？“前方”究竟包含什么深意？理解作者所说的“前行”与“前方”，有必要结合作者的另一篇《前方》进行解释。作者在这篇散文中说：“人的悲剧性实质，还不完全在于总想到达目的地却总不能到达目的地，而在于走向前方、到处流浪时，又时时刻刻地惦念着正在远去和久已不见的家、家园和家乡。”[①] 对于《孤独之旅》中的杜小康而言，刚刚随着父亲离开油麻地就是这种感觉，既有对前方的向往，又对前方的未知充满着恐惧，同时又无时无刻不在想家。正是在“前行”的心理状态中，杜小康的孤独感油然而生。而作者说的“前行是纯粹的”，并非真实地展现父子俩此时此刻前行的状态，而是说“前行应该是纯粹的”，既然选择了到远处去放鸭，那就应该遏制一切茫然与恐惧，就应该意志坚定、心无旁骛地走下去。这与其说是写实，不如说是“隐喻”，是对人生漂泊状态的隐喻。

总之，教师在引导学生理解文本中的“孤独”时，不仅要从教材文本出发，理解“孤独”的成因与表现，还要指导学生阅读与杜小康相关的其他情节片段，适时补充课外资料，并结合教材编者的教学意图、作者的创作意图对“孤独”进行全面把握分析。

（本文发表于《语文学习》2019 年第 3 期）

① 曹文轩：《前方》，《语数外学习（高中版上旬）》2018 年第 1 期，第 11 页。

用“精读”缩短学生与文本的“接受距离”

——以《邓稼先》解读与教学为例

统编教材七年级语文下册的《邓稼先》一文，是由“两弹元勋”邓稼先的挚友杨振宁先生所写。对于这篇文章，学生普遍感觉很枯燥。一来是年代的间隔，学生对于文本的语境缺乏深切的体验，二是阅读口味的变化，文中的古诗词、歌词、电报内容等，学生没有阅读的兴趣。学生与文本之间存在着较大的距离，这既是教学的障碍，同时也是教学的契机。王荣生教授说：“一篇课文的教学内容，从学生的角度讲，可以归结为以下三句话：学生不喜欢的，使他喜欢。学生读不懂的，使他读懂。学生读不好的，使他读好。也就是说，老师要教的，是学生不喜欢的地方、是学生读不懂的地方、是学生读不好的地方。”① 教学的价值就在于教师引导学生逐步缩短与文本的距离。

缩短学生与文本的距离，方法很多，例如补充大量的课外阅读材料、借助影视片段激发学生兴趣等，但最重要的应该是基于课程与教材的方法。本单元的人文主题是“杰出人物”，阅读方法是“精读”。“单元导语”指出：“要在通览全篇、了解大意的基础上，把握关键语句或段落，字斟句酌，揣摩品味其含义和表达的妙处。”可见，精读的前提是把握整体大意，精读的

① 王荣生：《阅读教学设计的要诀——王荣生给语文教师的建议》，北京：中国轻工业出版社，2015，第109页。

对象是“关键语句或段落”，精读的方法是“字斟句酌”，精读的目标是要从内容层面上把握词句表达的含义，从言语形式层面上把握词句表达的“妙处”。面对学生与文本之间的“接受距离”，教师要善于从关键词句或段落入手，引导学生反复揣摩，使得学生对文本既能够“入乎其内”，又能够“出乎其外”。

一、抓住细节，深挖文本的“微言大义”

孙绍振教授说：“当语文老师一定要讲出学生感觉到又说不出来，或者以为是一望而知，其实是一无所知的东西来。”这种“一望而知”而又“一无所知”的东西，实际上就是文本的矛盾。在他看来：“具体分析的对象，乃是矛盾和差异，然而文学形象是有机统一、水乳交融、天衣无缝的。矛盾是潜在的，因而，任何称得上经典文本的作品，都隐含着内在的矛盾，问题在于把它还原出来，进入具体分析的操作层次。”① 矛盾的解决，或通过细读文本，从文本内部寻求证据与解释；或引入资料，从文本外部求得理解。内外兼顾，贯通理解，矛盾才能迎刃而解。

矛盾一：第一段概述了中华民族近百年来的屈辱史，目的是衬托邓稼先在历史转折中的重要作用。作者说：“对这一转变做出了巨大贡献的，有一位长期以来鲜为人知的科学家——邓稼先。”既然是“做出了巨大贡献”，为何又“鲜为人知”，而且是“长期以来鲜为人知”？

从文本外部看，教师有必要补充邓稼先的生平经历材料，例如新华社记者顾迈南的人物通讯《“两弹”元勋邓稼先》。结合人物的生平以及当时的国际形势，学生应能理解核试验之于国家的重要意义及其高度机密性，邓稼先从事的工作对自己的妻子都要保密。在离开家之前，邓稼先曾对妻子许鹿希说：“鹿希，以后家里的事我就不能管了，我的生命就献给未来的工作了，做好了这件事，我这一生过得就很有意义，就是为它死了也值得！”② 有了这些鲜活的细节，学生就能理解邓稼先的“巨大贡献”与“鲜为人知”之间的关系。

从文本内部看，作者说：“这以后的28年间，邓稼先始终站在中国原子

① 孙绍振、孙彦君：《文学文本解读学》，北京：北京大学出版社，2015，第38页。
② 顾迈南：《“两弹”元勋邓稼先》，《瞭望周刊》1986年第25期，第5页。

武器设计制造和研究的第一线，领导许多学者和技术人员，成功地设计了中国的原子弹和氢弹，把中华民族国防自卫武器引导到了世界先进水平。”这句话表面上看与“鲜为人知”矛盾，实际上，杨振宁这篇文章写于1993年，邓稼先的事迹对国人来说已经不再陌生。在1986年以前，人们对这些事迹知之甚少，这也印证了作者说的“长期以来鲜为人知”。更重要的是，这“28年”只是一个概括式的描述，人们对这期间的大量细节是不知情的，自然对邓稼先的感人事迹缺少认知与体验。

矛盾二：1971年，本文作者杨振宁先生第一次访问中国，并提出要与邓稼先见一面。文中有这样几句话：“但我曾问他，寒春是不是参加了中国原子弹工作，像美国谣言所说的那样。他说他觉得没有，但是确切的情况他会再去证实一下，然后告诉我。”首先，为何作者认定寒春参与原子弹工作是“谣言”？其次，寒春有没有参加原子弹工作，邓稼先应该是最清楚的，为什么说“他觉得没有”，而且还要去证实一下？

第一，美国之所以“谣传”寒春参与中国的原子弹工程，一是因为寒春确实曾参与了美国原子弹的制造，二是因为美国人根本不相信中国人能够独立制造原子弹。对于这一点，作者杨振宁先生自然也有疑虑，但出于对祖国深厚的民族感情，他内心又希望这是一个谣言。正是在这样的矛盾心情下，当他得知真相时，才会异常激动，以至于“一时热泪盈眶，不得不起身去洗手间整容”。作者的感情，既包含民族自豪感，又有为老友、挚友邓稼先的成绩而骄傲的感情。

第二，理解第二个矛盾，教师应引导学生从国家机密与邓稼先性格两个角度进行分析，并适时补充相关材料。如果还原当时的语境，邓稼先面对阔别多年的老友，自然想无话不谈，但自己的工作是需要高度保密的，因此面对作者杨振宁的问题，他又感到很为难。说，这可能会牵涉到国家的机密；不说，多年的友情让他不忍欺骗挚友。两难之下，邓稼先才会说“觉得没有，但是确切情况他会再去证实一下”。实际上，邓稼先是去向周恩来总理请示，在得到周总理指示“要让邓稼先如实告诉杨先生，中国的原子弹、氢弹全部是中国人自己研制的，没有一个外国人参加”之后，邓稼先才把这一消息告知杨振宁先生。

文本类似的矛盾之处还很多，教师可指导学生充分理解文本，自由表达对文本的“质疑”，师生一起探究解决。

二、关注数字，拓展数字背后的“表达空间”

杨振宁先生的《邓稼先》一文，兼有人物传记与写人散文的双重特征。作者与邓稼先同窗数载，对他的生平经历自然非常清楚，因此可以将本文看作是邓稼先的一个小传记；同时，作者又是饱含深情写完此文，字里行间流露着对亡友的思念之情。文章带有人物传记的特点，突出表现就是数字出现的次数与频率都非常高，有的段落可以说是密集的“数字轰炸”。这些数字既有表示年份的，也有表示时间的。数字本身就是抽象的，而且作者又不是按照时间先后顺序讲述邓稼先的生平与精神，而是从不同的板块和侧面去构思，这就加大了学生接受文本的难度。因此，在课堂教学中，有必要将“数字”作为线索，串联文章内容，并且引导学生品味数字背后的意义表达。

首先，教师可以请学生为邓稼先绘制一份“生平经历图”，按照时间先后顺序将本文出现的年代进行排列，包括宏大的时代背景。例如：

1896 年，杨振宁父亲诞生，中华民族处于任人宰割的时代。

1898 年，德国强占山东胶州湾，“租借”99 年；俄国强占辽宁旅顺大连，“租借”25 年；法国强占广东广州湾，“租借”99 年；英国强占山东威海卫和香港新界，前者“租借”25 年，后者“租借”99 年。

1924 年，邓稼先出生于安徽省怀宁县。

1945 年，邓稼先毕业于昆明西南联大，其间与杨振宁同窗。

……

通过对年代的梳理，学生就能对近代中国受压迫的屈辱历史有了更加清晰的了解，从而体会邓稼先在“中国人民站起来了”的过程中的重要作用。特别是第一部分的 1898 年和第五部分写作者父亲出生的 1896 年，从时间上看应该相连，但在文本中处于不同的板块，而且作者同时用了“那是中华民族任人宰割的时代”来指认这两个年份，不仅突出了邓稼先的贡献，同时表达了自己的民族情感。在梳理的过程中，学生可以把握邓稼先与作者之间的交往经历，从而对二人 50 年的友谊有更为深切的体悟，从而把握作者在文本中抒发的对挚友的怀念之情。

其次，有教师在《小数字，大学问——解读〈邓稼先〉的另一条途径》

一文中已经注意到了数字特别是“年份数字”在教学中的作用[①]，不过仅限于对邓稼先生平经历的梳理。实际上，作者在客观叙述邓稼先生平经历时，并非“零度叙述”，而是饱含着泪水与真情。冷冰冰的数字背后，却是作者一颗跳动着的火热的心。这一点更需要深入分析。例如：

1985 年 8 月邓稼先做了切除直肠癌的手术。次年 3 月又做了第二次手术。在这期间他和于敏联合署名写了一份关于中华人民共和国核武器发展的建议书。1986 年 5 月邓稼先做了第三次手术，7 月 29 日因全身大出血而逝世。

1985 年 8 月邓稼先做了切除直肠癌手术，可知长期从事核试验工作导致了直肠癌症，并且是晚期，半年之后又做了第二次手术，两个月之后做了第三次手术，可见病情恶化之迅速。三个月之后，邓稼先去世。从确诊到去世，不到一年时间，作者依次叙述，数字的密集正是邓稼先最后的岁月生命流逝的暗示。值得注意的是，邓稼先去世时是“全身大出血”，五个字不仅可以让读者在头脑里浮现出一幅惨烈的画面，同时也可以看出他为我国国防事业的发展所付出的一切。这句话也与后文“也不知道稼先在蓬断草枯的沙漠中埋葬同事、埋葬下属的时候是什么心情”一句相照应。在密集的时间叙述中，作者还插入了“他和于敏联合署名写了一份关于中华人民共和国核武器发展的建议书”的片段，教师可以引导学生想象邓稼先是如何忍受病痛折磨完成这样一份重要的建议书，又是以一种怎样的精神与情怀去做这样一件事。当然，此时适度引入一些鲜活具体的材料，例如邓稼先此时的身体状况、心理活动、起草过程等，可以帮助学生更为深切地感知数字背后的人物形象。

再次，作者在第三部分和第四部分分别提到了 1971 年发生的事情。第三部分说的是邓稼先和他的同事们被“四人帮”批判围攻，他能够用自己的人格魅力征服工宣队、军宣队，从而保证了研究的继续进行；第四部分说的是作者杨振宁第一次访问中国，提出要和邓稼先见面。其实，一句“见到阔别了 22 年的稼先”平淡无奇，但背后的经历异常曲折。作者自然不知道邓稼先此时的真实状况，但从第三部分的叙述中可以推知，两位好友的见面来之不易，而接下来发生的事情，更让作者“感情震荡”。邓稼先的“忠厚朴实”的人格魅力，作者对祖国和好友的自豪感，在“1971 年”这个数字中贯穿了起来。

---

① 罗琼：《小数字，大学问——解读〈邓稼先〉的另一条途径》，《语文教学通讯（B 刊）》2012 年第 4 期，第 48 页。

三、品味副词，体悟作者的“情感世界”

《邓稼先》一文存在着两个世界：即写作对象邓稼先的“人物世界”与作者杨振宁的“情感世界”，前者包含着“个体生命”与“民族国家”两个层面，后者也有“私人友情”与“民族感情”两个维度。不少教师只关注邓稼先的“人物世界”而忽视了作者的“情感世界”，这是有失偏颇的。要感知作者的“情感世界”，路径之一就是把握、品味文中的副词。

副词在句子中一般表示动作行为或状态的特征，程度副词是对一个形容词或者动词在程度上加以限定或修饰，这类副词在用以强调时，往往还能够起到加强语气、表达情感的作用。《邓稼先》一文，作者用到最多的程度副词是“最”：

1. 一百年以前，甲午战争和八国联军时代，恐怕是中华民族五千年历史上最黑暗最悲惨的时代。

2. 在20世纪人类历史上，这可能是最重要的、影响最深远的巨大转变。

3. 邓稼先则是一个最不引人注目的人物。

4. 在我所认识的知识分子当中，包括中国人和外国人，他是最有中国农民的朴实气质的人。

5. 邓稼先是中国几千年传统文化所孕育出来的有最高奉献精神的儿子。

6. 稼先为人忠诚纯正，是我最敬爱的挚友。

第1、2句话中的“最”，正好形成了文意上的对比，前者是对中华民族遭受侵略与屈辱的程度的修饰，隐含巨大的悲愤；后者是对以核试验为代表的国防事业的高度肯定，隐含光荣的自豪。一正一反，更能反衬出后者意义的重大，在“最高级”的修饰下，这种意义就更为凸显了。这不仅为邓稼先的出场“蓄”足了“势”，同时也暗示出邓稼先在这一转变中的巨大贡献。第3、4、5句中的“最”，是对邓稼先人品与精神的高度概括。第3句突出的是他的低调内敛，第4句突出的是他的忠厚朴实，第5句突出的是他的奉献精神。这些地方用“最”，未必符合历史事实，邓稼先未必是最有中国农民气质的人，也未必是最有奉献精神的人，但在作者的“情感世界”里，他是最高级的。这三个“最”，与其说是客观事实，不如说是作者对老友的高度认可，饱含一片赤忱。第6句话是1986年邓稼先去世之后作者给许鹿希的电报，这些句子是经过认真思考的，是发自肺腑的。“是我最敬爱的挚友”，是对二人“50 年的友谊，亲如兄弟”的进一步引申。其中“挚友”本身就含有“最深厚”之意，再用一个“最敬爱”，这种真挚程度可以说是“无以复加”。

除此之外，像“获得博士学位后立即乘船回国”一句中的时间副词“立即”，表达出邓稼先对祖国的拳拳赤子之心。“邓稼先竟有能力说服两派继续工作”和“竟能说服工宣队、军宣队的队员”两句话中的“竟”，以及“人们知道他没有私心，人们绝对相信他”一句中的“绝对”，都是一种表达最高程度的副词，用在句中准确地表现出邓稼先为人的忠厚平实。当探测不到井下信号，人们劝他回去，他只说了一句话，一个“只”字不仅看出了他的责任感，同时也可以看出他在危急关头的镇定。

当然，对于这篇文章而言，需要精读的内容很多，王君老师就是抓住“我不能走”让学生反复读，并讨论应用何种语气来读①，这也是为了拉近学生与文本的距离。而像邓稼先与奥本海默对比的片段、结尾的“永恒的骄傲”都可以引导学生字斟句酌地品读。有了这样的“精读”，学生自然能够走进文本，实现与文本的对话。

（本文发表于《中学语文教学》2020 年第 2 期）

① 王君：《教出〈邓稼先〉神韵之一二三》，《中学语文教学》2004 年第 6 期，第 38 页。

基于思辨阅读的《无言之美》解读策略

朱光潜先生的《无言之美》被选入统编教材九年级下册第四单元，“单元导语”中的“或阐释美学观念”指的就是本单元中的文章《无言之美》。单从“阐释美学观念”的定位上看，本文就不是普通的实用文，也不是一般的学术随笔，而是带有学科专业性质的“社科文”。陈隆升博士认为社科文的阅读教学，第一要引导学生正确把握社科文中的专业术语，第二要引导学生从关键术语的辨析中把握作者的主要观点①。不过，教材“单元导语”还对阅读这类文章进行了如下提示：“阅读时，要注意了解作者观点，学习思辨的方法；发现疑难问题，独立思考，有自己的见解；还要学习文中介绍的文艺欣赏方法，迁移运用到自己的欣赏实践中”，“学习思辨的方法”“有自己的见解”“迁移运用”等，再加上陈隆升博士所说的两个要点，就勾勒出对《无言之美》进行“思辨阅读”的内容与策略。

一、理解“无言之美”的含义

与科普类实用文不同的是，社科类专业文章的观点、术语会因为专业领域的不同而产生不同的含义与理解。本文题目“无言之美”无疑是重点理解的专业术语，“言”是什么？何为“无言之美”？与此相关的“意”“美术”

① 王荣生：《实用文教学教什么》，上海：华东师范大学出版社，2014，第54页。

"意象"等术语都需要理解。

首先,"言"指的是语言文字,"意"指的是人通过语言所要抒发的情感和表达的思想。"言意之辨"是中国古代学术的重要议题,学生对此会感到陌生。不过文本对"言"和"意"进行了比较,指出了"言"的固定、散碎、有限以及"意"的变化、浑整、无限等特征。"言"是一种物质符号,"意"更多是一种心理与思维现象,前者是固定在物质载体,例如文章、作品,因此是固定的,后者是存在于头脑中的情感与观点,因此是变化的;前者是一个一个的字符、音符,后者是不可切分的情思,前者散碎而后者浑整;前者的物质符号是可见的、有数量的,后者则是漫无边际的,前者有限而后者无限。理解了二者之间的区别,才能把握作者所说的"言所以达意,然而意决不是完全可以言达的"。

其次,"言意关系"多用于以语言符号为载体的文学、文化作品,作者也说"所谓文学,就是以言达意的一种美术",但作者阐述的"无言之美"仅仅适用于文学领域吗?细心的同学可能会注意到"一切美术作品也都是这样,尽量表现,非唯不能,而且不必"这句话,这就说明"言意之辨""无言之美"之类的美学观念应该适用于所有的艺术作品。既然如此,"言"在美术、摄影、雕塑、音乐等艺术领域是以何种形态存在的呢?如果这些领域与语言符号没有任何关系,"无言之美"又从何说起呢?其实,在美术、摄影、雕塑、音乐等艺术领域也是存在着类似于"言意关系"的二元辩证,美术作品的线条、色彩,摄影作品的图像,音乐作品的音调,雕塑作品的形态、线条等,与文学作品的"言"一样,都是为了"表意"。

再次,"无言之美"的观点适用的领域不能生硬地用"言意关系"的逻辑去解释。美术、摄影、雕塑、音乐等作品中的线条、图像、形体、音符等和语言文字符号还是有所不同。例如语言有数量之分,不同数量的语言对"意"的表达程度是不同的。孔子的"逝者如斯夫"和作者设想孔子的"河水滚滚地流去……"一段话,尽管都没有做到"言尽意",但后者对"意"的表达更为充分,但是对于音乐、雕塑等艺术形态而言,音调、形态并没有数量之分,雕刻《拉奥孔》在塑造拉奥孔父子在"未死之前的悲伤惨戚、目不忍睹"的顷刻,用到的物质符号并不比"苦痛极点前一顷刻"多,但对"意"的表达也有高下之分。因此,教师还需要引导学生在"言意关系"的基础上进一步挖掘"无言之美"的含义,而不是胶柱鼓瑟。学生如果能够注意到"所谓无言,不一定指不说话,是注重在含蓄不露"这句话,就能理解"无言之美"就是一种含蓄美,即一切美术作品的"意",不必要用类似于“言”的物质符号完全表现出来，而是要留有余地。

最后，“无言”和“美”之间的关系如何？“含蓄不露”着眼于作者与艺术作品的关系，而“无言之美”更多强调欣赏者的主观能动作用。或者说，“无言之美”需要作者的“含蓄”与欣赏者理解领会的相互作用，仅有“无言”或仅有赏析，都不能践行“无言之美”的美学观点。这也是作者强调“与其吐肚子把一切都说出来，不如留一大部分让欣赏者自己去领会”的原因。

二、审视观点与材料的关系

学术文章重在阐发某种专业的观点与理念，重在论证的严密，当然也离不开材料的支撑。特别是对于人文社科类的实用文章，表达某种观点离不开作为论据的材料以及对材料的分析。很多理论观点，都隐藏着各种文字材料、图片材料以及其他形式的物质材料中，作者通过对这些材料进行剖析解释，并抽象概括，提炼出某种专业的学术观点。而作为读者，要想读懂这些专业文章，仅仅获知某种观点是远远不够的，还需要重新理解、审视观点与材料的关系。

对于《无言之美》这篇文章，作者引用了不少《论语》、诗歌作品、谚语、雕塑作品等材料，来论证“无言之美”这种美学理念。例如对于雕塑作品《拉奥孔》，其“意”就是拉奥孔父子在极刑前的痛苦与悲哀，如何表现这种痛苦与悲哀呢？雕塑作者选择了“苦痛极点前一顷刻的神情”，德国美学家莱辛将这一顷刻称为“富有包孕性的顷刻”。这一顷刻“可以让想象自由活动”，具体说来就是：“在一种激情的整个过程里，最不能显出这种好处的莫过于它的顶点。到了顶点就到了止境，眼睛就不能朝更远的地方去看，想象就被捆住了翅膀，因为想象跳不出感官印象，就只能在这个印象下面设想一些较软弱的形象，对于这些形象，表情已达到了看得见的极限。”[①] 莱辛所说的“到了顶点”就是一种流露，就无法体现那种含蓄美了。对于这则材料，教师可以找到《拉奥孔》的雕刻图片，请学生仔细观察体会。

不过，个别材料的引用也值得商榷。材料并不能直接证明观点，只有经过解析才能够证明某种观念。在阐述雕塑作品的“无言之美”时，作者还引用了一句谚语：“金刚怒目，不如菩萨低眉。”并且进行如下分析：“所谓怒

① 莱辛：《拉奥孔》，朱光潜译，北京：人民文学出版社，1979，第19页。

目，便是流露；所谓低眉，便是含蓄。凡看低头闭目的神像，所产生的印象往往特别深刻。”个人认为作者对谚语的分析存在问题。将“怒目”和“低眉”分别对应“流露”与“含蓄”，略有牵强。“金刚怒目”和“金刚低眉”才有比较的可能，同理“菩萨怒目”只有和“菩萨低眉”进行比较，才能阐述流露与含蓄的道理。更何况，“低眉”又何尝不是一种流露？如果一尊雕塑的内容是“菩萨闭目养神”，那么“低头闭目”的神态对于主题而言，不也是一种“流露”而有失含蓄吗？作者的结论“凡看低头闭目的神像，所产生的印象往往特别深刻”也就过于绝对化了。其实，这句谚语意指愤怒的力量不如慈悲的力量，所谓“金刚怒目，所以降服四魔；菩萨低眉，所以慈悲六道”，更多意指佛法的力量。

当然，对于这一点，学生也可以围绕材料与观点之间的关系进行更加深入的探究，这也是一种批判性思维的体现。

三、对作者观点进行“批判性阅读”

“批判性思维是一种成熟的思考过程，它包括对其观点的相关证据进行评估，并最终从这些证据中得出合理的结论”[①]，批判性阅读既要对文章内容进行理性分析与评论，同时也要对主体的观念进行反思。对于《无言之美》进行批判性阅读，不仅有利于学习思辨方法，更有助于学生养成理性思维的品格，进而积累阅读社科类专业文章的经验。对文章观点质疑并加以分析论证，这也是“思辨阅读”的应有之义。

作者阐述的“无言之美”的美学理念，是艺术鉴赏的一般规律。欣赏者在进行艺术欣赏时，要充分发挥想象力，对艺术作品的“空白”进行“填空”，去感受作品未曾说出的“意”，进而遨游在艺术作品广阔的审美空间。但这种“空白”是不是越多越好呢？或者如作者所说：“说出来的越少，留着不说的越多，所引起的美感就越大越深越真切。”即艺术空白与美感之间成正比例吗？这就涉及“有言”与“无言”的关系了。“无言之美”需要调动欣赏者的主观精神，但它需要以“有言”为基础。尽管“无言”不一定指不说话，但有时候“言”得过少也意味着表意信息的不足，这反而会影响“意”的表达。“此时无声胜有声”的音乐美感空间的创造，正是建立在“大弦嘈嘈如急雨，小弦切切如私语。嘈嘈切切错杂弹，大珠小珠落玉盘”

① 王荣生：《实用文教学教什么》，上海：华东师范大学出版社，2014，第 18 页。

的清脆顺畅转向"冰泉冷涩弦凝绝，凝绝不通声渐歇"的冷涩凝重的基础上的，并且在"银瓶乍破水浆迸，铁骑突出刀枪鸣"的激越中得到了强化，最终形成了"东船西舫悄无言"的"无言之美"。因此，我们在欣赏"无言之美"时，更要体会分析"有言"的铺垫作用，而不宜将"有言"与"无言"对立起来。

作者在对具体艺术类别进行分析时，也有一些观点值得商榷，例如"稍有美术口胃的人都觉得图画比相片美得多"，这个结论就容易引起争议。在作者看来："在同一视域以内的东西，相片都可以包罗尽致，并且体积、比例和实物都两两对称，不会有丝毫错误。图画就不然。美术家对一种境遇，未表现之先，先加一番选择。选择定的材料还须经过一番理想化，把美术家的人格参加进去，然后表现出来。"朱光潜先生把"照相"当作了一种实用活动，仅仅从作品与自然物的关系入手进行分析，而没有将"照相"当作一种"摄影艺术"。即使是照相，由于光线、距离等原因，相片未必会将同一视域以内的东西"包罗尽致"，更不可能与实物"两两对称"。此外，照相者对自然实物也会进行"理想化"的选择，也会把自己的人格、审美观念等加进去。判断相片和图画在艺术上孰优孰劣，显然不能仅仅以"和自然逼真与否"作为标准。

四、运用作者观点分析文本内外实例

实用类文本与文学类文本的一大区别在于，前者重分析运用，后者重鉴赏理解。概括观点—分析观点—评判观点—运用观点，这是实用文解读的一般思路。如果说"评判观点"是一种"批判性阅读"的话，那么"运用观点"就是一种"操作性阅读"。王荣生教授认为："操作性阅读不仅是求'知'而且要去'做'；不仅是知道别人说了什么，而且要把别人的所说与自己的实践相关联。"[①] 对于实用文而言，理解是为了更好地运用，而运用反过来也能够加深对文本的理解。而运用观点去解读文本内的例子，本身也是理解文本不可或缺的一部分。例如作者在举文学作品的例子时说：

此外像陈子昂的《登幽州台歌》："前不见古人，后不见来者。念天地之悠悠，独怆然而涕下！"李白的《怨情》："美人卷珠帘，深坐颦蛾眉。但

① 王荣生：《实用文教学教什么》，上海：华东师范大学出版社，2014，第17页。

见泪痕湿，不知心恨谁。”虽然说明了诗人的情感，而所说出来的多么简单，所含蓄的多么深远！

学生读到此处，如果不对《登幽州台歌》和《怨情》进行一番解读，只从字面意思上理解“所说出来的多么简单，所含蓄的多么深远”，那还不能说是透彻解读文本。教材旁批提问说：“你能体会到这两首诗中‘深远’的情感吗?”这个提示其实也是引导师生去关注例子本身，运用作者的观点进一步分析这两首诗。陈子昂的《登幽州台歌》是名篇，这首诗的深远之处就在于时间与空间、个体与宇宙的共存与统一，在于个体在面对悠远历史与广袤空间时的悲怆感，在于个体遭际与古人功业的对比时产生的幽愤。而李白的《怨情》，或许没有《登幽州台歌》那么多的时空意识，但也别有情趣。这里的“美人”是普通人家的女子，还是皇宫里的女子，抑或是作者自己的指称？其身份不同，诗歌的主题自然就有多种解读的可能，或许是小儿女恋爱时的情态，或许是身在深宫的寂寥，或许是妃子失宠之后的怨愤，或许是自己怀才不遇的幽怨，题目中的“怨”字面意思是“怨恨”，但“怨”的对象不明，“怨”的具体内容也就不确定。《李太白诗醇》引严羽的评论说：“写‘怨情’，已满口说出，却有许多说不出，使人无处下口通问。如此幽深！”[①] 两首诗的共同点就在于有限的语言隐藏着无限的清韵，这就是含蓄的表达，也是“无言之美”。

对于文中陶渊明、钱起、杜甫等人的诗歌，也有必要进行还原式解读，甚至要从诗句直达诗篇，并延伸到文本之外，运用作者的观点解读文外的实例，这也是对实用文进行“思辨阅读”的重要内容。

（本文发表于《中学语文教学参考·中旬》2020 年第 4 期）

① 陈伯海：《唐诗汇评（上）》，杭州：浙江教育出版社，1995，第 734 页。

后　记

编辑完这本书，长舒了一口气，就像完成了一次生命的救赎。

本书名为《对话文本：中学语文教材名篇解读 50 例》，意在从不同角度对文本解读进行探索，与文本进行充分对话并且用个案式解读的方式探求文本解读的路径与方法，这些个案研究也可以说是文本解读方法的具体运用。这些角度主要包括母文本系统还原的角度、言语形式的角度、叙述学以及其他文学理论角度、文本体式角度、文本细节角度、人物形象角度以及语文阅读教学角度等。这些角度彼此之间没有严密的逻辑关系，或许还有内容上的交叉，不过都是我近 10 年对文本解读思考与实践的成果。

2010 年，工作的第二年。经办公室前辈推荐，我购得了孙绍振教授的《名作细读：微观分析个案研究》一书，“文本解读”这个概念滑入了我的教学与研究视野。我开始生硬地模仿孙教授解读文本的思路，尝试对粤教版高中语文教材的篇目进行解读，写下了不少鉴赏式、随感式的文章。2012 年，拙作《巧用古籍版本差异赏析诗歌语言》发表在《语文月刊》上，这给了我极大的鼓舞，也更加坚定了我进行文本解读研究的信念。此后，我不断阅读文艺理论以及文本解读的著作，收集期刊上有关文本解读的论文，并且对部分篇目进行解读，在课堂教学中运用文本解读的成果，也在各大期刊上发表了十数篇论文。2016 年，我申报了中山市市级重点科研课题“高中语文教材文本‘还原式解读’实践研究”，运用孙绍振教授的“还原法”对高中语文教材进行解读，课题于 2019 年 6 月顺利结题。2017 年，我将此前写作的关于文本解读的文章汇集成《还原文本》一书，由广东高等教育出版社出版。也是在2017年，我开始对初中语文统编教材篇目进行解读，发表了十数篇相关的论文。因此，本书可以说是我近十年来进行文本解读研究的又一个阶段性成果。

我为什么要孜孜不倦地进行文本解读研究呢？原因之一就是，原来在高中教书时，我发现只要我对某一篇目有独特的理解，整个课堂教学便会变得十分精彩。至今难忘的就是我和学生逐句解读《孔雀东南飞》，尤其是读到"卿但暂还家，吾今且报府"和"府吏闻此变，因求假暂归"时，我和学生对过去大家一致认定的焦仲卿的形象产生了怀疑，对兰芝之死也有了不同的解读。能够从文本中读出令人感动的细节，能够从文本中读出前人没有体会到的含义，这就是文本解读的魅力所在。后来，我们又在课堂上反复阅读《荷塘月色》《诗经·静女》《短歌行》《项脊轩志》《鸿门宴》等篇目，都读出了新意。当然，这与我备课阶段所下的功夫也有关系。最初解读文章，有两大缺陷：一是生硬套用理论，不会灵活运用；二是完全自主解读，不参考任何前人的成果。生硬套用理论，虽不可取，但也是理论运用的必然阶段；完全自主解读，虽能够读出新意，但有时却不能超越前人解读的成果。后来解读文章，力争能够将文学理论和文本解读理论与解读实践融合，更重要的是，要将文本解读与教学实践融合。文本解读，不同于文学史解读之类的学术解读，而是一种教学解读。因此，此后的文本解读，我也力争在学术性与教学性之间找平衡点，使得解读成果既有理论深度，也能够贴近教材与教学的实际。

回顾十年来走过的文本解读研究与实践之路，感慨颇多。随着研究的深入，越来越多的困惑也接踵而至。文本解读的价值究竟是什么？文本解读的重点是直接给教师提供解读成果呢，还是探索出一定的路径与方法供同行参考？文本解读的成果，究竟怎样才能转化为课堂教学的环节、流程与效果呢？我想，做文本解读研究，不能仅仅关注解读的成果，而是要总结出解读的实用路径与方法，要能够进行切实的教学转化。本着这样的想法，我在2019年又申报了一项广东省教研院的初中语文专项课题"基于教材文本解读的初中语文阅读教学内容重构研究"，目的就是探索文本解读成果转化为教学内容的内在机制。从教学的角度看，教学内容是阅读教学的灵魂，"教什么"比"怎么教"更重要。教学内容需要由教材文本解读提供和转化，教学设计与流程则是教学内容的安排。因此，教学内容是整个教学过程的"中枢神经"。研究文本解读和教学内容，有助于教师在教学实践中把握教学重点与方向。这一点，也是未来几年我将着力思考与研究的方向。

掩卷沉思，心潮起伏。过去的成果必将成为历史，未来的研究才最值得期待。语文教育研究，是一趟充满探索的艰辛与收获的喜悦的浪漫之旅。希望自己以后在这条路上走得越来越顺畅，希望自己的研究成果能够真正对同行有所启发。

郭跃辉
于中山市教育教学研究室
2020 年 12 月 23 日